THE UNDERSTANDING AND
PRACTICE OF
CHRISTIAN ENGLISH EDUCATION

기독영어교육의 이해와 실제

김영숙 지음

신아사

<일러두기>

본 책의 한글 성경본문은 대한성서공회 발행 성경전서『개역개정판』(4판), 영어 성경본문은 NIV(New International Version)를 표준으로 삼음.

머리말

한국 영어교육의 초창기 역사를 살펴보면 영어는 기독교와 불가분의 관계를 맺고 있음을 알 수 있다. 당시 영어는 기독교 선교의 수단이 되었고 외국인 선교사들의 영어교육에 대한 적극적인 태도와 헌신은 사립 교육기관들의 초창기 설립 역사를 통해 쉽게 찾아볼 수 있다. 한국 최초의 근대식 사립학교인 배재학당의 경우 처음에는 선교사들이 영어만을 가르쳤으며, 이화학당이나 경신학교도 초기에는 영어, 성경, 찬송가 등을 가르쳤다. 선교활동을 목적으로 세운 이러한 사립학교들은 초창기 영어교육과 우리나라 교육 전반에 중요한 역할을 수행한 기관들이라 할 수 있다. 일제강점기 시대를 지나며 영어교육이 위축되기도 했지만 영어는 기독교 신앙이 개인과 사회에 뿌리내리는데 중심적인 역할을 했다고 볼 수 있다.

광복 이후 미국의 영향으로 영어의 중요성이 커졌고, 영어의 국제적인 위상이 높아지면서 우리나라의 영어교육은 괄목할 만한 변화와 성장을 거듭해왔다. 공교육에서의 교육과정 수립과 교과서 개발, 초등 영어교육 도입, 영어 사교육의 급증, 원어민 영어 교사의 도입 및 활용 등으로 상당한 변화를 겪어 왔다. 이러한 변화는 한국교회에도 영향을 미쳐 영어가 말씀 증거와 지역사회 전도의 도구로 사용되기 시작했는데, 이는 영어예배, 영어주일학교 운영, 영어선교원, 방과후 영어학교 등이 그 예라 할 수 있다.

현재 영어는 세계어로 지구촌 사회에서 문화간 의사소통을 위한 공용어로 사용되고 있다. 그렇지만 여전히 한국에서 영어교육은 외국어로서, 그리고 교과교육의 한 부분으로서 학교교육에 의존하여 실시되고 있는 현실이다. 글로벌 경쟁시대에 세상적인 성공의 대표적인 키워드가 영어를 잘하는 것인데, 영어교육의 긍정적인 표현보다 부정적이거나 실패를 전제한 표현들이 더 많이 사용되고 있음을 보게 된다. 한국의 영어교육 관련 책 제목이나 표현들을 보면 '영어 찌듦', '영어 울렁증', '영어 벙어리', '당신이 영어를 못하는 이유', '당신의 영어 실패', '영어교육에 대한 환상' 등이 그 예이다. 영어로 인한 사교육의 병폐나 사회적 괴리감, 불평등까지도 조장되는 현실이다.

그렇다면 영어를 통해 삶의 긍정적인 변화, 삶의 질이 향상되고 복지(well-being)를 누릴 수는 없을까? 이는 영어교육을 통해 창조주의 뜻이 회복되고 영어가 생명을 살리는 도구로 쓰임받는 방법일 것이다. 기독교 진리인 창조와 타락과 구속의 렌즈를 통해서 영어교육을 보면, 영어로 인해 더 이상 찌들거나 고통당하거나 실패로 힘들어하는 허무한 교육이 아니다. 기독교 세계관으로 바라보는 영어교육에는 비전이 있고 하나님 나라에 대한 소망이 있다.

영어교육은 학문적으로 볼 때, 기독교와는 상관이 없는 독립적 지식의 영역으로 보통 간주된다. 그렇다면 과연 그리스도인의 지상과제인 문화적 소명과 문화 변혁이라는 사명이 영어교육을 통하여 어떻게 이루어질 수 있는가? 다시 말하면, 기독신앙과 지식의 통합이라는 차원에서 기독교적으로 영어를 가르친다는 것은 무엇을 의미하는가? 기독교인 교사가 그의 건전한 신앙과 인격만을 가지고 교실에서 독립된 교과인 영어를 가르치며 하나님께 영광 돌리는 것이 기독교적 영어교수인가? 이러한 질문들에 대한 답을 얻기란 쉬운 일이 아니다. 그럼에도 불구하고 영어교육 학문 분야에서 기독교적 지성과 기독교적 조망을 발전시키는 일은 높고도 고귀한 부르심이기에 이에 적극적으로 반응하는 것은 예수님의 제자로서 삶과 학문에서 실천해야 할 과제일 것이다.

예수 그리스도가 내 삶의 전 영역에서 주인으로 지배하시도록 하려면 내가 배우고 가르치는 학문의 영역에서도 주인임을 인정해야 할 것이다. 이것은 기독교 세계관의 진리에 의거하여 영어교육을 다시 조명하고 진리의 말씀에 의거하여 방향을 바로 잡는 것이다. 이에 저자는 그간 기독교대학에서 가르치고 연구하면서 영어교육과 기독교 신앙의 통합을 추구하고자 노력해왔다. 기독교 신앙과 학문의 통합을 시도함에 있어 끊임없이 나 자신에게 질문을 던지고 사유하면서 이 분야의 책들과 기독교학문의 교수님들과 동료학자들의 도움을 구했다. 책을 통한 영감과 자각, 성찰들이 아직도 이 분야에서는 미숙하고 온전히 깨닫지 못한 부분으로 인해 조심스럽지만 내 노력의 결과물을 독자들에게 선보이게 되었다.

이 책에서는 기독교 세계관에 입각한 영어교육의 이해를 제공하고자 기독교 세계관에 관한 다소 철학적 접근을 먼저 다루고 영어교육에서 다루는 제반 분야들을 기독교적 시각으로 조명하고자 하였다. 그리고 기독교 세계관의 실천이라는 관점에서도 생각해보고 이를 저자가 교육 현장 수업에서 적용해보고자 노력한 것들을 싣고자 하였다. 이 책은 기존 학문영역인 영어교육을 기독교 세계관에 정착시켜야 할 필요를 인식하고 이 분야의 활발한 연구와 토론을 위한 시발점에 불과하다고 하겠다. 부족하지만 이 책이 앞으로 영어교육 분야에서 기독교적인 조망을 위한 분명하고도 자세한 방향 제시와 이 분야의 논의를 위한 초석으로 쓰임받기를 간절히 바라는 마음이다.

이 부족한 책이 나오기까지 많은 분들에게 빚을 졌다. 기독교 세계관에 관한 입문과 학문적 사고훈련에 도움을 주신 신국원 교수님, 신앙과 학문의 통합 방법을 친절히 지도해주신 David Smith 교수님, 예수님의 긍휼한 마음으로 영어를 가르치는 것이 어떤 것인지 알려주신 Tom Scovel 교수님과 Kitty Purgason 교수님께 진심으로 감사를 드린다. 수업을 통해 신앙과 가르침의 통합적 교수방안을 함께 고민하며 성찰과 아이디어를 공유해준 신실한 제자들과 이 학문의 길을 동행해주신 학과의 동료 교수님들께 감사의 마음을 표한다. 무엇보다도 책의 초안 구성부터 마무리까지 신실하시고 사랑 많으신 성령 하나님의 인도하심에 감사드리고 이 책이 오직 하나님께만 영광돌리는 데 쓰임받기를 간절히 기도한다.

2023년 2월에

저자 씀

목 차

제1부 기독교 세계관으로 영어교육 통합하기

제3부 기독교 세계관으로 영어교육 실천하기

제1부
기독교 세계관으로 영어교육 통합하기

영어교육과 기독교 신앙의 통합을 추구하는 것은 기독영어 교수자의 사명이요 실천 과제이다. 이를 위해서는 우선 기독교 세계관과 이 세계관으로 영어교육을 조명하는 것이 무엇인지 이해할 필요가 있다. 이러한 측면에서 제1부에서는 기독교 세계관에 입각한 영어교육에 대한 기본적인 토대가 되는 내용을 3장으로 나누어 제시하고자 한다.

제1장에서는 세계관의 개념과 기독교 세계관에 대한 이해를 제공한다. 기독교 세계관은 성경의 진리에 근거하여 삶과 세상을 보는 시각이다. 이 시각은 바로 성경의 삼중 진리인 창조와 타락과 구속에 근거한 세계관이다. 이 기독교 세계관의 삼중 진리가 무엇인지 그리고 그리스도인은 그 진리에 따라 어떻게 살아야 하는지를 소개한다.

제2장에서는 일반 학문의 영역인 영어교육이 하나님께 영광돌리는 일에 쓰임받기 위해서 영어교육을 기독교 세계관에 입각하여 조명하고자 한다. 이를 위해 먼저 언어에 관한 기독교적 시각을 살펴본다. 그리고 신앙과 통합의 학문적 토대를 살펴본 후 영어교육과 신앙이 어떻게 통합을 이룰 수 있는지 방안을 모색하고자 한다.

제3장에서는 영어교육의 기본적인 철학과 목표에 대한 이해를 바탕으로 기독교적인 가치관으로 영어교육의 목표를 정립하고자 한다. 이를 위해 먼저 외국어교육의 목적, 한국의 영어교육 철학과 영어교육 목표의 변천을 살펴본다. 그리고 현시점에서 기독영어교육이 어떤 방향으로 나아가야 할지 목표를 논의하고 기독영어교육의 다양한 교수 모델들을 소개한다.

제1장
기독교 세계관이란 무엇인가?

미리 생각해볼 질문들

† 세계관이란 무엇인가?

† 세계관은 우리의 삶에서 어떤 역할을 하는가?

† 기독교 세계관이란 무엇인가?

† 창조와 타락과 구속의 진리를 통해 세상을 바라본다는 것은 무엇을 의미하는가?

기독교인 영어교사가 기독교 세계관에 입각하여 자신의 신앙과 학문, 즉 영어교육과 신앙의 통합(integration)을 시도하는 것은 궁극적으로 그리스도의 이름이 영어교육 영역에서도 영화롭게 되도록 하는 일이다. 기독교적 영어교육에 대한 이해를 돕고 이를 학문영역에서 통합을 시도하기 위해서는 우선 기독교 세계관이 무엇인지 이해할 필요가 있다. 이에 본 장에서는 과연 기독교적인 영어교육은 어떤 것인가에 대한 궁극적인 해답을 얻기 위한 기초 작업으로 세계관에 대하여, 그리고 기독교 세계관에 대하여 살펴봄으로써 전체적인 큰 틀을 제공하고자 한다.

1.1 세계관이란 무엇인가?

세계관은 삶과 세상을 바라보는 안목이라고 할 수 있다. 세계관(worldview)은 독일의 계몽주의 철학자 칸트에 의해 처음 사용된 독일어 단어 벨트안샤웅(Weltanschauung)을 영어로 번역한 것이다. 벨트안샤웅은 "세상의 의미와 그 속에서 자신이 차지하는 자리에 대한 이해"(Goheen & Bartholomew, 2008, 윤종석 역, 2011, p. 56)를 말한다. 칸트는 인간 개개인이 오직 이성을 통해서만 그 이해에 도달할 수 있다고 믿었다. 이 개념은 칸트 당시보다 그 이후 많은 철학자들이 종교적 전통을 제외한 인간의 이성을 강조하는 독일 철학자들의 세계관 개념을 형성하는데 많은 영향을 미치게 되었다. 이들은 세계관을 삶과 세상에 대한 포괄적이고 일관성 있는 이해로 보고 이것이 인간의 사고와 행동 전반에 미치는 신념 체계라고 보았다.

기독교 세계관에 대해 아주 쉽고 포괄적인 그림을 제시한 신국원(2005)은 우리가 여러 가지 창문을 통해 세상을 보듯, "세계관은 세상과 인생을 보는 창"(p. 5)이라고 정의하였다. 세계관은 세계를 바라보는 안목을 열어주는데, 이는 단지 눈으로 보이는 시각적 경험을 의미하는게 아니라 만물과 주변 세계에 대한 포괄적인 인식을 말한다. 인간은 누구나 본능적으로 세상과 삶, 개인 존재에 대한 전체적인 조망을 추구한다. 따라서 인간은 다음과 같은 존재에 관한 근본적인 질문을 던지게 된다(신국원, 2005, pp. 20-21).

- 세상은 어디에서 왔으며, 어떻게 존재하게 되었는가?
- 인생은 어디에서 왔으며 어디로 가는가?
- 왜 세상은 이다지 고통과 죄악으로 가득한가?
- 구원이 실제로 있는지, 있다면 그것은 어떻게 가능한가?
- 사람은 무엇을 위해 살며, 세상과 역사의 목적과 의미는 무엇인가?

이러한 근본적인 질문에 대한 답을 얻고자 인간은 부단히도 노력하며 그 중 하나로 종교생활을 하게 되는데, 결국 세계관은 본질적으로 종교적인 성격을 띠게 된다. 성경 말씀에 보면 "하나님이 모든 것을 지으시되 때를 따라 아름답게 하셨고 또 사람들에게는 영원을 사모하는 마음을 주셨느니라…"(전도서 3:11)라고 나와 있듯이, 인간은 누구나 존재의 궁극적인 목적을 사유하도록 창조되었다. 시편 8편에도 보면 인간의 근원과 존재 이유를 발견하게 되는데, "사람이 무엇이기에 주께서 그를 생각하시며 인자가 무엇이기에 주께서 그를 돌보시나이까"(시편 8:4)라고 씌여 있다.

삶과 세상에 대해 종합적으로 이해하려는 인간의 추구에 대해 세계관은 기초가 되는 밑그림을 제공한다. 세계관은 단지 "삶에 대한 시각(a vision of life)"만이 아니라 "삶을 위한 시각(a vision for life)"이다(Walsh & Middleton, 1984, p. 31). 따라서 인간은 누구나 세계관을 갖고 있으며 이 세계관은 실제 삶의 가치관을 결정한다. 구체적이고 실제적인 사건에 부딪치면 각자가 가진 기본적 신념이나 세계관이 드러나기 마련이다. 이 세계관은 우리 주변에서 일어나고 있는 삶의 여러 가지 현상에 대해 해석할 수 있도록 도와주고, 삶에서 무엇이 중요한지 중요하지 않은지, 어떤 가치가 가장 소중한지 선택하는 데에도 영향을 미치게 된다.

세계관의 특성에 대해 살펴보면, 세계관은 단지 개인적으로 소유되는 관점은 아니며 공동체적인 성격이 강하다. 같은 문화, 같은 언어권의 경우 비슷한 세계관을 공유하게 된다. 따라서 세계관은 한 문화 구성원 전체에 영향을 미치고 그 문화권 사람들의 생활양식과 행동을 통해서 드러난다. 또 세계관은 삶을 통해 교육되고 전수되는데, 특히 전통사회에서는 이러한 공유된 세계관이 더욱 분명하게 나타난다. 세계관에 공유되어 나타나는 영역은 정치활동, 법과 경제활동, 결혼, 가족, 교육, 종교기관, 예술 등 한 문화의 모든 부분이라 할 수 있다. 한 문화의 세계관은 이처럼 다양한 삶의 영역에 영향을 미치게 되며 이는 서로 상호 밀접한 관계에서 작동한다(그림 1-1 참조).

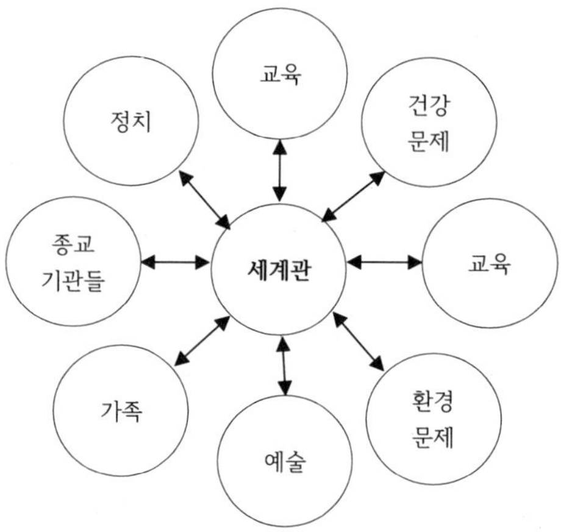

<그림 1-1> 세계관과 문화 간의 상호연관성

(출처: Walsh & Middleton, 1984: 33)

그렇다면, 이 세계관을 어떻게 관찰하고 볼 수 있는가? 대부분 한 문화의 세계관은 과거부터 전해 내려오는 이야기나 전래 설화 등에 스며들어 있다. 이야기를 통해 비전을 제시하는 세계관의 대표적인 예로 성경의 이야기를 들 수 있다. 구약성경과 신약성경의 이야기는 히브리 민족의 세계관이라 할 수 있으며, 기독교를 믿는 신앙인들의 세계관이기도 하다. 기독교 세계관을 성경 이야기 속에서 발견하고 이해하는 것이 중요한데, Goheen과 Bartholomew(2008, 윤종석 역, 2011)는 "우리는 세계관이 내러티브 형식을 가진 이야기로 표현되어야 한다고 믿는다"(p. 32)고 언급했다. 세계관이란 공유된 큰 이야기 속에 배어있는 기본 신념들을 명료화한 것인데, 그 신념들은 신앙의 결단에 뿌리를 두고 있으며 우리의 개인 생활과 공동체 생활 전체를 빚어내고 방향을 결정한다.

이러한 세계관은 사람들의 일상생활에 무의식적으로 내재되어 있어 대부분의 사람들에게는 이 세계관이 문제가 되지 않는다. 그러나 그리스도인들은 기독교 세계관을 문제 삼고 이 세계를 바라보는 관점과 그 관점에서 이 세상을 이해한 내용을 좀 더 명확하게 외현화시켜야 한다(이승구, 2014). 그 이유는 그리스도인들은 이 세계에 대한 하나님의 진리를 바로 알고 드러내야 하며, 세계관은 그 세계 안에서 어떻게 살아야하는지 행동의 지침으로서도 필요하기 때문이다(Holmes, 1983). 또한 오늘날과 같이 국가 간의 문화적, 경제적 경계가 허물어지고 국제화로 인해 세계가 좁아지는 시대에는 한 나라 안에 다양한 세계관과 가치관이 복합적인 양상을 드러내게 되었다. 세계관은 삶과 문화와 밀접한 관계에 있기 때문에 우리가 어떤 세계관을 갖고 있느

냐가 매우 중요하다. 특히 다원주의 사회에서 기독교인들은 더욱 바른 성경적 세계관 정립을 위해 노력하는 것이 절실함은 두말할 나위가 없다.

1.2 기독교 세계관이란 무엇인가?

기독교 세계관은 한마디로 성경 말씀에 근거하여 세상을 보는 안목이라 할 수 있다. 그래서 '성경적 세계관'이라고도 하며, 종종 개신교의 종교개혁에서 이름을 따서 '개혁주의적 세계관'이라고도 부른다. 개혁주의적 세계관이라는 말에서 보듯이, 이는 세상과 삶의 모든 영역에 대한 종합적인 안목을 제시한다는 뜻이다. 네델란드 정통 개혁주의 신학자인 Bavinck는 이 개혁주의적 세계관을 다음과 같이 정의내리고 있다.

> 성부 하나님은 그가 창조했으나 타락한 세계를 그의 아들의 죽음을 통하여 화목케 하셨다. 그리고 성령을 통해 그것을 새롭게 하시고 하나님의 나라로 이끄신다(Wolters, 1985, 양성만 역, 1992, p. 22).

개혁주의 세계관에는 교회의 삼위일체적 신앙고백에 대한 모든 주요한 용어들이 포함되어 있음을 알 수 있다. 이는 '창조함', '타락함', '세계', '회복케 함', '새롭게 함', '하나님의 나라' 등을 말한다. 여기에는 기독교 신앙의 근본 주제인 세 가지가 잘 드러나 있다. 다시 말하면, 이것은 원래의 선한 창조, 죄로 인한 창조계의 타락, 그리고 그리스도

안에서 구속을 통한 창조계의 회복을 말한다.

이러한 성경의 삼중적 진리에 근거한 세계관을 신국원(2005)은 쌍안경에 비유하여 설명하고 있다. 이는 쌍안경의 볼록 렌즈, 프리즘, 오목 렌즈가 성경의 기본 진리인 창조, 타락, 구속의 세 요소와 같아서 다초점 렌즈처럼 따로 움직이지 않고 세 부분이 같이 작동하여 통합적으로 하나의 통일된 관점을 제시한다는 원리이다. 창조, 타락, 구속의 삼중 진리를 통해 세상과 삶을 볼 때, 자연인은 그 안목을 고치게 되고, 이 세상 속에 있지만 세속적 가치관을 따르지 않고 마음을 새롭게 함으로써 세상을 변혁(transform)하도록 도전을 받는 것이다. 따라서 여기서는 이 세 가지의 진리를 하나씩 살펴보기로 한다.

1.2.1 창조

기독교 세계관은 하나님께서 이 세상을 창조하셨다는 사실을 믿는 믿음에서 시작된다. 이는 "전능하사 천지를 만드신 하나님 아버지를 내가 믿사오며"라고 수 세기를 통해 사도들이 고백하는 사도신경에서도 확인할 수 있다. 성경에서 창조의 독특성은 하나님이 이 세상을 무(無)로부터 창조하셨다는 것과 그 창조의 도구가 말씀이라는 사실이다. 창조의 또 다른 독특성은 하나님의 창조는 완전하며, 그 창조물을 보시고 좋았다고 하신 하나님의 선한 계획이다. 또한 인간이 다른 피조물과의 차이점은 창조주 하나님과 인격적 관계를 맺는다는 사실이다. "…사람이 떡으로만 살 것이 아니요 하나님의 입으로부터 나오는 모든 말씀으로 살 것이라…"(마태복음 4:4)라는 말씀과 같이 인간은 하나님의 말씀에 순종함으로써 살아가도록 지음 받았다.

성경의 창조 진리는 하나님의 위대한 역사인 세계의 시작이며 우주 질서의 근원에 대한 이야기이다. 창조 이야기는 지금도 만물을 운행하시고 일하시는 하나님의 모습이 담겨 있다. 이 세상 모든 존재는 하나님의 걸작품이요 하나님 뜻의 산물이다. 즉, 존재하는 모든 것은 그 자체가 하나님의 창작 의도를 명백히 드러내는 표현이라는 뜻이다. 시편 147편에 보면 하나님이 만물을 붙잡고 직접 주관하신다는 사실이 구체적으로 묘사되어 있다(시편 147:16-19). 이는 태초에 하나님이 말씀으로 만물을 지으시고 보존하시는 역사가 지금도 계속되고 있음을 보여준다.

그렇다면 창조에서 인간은 어떤 존재이며 그 역할과 위치는 무엇인가? 창세기 1장 27절에 보면, 인간은 하나님의 형상을 따라 창조되었다고 기록되어 있다. 하나님의 형상(God's image)대로 지음 받았다는 사실은 하나님을 닮는다는 의미로 의와 거룩함과 참된 진리에 대한 지식과 같은 신적 성품을 반영하는 것을 말한다(Marshall, 1998, 김재영 역, 2000). 인간은 이를 통해 하나님과 인격적 교제가 가능하며 그 명령에 순종함으로 하나님과 복된 관계에 있도록 지음 받은 존재이다(신국원, 2005).

> 하나님이 자기 형상 곧 하나님의 형상대로 사람을 창조하시되 남자와 여자를 창조하시고(창세기 1:27)

인간이 하나님의 형상대로 지음 받았다는 사실은 또한 하나님의 문화명령(창세기 1:28)에 따라 하나님을 대신하여 피조물을 다스리는(시편 8:6) 지배권과 책임을 가지고 있음을 말한다.

> 하나님이 그들에게 복을 주시며 하나님이 그들에게 이르시되 생육하고 번성하여 땅에 충만하라, 땅을 정복하라, 바다의 물고기와 하늘의 새와 땅에 움직이는 모든 생물을 다스리라 하시니라(창세기 1:28)

인간에게는 청지기로서 하나님이 창조한 피조 세계를 다스리고 돌볼 책임이 주어졌는데, 인간의 모든 활동은 창조 질서와 하나님의 계획을 존중하는 가운데 이루어져야 한다. 문화명령에 나타난 '정복과 다스림'은 자연을 착취하고 파괴하는 남용이 아니라 하나님의 뜻에 따라 자연을 경작하고 돌보고 가꾸어 풍성하게 하는 것을 뜻한다. 이것은 이 세상의 모든 것을 하나님의 뜻에 따라, 다시 말하면, 신적인 원리에 따라서 살고, 경험하고, 관리하고, 발전시키라는 뜻이다(심재승, 2012). 신국원(2005)은 "인간은 모든 피조물을 다스리고 운행하는 하나님의 대리인이다. 하나님의 집을 지키고 가꾸고 다스리는 집사"(p. 74)라고 인간의 역할을 설명하고 있다. 즉, 인간은 하나님의 계속 발전되는 창조 이후의 사역에 참여하여 하나님의 걸작을 위한 청사진을 끝까지 수행함으로써 그분의 조력자가 되도록 부름을 받았다.

이처럼 하나님의 집인 피조 세계를 다스릴 때 그 기준은 무엇인가? 이는 바로 하나님의 뜻이다. 하나님을 예배함으로써 하나님을 섬기는 바른 관계가 형성되고 그 속에서 하나님의 뜻을 발견하며 그 뜻대로 피조물을 돌볼 수 있다. 하나님의 뜻을 알려면 영적 분별력이 필요하다. 성경 말씀에 "…너희로 하여금 모든 신령한 지혜와 총명에 하나님의 뜻을 아는 것으로 채우게 하시고 주께 합당하게 행하여 범사에 기쁘시게 하고…"(골로새서 1:9-10)라고 언급되었듯이 우리에게는 영적 지혜와 이해력이 하나님의 뜻을 아는 근거가 된다.

1.2.2 타락

아담과 하와는 하나님과 동행하면서 세상을 보살피는 대신에 불순종을 범했다. 아담과 하와의 불순종으로 말미암아 죄가 개인뿐만 아니라 창조계 전체에 대재난을 초래하게 되었다. 피조물 어느 것도 타락의 파괴적 영향의 손아귀에서 벗어난 것이 없다. 이를 개혁주의 신학에서는 '전적 타락(total depravity)'이라 부른다. 이는 죄가 우리의 존재 모든 영역 즉 육체와 영혼과 마음과 의지 등에 영향을 끼쳐서 전인격이 다 죄에 의해 타락되었음을 의미한다(Sproul, 1997, 노진준 역, 1999). 죄는 모든 것을 왜곡시키고 모든 것을 뒤틀어 버리며 모든 것을 부패하게 한다. 죄로 인해 타락하고 왜곡된 예는 가정, 환경, 노동, 문화 등 일상생활에서 쉽게 찾아볼 수 있다.

성경은 인간이 창조주와의 언약을 깨뜨린 일을 통해 악이 세상에 들어왔다고 말한다. 다시 말하면, 타락은 하나님의 명령을 거역하고(창세기 3:1-6), 그 결과로 인간은 하나님을 두려워하여 숨었으며(창세기 3:8), 하나님께 책임을 전가한다(창세기 3:12). 이러한 타락으로 인한 결과는 아담과 하와에게만 영향을 미친 것이 아니었다. 인간의 타락으로 인해 저주받은 땅은 가시와 엉겅퀴를 내었으며 인간은 수고하고 땀을 흘려야 식물을 얻을 수 있게 되었다(창세기 3:16-19). 그뿐 아니라 만물이 함께 탄식하고 고통을 겪는 결과를 낳았다.

> 피조물이 다 이제까지 함께 탄식하며 함께 고통을 겪고 있는 것을 우리가 아느니라(로마서 8:22)

그러나 죄가 창조계를 완전히 파괴한 것은 아니다. 죄가 창조물에 흠집을 낸 것은 사실이나 하나님의 창조 질서는 여전히 지속되고 있고 모든 피조물이 그리스도 안에서 창조의 구속과 회복을 고대하고 있다. 이 부분에 대해 Wolters(1985, 양성만 역, 1992)는 구조(structure)와 방향(direction)이라는 개념을 가지고 쉽게 설명하고 있다. '구조'란 하나님이 세상을 만드시고 운행하는 방식이다. '방향'이란 하나님으로부터 세상을 맡아 운영하는 인간의 태도를 말한다. 세상이 죄악에 빠진 것은 창조적 구조에 결함이 있어서가 아니라 세상을 맡아 운영하는 대리인 인간의 태도가 문제라고 지적한다. 따라서 하나님의 신실하심에 그 근거를 두고 있는 구조는 악이 초래한 타락과 속박의 한계를 그어주며, 창조의 주어진 구조는 그 방향이 뒤틀렸음에도 불구하고 지속된다는 것이다.

피조 세계를 다스리는 위탁 명령을 받은 인간으로 인해 피조물이 모두 고통에 빠진 모습은 아직도 하나님의 영역을 넘보거나 인간 자신이 주인임을 행세하고 하나님처럼 되고 싶은 인간에 의해 여전히 고통을 겪고 있는 모습에 남아있다. 죄는 겉으로 드러나는 잘못된 행동만 지칭하지 않고 사람의 마음 안에 생기는 욕심과 교만을 포함한다. 이러한 교만이 또한 창세기 11장의 바벨탑 사건에도 나타난다. "…그 탑 꼭대기를 하늘에 닿게 하여 우리 이름을 내고…"(창세기 11:4)에 나타난 인간의 태도는 하나님과 같이 되려는 교만을 드러낸다. 그러나 하나님께서는 죄로 인해 오염된 세상을 버려두지 않으시고 창조의 계획과 구조 안에서 그분의 창조의 완성을 향한 비전을 갖고 계신다.

1.2.3 구속

인간의 타락으로 인해 "…허물과 죄로 죽었던…"(에베소서 2:1) 우리의 영을 다시 살리기 위해서는 해결해야 할 죄의 문제가 남아있다. 인간은 전적으로 타락했기 때문에 스스로의 힘으로는 도저히 구원을 받을 수 없는 존재가 되었다. 인간의 거역과 불순종에도 불구하고 하나님은 세상을 사랑하시고 여전히 창조의 계획과 구조 안에서 하나님의 자녀에게 구원의 약속을 주셨다. 하나님의 그의 백성에 대한 구원의 약속은 인간의 죄를 용서하기 위해 자신의 외아들 예수 그리스도를 보내어 십자가에 죽게 하신 일로 완성이 된다. 즉, 완전하고 의로우신 하나님과의 화해를 얻을 수 없었던 인간이 오직 하나님의 은혜에 의하여 그리스도의 십자가를 통해 죄인에서 의인으로 회복되는 것(요한복음 3:16, 이사야 61:1-3)이다. 이는 우리와 창조 세계를 위한 구속이며 이것이 기독교 세계관의 핵심이라고도 할 수 있다.

하나님이 이루시는 구원에는 세 가지 특징이 있다(Goheen & Bartholomew, 2008, 윤종석 역, 2011). 첫째, 구원은 점진적이라는 사실이다. 하나님의 구속 사역은 인류 역사가 시작되어 아직도 점진적으로 전개되어 오고 오늘날 교회의 사명을 통해 지속된다. 이는 하나님의 백성들이 창조 세계의 회복을 위해 하나님의 세상에 참여하여 이루어나가야 할 하나님의 사명이다. 둘째, 구원의 특징은 회복이다. 이는 창조 세계가 원래 개발되기 이전의 에덴으로 돌아간다는 뜻이 아니라 잃어버린 창조 세계가 회복되고 치유된다는 의미이다. 이는 '재창조(re-creation)' 또는 Wolters(1985, 양성만 역, 1992)가 말한 '회복(restoration)'의 개념이다. 구속은 하나님께서 타락한 원래의 창조계를 계속 붙들고 계시다가 다시 건져 내셔서 되돌리고 회복시키시는 것을 의미한다. 셋째, 구원은 포괄적이다. 하나님께서 이루실 회복은 인생의 전 영역을 아우를 뿐만 아니라 인간 이외에 모든 피조물에까지 미친다는 사실이다.

그리스도가 성취하신 구속은 창조계의 모든 영역을 회복한다는 의미에서 우주적이라 할 수 있다. 이 회복은 창조계의 어떤 제한된 영역에 국한되지 않고 창조계 삶 전체에 영향을 미친다. 이 회복은 먼저 하나님이 인간에게 부여하셨던 하나님의 형상(창세기 1:26)이 온전히 회복되는 것을 말한다. 이는 하나님의 최초 문화명령처럼 인간이 이 땅에서 청지기적 직분의 회복을 통해 피조 세계를 하나님의 뜻에 따라 돌보고, 인간과 모든 피조 세계에 화목의 복음을 전하는 것이다.

하나님께서 구속을 이루시는 목표는 창조 세계 전체를 회복시키키고 새롭게 하시는 것이다. 이는 우리 구원받은 성도들이 어떻게 살아야하는 가에 대해 매우 중요한 가르침을 준다. 회복된 창조 세계는 하나님의 나라(God's kingdom)가 이 땅에서 이루어지는 것이라 할 수 있다. 이는 인간의 삶 전체와 창조 세계 전체가 본래의 모습으로 회복되어 주님을 섬기는 것이다. 성경의 가르침대로 과연 구속이 창조 세계 전체를 회복하려는 것이라면, 우리의 사명은 창조 세계에 존재하는 삶의 모든 부분이 새롭게 되고 회복되는 일에 힘써야 한다. 그리스도께서 모든 만물의 화해자이시고 우리가 그를 대신하여 '화해의 사역'(고린도후서 5:18)을 위임받았다면, 우리는 그의 세상에서 어느 곳으로 부름 받았든지 간에 그곳에서 구속의 과업을 완수하고 그분께 영광을 돌리는 삶을 살아야 한다.

> 모든 것이 하나님께로서 났으며 그가 그리스도로 말미암아 우리를 자기와 화목하게 하시고 또 우리에게 화목하게 하는 직분을 주셨으니 (고린도후서 5:18)

이러한 구원받은 성도의 거룩한 삶에 대해 사도 바울은 '그러므로'라는 구원 이후의 실천으로서의 윤리를 언급한다. 로마서 12장 1절에서 보는 바와 같이 구원을 받았으면 '그러므로' 바르게 살아야 하는 성화의 과정이 반드시 필요하다. 이는 온전한 성도의 근본 특성이 하나님의 자녀 된 신분과 그에 따른 권리와 의무를 회복한 성도의 거룩한 삶에 있기 때문이다.

1.3 기독교 세계관과 기독 지성의 책임

예수 그리스도 안에 있는 구속은 창조의 모든 영역이 회복되는 것이고 우리가 만물을 새롭게 하시는 하나님께 영광 돌리는 삶을 살아야 한다는 것을 의미한다. 이는 사도 바울이 선언한 "이는 만물이 주에게서 나오고 주로 말미암고 주에게로 돌아감이라 영광이 그에게 세세에 있을지어다 아멘"(로마서 11:36)의 말씀에 근거한다. 그렇다면 창조와 타락과 구속을 통해 이루어지는 하나님의 섭리 속에서 우리 각자의 구속된 삶의 모습은 어떠해야 하는가?

앞서 언급한 로마서 12장 1절 '그러므로'에 해당하는 삶은 예수님을 주로 믿는 성도들이 하나님의 세계 속에서 맡은 직임을 충실히 다 이루는 것이다. 이를 위해서는 삶과 문화의 모든 영역에서 그리스도의 주권을 증거해야 한다. Goheen과 Bartholomew(2008, 윤종석 역, 2011)는 그리스도인의 삶이 "세상에 있으나 세상에 속하지 않은"(요한복음 17: 13-18) 양면적 책임의 상태라고 표현하면서 주변 문화에 대해 비판적 참여자가 되어야 한다고 주장한다.

> 구원이 참으로 포괄적이라고 믿는다면 우리는 인생과 문화의 모든 영역에서 그리스도의 구원을 구현해야 한다. 주 예수님을 따르고 그분의 구원을 증거한다는 것은 범사에 그분을 섬기고, 사회와 문화 전반을 다스리시는 그리스도의 통치를 고백하며, 그 통치를 방해하는 모든 악에 맞서는 것이다(Goheen과 Bartholomew, 2008, 윤종석 역, 2011, p. 270).

이 부분에 대해 아브라함 카이퍼의 영역주권을 언급하는 것이 적절할 것이다. 아브라함 카이퍼는 "우리 인간 삶의 모든 영역에서 만유의 주재이신 그리스도께서 '나의 것이다!'라고 외치지 않은 영역은 한 치도 없습니다"(박태현, 2020, p. 123)라고 말했다. 다시 말하면, 우리 삶의 손톱만한 영역조차도 하나님께서 모두 통치하신다는 것이다. 이는 또한 "우리가 하나님의 연대표, 주후(主後)의 삶 아래 들어감으로 우리를 지배하시는 하나님의 영역주권의 현장이 확장되어 회복되는 것"(오정현, 2022, p. 29)을 뜻한다.

구속된 삶의 모습은 기독 지성의 삶에서도 그대로 투영되어야 한다. Sire(2000, 윤종석 역, 2013)는 기독 지성인이란 "일반 지성인과 모두 똑같되 지성을 하나님의 영광을 위하여 하는 사람(p. 112)"이라고 정의하였다. 이는 그리스도인은 "…먹든지 마시든지 무엇을 하든지 다 하나님의 영광을 위하여 하라"(고린도전서 10:31)는 말씀이 진리를 추구하는 그리스도인에게도 적용되어야 함을 말한다. 이 지성은 하나님 즉 그리스도 예수를 통해 보여주신 진리를 배우고 그 진리를 말하는 것이며, 세상에서는 그 진리대로 행하고 섬기는 사회적 책임을 수반한다. 이 기독 지성의 소명이 회복되어 그 소명을 붙잡고 사명의 즐거움을 살아내는 것이 가장 그리스도인답게 사는 비결일 것이다.

요약

인간은 누구나 세계관을 갖고 있으며 이 세계관은 실제 삶의 가치관을 결정한다. 이 세계관은 사람들로 하여금 일관성 있는 삶을 살아가게 하고 인생의 목적을 찾는데 도움을 주며, 올바른 사고와 행동의 지침을 제공해준다. 세계관이 개인뿐만 아니라 사회 문화 전반에 영향을 미치고 삶과 매우 밀접한 관계가 있기 때문에 우리가 어떤 세계관을 갖고 있는지는 매우 중요하다. 특히 다양한 세계관들이 공존하고 혼란스러운 다원주의 사회에서 그리스도인들은 바른 성경적 세계관을 정립하고 하나님이 기뻐하시는 신실한 삶을 살도록 노력해야 한다.

기독교 세계관은 창조, 타락, 구속이라는 성경의 삼중 렌즈로 세상과 삶을 바라보는 일관된 관점이라 할 수 있다. 창조는 하나님의 말씀으로 완전하고 선하게 창조된 피조 세계를 뜻하며 인간 또한 피조물로서 그의 창조세계를 다스릴 위임을 받은 인격적 대리자이다. 인간이 하나님의 법과 명령을 어겨 죄가 세상에 들어오게 되었고, 그 죄의 결과는 인간뿐 아니라 모든 피조 세계에 영향을 미치게 되었다. 하나님은 타락한 세상을 버려두지 않으시고 그의 선하신 계획 안에서 예수 그리스도를 통해 회복과 구속의 길을 열어주셨다. 이 그리스도 안에서 창조 세계의 회복은 하나님 나라의 도래를 말하며, 이것은 그리스도인의 삶의 모든 영역의 주권 회복이요 기독교 세계관의 궁극적인 지향점이다.

읽어볼 만한 자료

신국원. (2005). *니고데모의 안경*. 서울: IVP.

이승구. (2014). *기독교 세계관이란 무엇인가?* 서울: SFC.

Goheen, M., & Bartholemew, C. (2008). *Living at the crossroads*. 윤종석 역 (2011). *세계관은 이야기다*. 서울: IVP.

Marshall, P. (1998). *Heaven is not my home: Learning to live in God's creation*. 김재영 역. (2000). *천국만이 내 집은 아닙니다*. 서울: IVP.

Sire, J. W. (1988). *The universe next door* (2nd ed.). 윤종석 역 (1995). *기독교 세계관과 현대사상*. 서울: IVP.

Walsh, B. J., & Middleton, J. R. (1984). *The transforming vision: Shaping a Christian world view*. Downers Grove, IL: IVP.

Wolters, A. M. (1985). *Creation regained: Biblical basics for a reformational worldview.* 양성만 역 (1992). *창조·타락·구속*. 서울: IVP.

제2장
기독교 세계관과 영어교육의 통합

미리 생각해볼 질문들

✝ 창조 목적대로 언어를 사용한다는 것은 무엇을 말하는가?

✝ 언어의 타락한 양상에는 어떤 것이 있는가?

✝ 영어수업에서 나의 신앙이 드러나도록 시도해 본 적이 있는가?

✝ 영어수업에서 교사의 기독교적 가치관과 가르침이 통합된다는 것은 무엇을 의미하는가?

기독교 세계관은 성경의 세 가지 핵심 진리인 창조, 타락, 구속으로 세상을 보는 안목이다. 기독교 신앙의 토대 위에 영어교육을 한다는 것은 이 기독교 세계관에 입각하여 영어교육을 다시 구속하고 신앙과 가르침의 통합을 이루어가는 것을 말한다. 따라서 본 장에서는 기독교 세계관에 입각하여 외국어로서의 영어교육을 조명하고자 한다. 이를 위해서는 먼저, 창조, 타락, 구속의 세 가지 기본적인 성경적 범주들을 언어 현상과 관련하여 살펴본 후, 기독교 신앙과 영어교육의 통합이 어떻게 이루어질 수 있을지 살펴보기로 하겠다.

2.1 언어에 관한 기독교적 조명

2.1.1 창조와 언어

언어는 하나님의 형상대로 지음 받은 인간 특유의 속성으로 창조주의 의지에 따라 태초부터 존재하였다(창세기 1:26, 요한복음 1:1-2). 언어 또한 하나님의 형상대로 창조되어 하나님의 속성을 지녔으며 인간 창조와 함께 인간이 인간다움을 보여주는 근본적인 요소가 된다. 인간은 그 언어를 통해 하나님과의 관계뿐만 아니라 타인과 이 세상과의 관계를 형성해 나간다. 인간의 행위를 언어 없이 표현한다는 것은 불가능할 정도로 피조물인 인간에게 언어는 하나님의 주권을 인정하고 그분께 우리 자신을 철저하게 의탁하도록 하는 필수불가결한 요소이다.

언어란 인간이 그 스스로의 필요에 의해 인간 스스로가 만들어 낸 부산물 또는 상징물이 아니라 하나님의 창조의 한 부분으로 인간에게 주어진 속성이다. 이러한 창조의 한 부분으로서의 언어에 대해 Smith(1994)는 다음과 같이 해석하고 있다.

> 언어란 하나님의 형상으로 지음 받은 한 부분으로 삼위일체의 속성을 반영한다. 인간의 언어는 창의적이며 또 창조주의 법질서 안에서 진실되고 자유롭게 사용되도록 청지기적 삶을 위한 하나님께서 부여하신 선물이다. 따라서 다른 피조물과 마찬가지로 언어는 창조주를 반영하고, 그 언어사용을 통해 하나님 앞에서 제자된 삶을 살아가도록 요구된다(p. 26).

하나님의 창조 사역 위에 그분이 명하신 창조 명령(창세기 1:28)에 따라 인간은 창조 세계를 관리하고 개발할 청지기적 임무를 위임받았다. 다시 말하면, 우리는 하나님의 계속되는 사역에 참여하며 하나님의 걸작을 위한 청사진을 끝까지 수행함으로써 그분의 조력자가 되도록 부름을 받은 것이다. 이러한 인간에게 부여된 임무를 수행하는데 있어 언어능력 또한 발달되고 창의적으로 사용되도록 주어졌다. 이는 힌두교나 이슬람교에서 언어를 신성에 속한 정적이고 신성불가침 영역으로 간주한 것과는 대조적인데, 하나님께서는 인간에게 언어를 창조적이고 자유롭게 사용하여 발전시켜나가도록 허락하신 것이다. 이는 창세기 2장 19절에서 보듯이 하나님께서 아담이 그가 창조한 것들에게 어떻게 이름을 부여하는지 지켜보신 데서 우선 그 근거를 찾을 수 있다.

> 여호와 하나님이 흙으로 각종 들짐승과 공중의 각종 새를 지으시고 아담이 무엇이라고 부르나 보시려고 그것들을 그에게로 이끌어 가시니 아담이 각 생물을 부르는 것이 곧 그 이름이 되었더라(창세기 2:19)

히브리 문화에서 이름을 짓는 것은 권위를 가진 사람의 몫이다. 이러한 권위를 하나님께서는 아담에게 허락하셨다. 하나님께서 동물을 아담에게 이끄시며 아담이 이름을 짓도록 하셨다. 이것은 하나님께서 맡기신 권위와 능력이며 사람은 그 권위와 능력을 부여하신 하나님의 뜻에 따라 충실하게 사용하여야 한다(심재승, 2012). 이러한 창조와 관련한 언어의 속성을 요약하면, 결국 언어란 정적이고 죽은 것이 아니라 인간에게 부여된 사명과 소명을 수행하기 위해 책임감과 창의성을 갖고 다양하게 사용되고 개발되어져야 할 하나님의 선물이라는 사실이다.

또한 하나님의 형상과 언어와의 연관성은 언어교육 측면에서 아주 중요한 두 가지 사실을 함축해 준다. 첫째, 언어 또한 다른 모든 창조물과 마찬가지로 하나님을 영화롭게 하도록 창조되었으며 하나님의 영광을 위해 쓰임 받아야 한다는 것이다. 이는 언어를 사용하거나 가르치는 방법에 있어서도 하나님의 속성과 인간 본연의 본성이 일치하는 부분이 있음을 의미한다. 고린도전서 10장 31절에서 "그런즉 너희가 먹든지 마시든지 무엇을 하든지 다 하나님의 영광을 위하여 하라"라는 말씀처럼 인간의 모든 언어 또한 하나님의 영광과 인간의 유익을 위해 사용되어야 한다.

둘째, 하나님은 언어의 다양성을 기뻐하신다는 사실이다. 이는 하나님의 형상으로 창조된 인간은 무한한 가능성과 다양성을 부여받았다는 사실과 깊은 관련이 있다. 언어와 관련해 볼 때 타락 이전의 경우 하나님께서 요구하신 인간 언어사용의 목적은 발명하고, 번성하고 이름을 짓기 위함이었다. 또한 바벨탑 사건과 관련하여 보면, 이는 다양한 언어와 지역 방언의 생성과도 연관된다. 하나님께서 자기중심적 단일언어주의와 단일문화주의를 배척하시고 다언어주의, 다문화주의에 대해 호의를 갖고 계신다는 사실은 기독교인들의 언어에 대한 관점과 언어교육관에 영향을 준다고 할 수 있겠다.

2.1.2 언어의 타락 양상

아담과 하와가 타락하여 범죄한 사실은 하나님께서 사람을 위해 본래 아주 선하게 지으신 거처, 즉 창조 세계의 모든 영역에 지대한 영향을 미치게 된다. 피조된 사물 어느 것도 원칙상 타락의 파괴적인 영향의 손아귀에서 벗어난 것이 없다. 언어도 마찬가지로 원래 하나님의 형상대로 창조된 인간에게 부여된 진실된 사용의 범주를 벗어나 손상되고 악과 불순종의 도구로 사용되기에 이른다(시편 18: 21, 시편 109:2, 야고보서 3:1-12). 성경에 "그들이 이웃에게 각기 거짓을 말함이여 아첨하는 입술과 두 마음으로 말하는도다 여호와께서 모든 아첨하는 입술과 자랑하는 혀를 끊으시리니 그들이 말하기를 우리의 혀가 이기리라 우리 입술은 우리 것이니 우리를 주관할 자 누구리요 함이로다"(시편 12:2-4)라고 쓰인 것은 인간의 타락한 모습들을 잘 묘사해준다.

언어생활의 영역에서 타락의 양상을 Smith(1994)는 다음과 같이 잘 요약해준다.

> 인간의 언어는 다른 영역과 마찬가지로 타락의 지배를 받고 있음이 잘 드러난다. 이는 언어가 조작하고, 상처주고, 악을 계획하고, 진실을 가리고 회피하는데 사용되고 있기 때문이다. 따라서 언어의 명확성, 정합성, 진실, 정의, 바르게 함 등은 자연스러운 것이 아니라 힘겨운 투쟁을 통해서 얻어지게 되었다(p. 4).

이러한 언어의 타락은 창세기 11장 1-9절에 나타난 바벨탑 사건을 계기로 인간공동체에 극적인 결과를 낳게 된다. 인간의 교만이 극치에 이르고 이에 대한 벌로서 인간들이 더 이상 서로의 말을 이해할 수 없도록 하나님께서 하나의 언어를 다른 여러 언어로 흩어버리시는 모습을 보게 된다.

> 온 땅의 언어가 하나요 말이 하나였더라…또 말하되 자, 성읍과 탑을 건설하여 그 탑 꼭대기를 하늘에 닿게 하여 우리 이름을 내고 온 지면에 흩어짐을 면하자 하였더니 여호와께서 사람들이 건설하는 그 성읍과 탑을 보려고 내려오셨더라…자, 우리가 내려가서 거기서 그들의 언어를 혼잡하게 하여 그들이 서로 알아듣지 못하게 하자 하시고 여호와께서 거기서 그들을 온 지면에 흩으셨으므로 그들이 그 도시를 건설하기를 그쳤더라 그러므로 그 이름을 바벨이라 하니 이는 여호와께서 거기서 온 땅의 언어를 혼잡하게 하셨음이니라 여호와께서 거기서 그들을 온지면에 흩으셨더라(창세기 11:1-9)

흔히 바벨탑 이후 언어가 여러 갈래로 흩어지는 사건을 인간의 교만함에 대한 심판이라고 간주하는 견해가 많은 것이 사실이다. 하지만 이를 두고 Smith(1994)는 그 신학적인 배경을 근거에 두지 않은 해석이라고 지적한다. 그는 오히려 인간들이 전쟁으로 땅을 정복하면서 중앙집권적인 하나의 인간사회로 만들어 온 지면에 흩어짐을 면하고자 시도하면서 하나님의 지상명령인 문화명령을 불순종한데 대한 심판으로 해석하고 있다. 이러한 배경으로 본다면 바벨탑 사건으로 인한 하나님의 심판은 동시에 인간에게 언어의 다양성을 가져오게 된

축복이 될 수도 있다. 이것은 의사소통에 있어 장애를 가져오긴 했지만(impaired communication), 언어와 문화의 다양성(linguistic and cultural diversity)을 인정하는 계기가 되었다고 볼 수 있을 것이다(Canagarajah, 2006).

2.1.3 언어의 회복과 구속

죄로 인해 타락한 창조의 세계는 원래 선하게 창조된 형상대로 회복되기를 원했고 이 회복은 하나님의 말씀이 육신이 되어(요한복음 1:14) 이 땅에 오신 예수 그리스도를 통하여 가능하게 되었다. 타락과 마찬가지로, 구속 또한 인간을 포함한 세상의 모든 만물의 영역에 총체적인 영향을 미치게 되는데, 이는 하나님의 창조 목적대로 예수 그리스도를 통해 새로워지고 회복되어짐을 말한다. 이 구속은 다시 말하면 언어가 그 원래의 창조 목적대로 회복되어 하나님께 영광을 돌리도록 사용되고 흩어진 모든 인간 구성원들이 예수 그리스도 안에서 화평을 이루게 됨을 의미한다(골로새서 1:19-20).

이스라엘의 불순종과 타락에 대해 하나님의 회복과 희망의 메시지가 구약에서 언어사용에 대한 하나님의 약속을 통해 어느 정도 제시되고 있다.

> 그 때에 내가 여러 백성의 입술을 깨끗하게 하여 그들이 다 여호와의 이름을 부르며 한 가지로 나를 섬기게 하리니(스바냐 3:9)

> 너희가 행할 일은 이러하니라 너희는 이웃과 더불어 진리를 말하며 너의 성문에서 진실하고 화평한 재판을 베풀고 마음에 서로 해하기를 도모하지 말며 거짓 맹세를 좋아하지 말라…(스가랴 8:16-17)

바벨탑 사건 이후 불순종으로 인한 심판의 결과는 언어를 다양하게 흩으시고 서로 알아듣지 못하는 혼돈을 초래하였다. 비록 혼돈이었지만 이는 동시에 다양한 언어를 인간에게 허락하신 축복으로도 해석할 수 있다. 그렇다면 진정한 의미에서 언어의 회복은 무엇인가? 이는 사도행전 2장에서 기록된 것처럼 예수님의 승천 이후 마가의 다락방에 모였던 제자들이 오순절 성령강림을 경험한 사건과 연관하여 살펴볼 수 있다. 이는 창세기 11장 1절에서 '하나의 언어(one language)'를 다시 회복시키는 것이 아니라 거짓과 속임수로 점철된 언어로 인한 분열을 하나로 모으고 찬양의 언어들을 깨끗케 한다는 의미가 함축되어 있다(Smith, 1996).

> 오순절 날이 이미 이르매 그들이 다같이 한 곳에 모였더니 홀연히 하늘로부터 급하고 강한 바람 같은 소리가 있어 그들이 앉은 온 집에 가득하며 마치 불의 혀처럼 갈라지는 것들이 그들에게 보여 각 사람 위에 하나씩 임하여 있더니 그들이 다 성령의 충만함을 받고 성령이 말하게 하심을 따라 다른 언어들로 말하기를 시작하니라… 이 소리가 나매 큰 무리가 모여 각각 자기의 방언으로 제자들이 말하는 것을 듣고 소동하여 다 놀라 신기하게 여겨 이르되 보라 이 말하는 사람들이 다 갈릴리 사람이 아니냐 우리가 우리 각 사람이 난 곳 방언으로 듣게 되는 것이 어찌 됨이냐(사도행전 2:1-8)

오순절 성령강림으로 천하 각국으로부터 온 유대인들이 제자들이 각각 그들의 방언으로 하나님의 큰일을 말하는 것을 듣게 된다(사도행전 2:11).[1] 여기서 흥미로운 것은 언어의 회복과 함께 언어와 문화의 다양성이 구약 창세기 11장의 바벨탑 사건과 연관하여 신약에서 다시 한번 거론되는 것을 찾아볼 수 있다. Smith와 Carvill(2000)은 바벨탑 사건과 오순절 성령강림 사건의 비교 대조를 통해 인간과 언어에 개입하신 하나님의 오묘한 섭리를 잘 설명하고 있는데 이를 정리하면 다음 표와 같다.

<표 2-1> 바벨과 오순절의 비교 대조

바벨탑 사건 (창세기 11장)	오순절 성령강림(사도행전 2장)
"온지면에 흩어지라"는 명령 바로 앞 사건 (Preceded by a call to "fill the earth")	"세상으로 가라"는 소명을 받기 전 사건 (Preceded by a call to "go into all the world")
불순종의 모임	순종의 모임
하나님께서 강림하심	하나님께서 강림하심
극적으로 의사소통이 단절됨	극적으로 의사소통이 가능하게 됨
온 땅의 언어를 혼잡하게 함	놀라고 당황함
서로 알아듣지 못함	기적적으로 서로 알아듣게 됨
흩어짐	(얼마 후) 흩어짐

(출처: Smith & Carvill, 2000: 14)

1 NIV에서는 이 부분을 다음과 같이 번역하고 있다. "-we hear them declaring the wonders of God in our own tongues!"

<표 2-1>에서 보는 바와 같이 오순절 사건은 바벨탑 사건과 몇 가지 큰 차이점을 보이고 있다. 첫째, 바벨탑 사건에서 보여준 사람들의 불순종한 모임은 오순절 사건에서는 순종의 공동체로 대치되고 성령 강림은 바로 생명과 능력을 부여하는 계기가 된다. 둘째, 바벨탑 사건에서 하나님이 강림한 결과는 의사소통의 실패와 상호 간의 단절인데, 이에 반해 오순절 성령강림은 사람들이 서로의 언어를 알아듣고 소통하는 놀라운 경험으로 연결된다. 바벨탑 사건으로 인한 타락이 인간의 불완전함을 보여준다면, 오순절 사건은 언어가 성화되었음을 가르쳐준다(Boot, 1987).

오순절 사건을 계기로 인간에게 부여된 선물인 언어가 다시 회복되고 성화되어 제자들이 그 듣는 사람들의 언어로 복음을 전하게 된다. 이것은 다시 말하면, 의사소통의 장애물을 극복함으로써 언어와 문화의 다양성이 수용되고 확증되는 계기로 볼 수 있다. 제자들은 각국으로 흩어져 전도하면서 그 지역 언어들을 접하게 되고 각양각색의 언어로 그 믿는 자들, 즉, 하나님의 형상으로 창조된 이방인에 대한 관심을 갖게 되며 주님의 지상 사역을 능히 감당하게 된다. 이와 유사하게 사도 바울도 세상의 다양한 말과 그 언어들을 이해하는 것이 복음 전도에 매우 중요함을 강조하고 있다(고린도전서 14:10-11).

2.1.4 성경적 외국어교육의 방향

이상에서 기독교 세계관의 기본적인 세 요소인 창조, 타락, 구속을 언어 현상과 관련하여 고찰해 보았다. 언어에 대한 성경적 재조명은 언어학습과 외국어교육에 시사하는 바가 크다고 할 수 있다. 언어는 하나님의 속성으로 인간 창조와 함께 존재하였고 언어를 통한 의사소통은 하나님이 인간에게 부여한 가장 가치있고 아름다운 선물 중의 하나이다. 따라서 우리는 언어에 대한 존경심과 그것의 올바른 사용에 관한 관심을 일깨우는 것이 중요하다.

성경은 사랑, 진리, 정의를 파괴하는 언어사용에 대해 비판하고 있다. 하나님은 그의 형상대로 창조된 피조물들이 그가 부여한 언어를 책임감 있게 사용하기를 원하신다. 사도 바울도 "무릇 더러운 말은 너희 입 밖에도 내지 말고 오직 덕을 세우는 데 소용되는 대로 선한 말을 하여 듣는 자들에게 은혜를 끼치게 하라"(에베소서 4:29)고 가르치고 있다. 성경에서는 언어를 정직하고, 사려깊고, 공평하고, 적절하고, 명확하게, 그리고 정확하게 사용하도록 가르치고 있다. Van Brummelen(2002) 또한 언어학습과 교수에 관한 교육과정을 설계 함에 있어서 학습자들에게 언어사용의 올바른 인식을 고취시키는 것이 중요하다고 강조한다. 그가 제안한 언어교육에 대한 사항들은 외국어교육에도 시사하는 바가 크다 하겠다.

① 언어를 성실함으로 사용하되, 하나님을 찬양하고 다른 사람들을 섬기기 위해 기능적으로 또 창조적으로 사용해야 한다.
② 신중하게 듣고, 명확히 말하고, 비판적으로 읽고, 창의적으로 쓸 줄 알아야 한다.
③ 사고와 감정을 분별하도록 의사소통 능력을 배양해야 하고 공동체의 관계형성에 헌신하도록 해야 한다.

④ 개인적 또는 공동체에 대한 지각과 통찰력을 고취시키는데 언어를 어떻게 사용할 수 있는지 깨닫고 경험해야 하며 그럼으로 인해 공동체의 창조적인 구성원으로 또 화해자로 세움을 받을 수 있도록 해야 한다(Van Brummelen, 2002, p. 217).

더불어 성경에서 강조한 언어의 다양성과 창조성에 비추어 볼 때, 다양한 언어와 문화에 대한 존중심을 일깨워주고, 하나님의 형상을 가진 타언어권 사람들 또는 외국인들과의 의사소통을 위하여 외국어 학습을 적극적으로 권고하심을 알 수 있다. 외국어교육의 초창기 역사를 거슬러 올라가면 기독교가 외국어교육의 발전에 지대한 공헌을 했음을 발견하게 된다. 초대 교회의 지도자들이 언어의 다양성에 대해 관심을 가졌던 것과 중세시대 Ramon Lull이나 Roger Bacon이 라틴어의 군림(dominance of Latin)을 반대하면서 지역 언어에 대한 학습을 주장한 것 등이 그 예이다(Howatt, 2004). 범교육론을 통해 잘 알려져 있는 Comenius도 언어의 다양성에 대한 존중과 복음 전파에서 지역 방언들의 중요성을 강조했다(정일웅, 2003).

2.2 영어교육에서 신앙과 학문의 통합 시도

2.2.1 신앙과 학문의 통합

신앙과 학문의 통합은 기존 학문에 신앙을 덧입히는 것이 아니라 성경적 진리의 빛으로 학문을 다시 조명하고 회복하는 작업이라 할 수 있다. 영어교육을 기독교 세계관에 비추어 통합하고 이를 실제 교과교육을 통해 실현하는 것은 성경 말씀(요한복음 1:3, 고린도후서 10:5)에 순종하여 모든 세상 학문의 영역이 말씀의 진리에 복종하는 것을 의미한다.

> 만물이 그로 말미암아 지은 바 되었으니 지은 것이 하나도 그가 없이는 된 것이 없느니라(요한복음 1:3)

> 하나님 아는 것을 대적하여 높아진 것을 다 무너뜨리고 모든 생각을 사로잡아 그리스도에게 복종하게 하니(고린도후서 10:5)

Sire(2000, 윤종석 역, 2013)는 일반 학문 세계에서는 신앙(faith)과 교수(teaching)가 서로 병행하기 어렵지만 기독교인 학문 연구자들에게는 지성적 활동의 목적도 오직 '하나님의 영광'을 위하여 인간을 창조하신 목적대로 살아가기 위해서 필연적으로 시도하고 탐색해야 할 과제라고 그 당위성을 피력하였다. 학문과 교수의 통합이 절대 단순하지 않으며 명확하지 않지만 그 과정은 가르침과 배움을 좀 더 총체적이고 창의적인 관점으로 보는 것을 가능케한다고 주장한다.

창의적이고 적극적인 신앙과 학문의 통합은 기독교대학의 사명이자 목적이라 할 수 있다. 이 부분에서 선구자적인 역할을 한 Holmes(1987)는 네 가지 관점으로 통합의 가능성을 요약하고 있다. 첫째는 태도적(attitudinal) 통합으로 이는 교사와 학생이 기독 학습공동체에 대한 관심과 배려가 배어있는 분위기를 조성하는 것을 의미한다. 둘째는 윤리적(ethical) 통합으로 각 학문연구와 관련하여 내재적인 가치를 분석하고 그 분야에 적합한 기독교적 가치판단과 사고력을 키우는 것을 말한다. 셋째, 근본적(foundational) 통합은 모든 학문이 역사적, 철학적, 그리고 신학적 원리를 바탕으로 세워졌다고 보고 성경적 원리에 근거하여 전공지식을 연결하는 접근이다. 네 번째 세계관적(worldview) 통합은 이 세상과 삶에 대한 이해를 창조·타락·구속이라는 기독교 세계관으로 보고 신앙과 삶, 학문, 문화 등 모두를 총체적 안목으로 접근하는 것을 말한다. 보통 기독교대학에서 비교과 프로그램(가령, 채플, 선교여행 등)을 통해 통합을 추구할수 있으나 신앙과 학문의 통합은 모든 교육과정을 기독교적 관점으로 조명하고 기독교적 관점이 모든 사고 과정에 스며들도록 하는 것이다.

기독교 교육과정의 통합 유형에 대해 Frisken은 초콜렛 케이크에 비유하여 쉽게 설명하고 있다. 첫 번째 유형은 평범한 스펀지 케이크 위에 초코를 덧씌운 것으로, 가령 일반 교육과정에 예배나 성경읽기 등의 기독교적 요소를 살짝 덧씌운 것을 말한다. 두 번째 유형은 케익믹스에 초코칩을 더한 초코칩 케이크로, 전반적인 교육과정에 기독교교육이 통합(성경동화, 찬양, 예수님 교훈 이야기, 성경적 생활지도 등)되긴 하나 여전히 일반교과 내용을 가르치는 경우이다. 세 번째 유형은 케이크 전체에 초코가루가 섞여 케이크의 모든 부분에 초코렛 맛이 나는 초코케이크이다. 세 번째 유형이 진정한 기독교적 통합을 말하는데, 여기서는 성경의 전체적인 의미가 교과 내용에 녹아서 분별력있게 가르치는 것을 의미한다(임희옥 외, 2010, 재인용).

교실에서 교사가 가르침의 대상인 학습자 그리고 언어를 바라보는 관점과 교사의 신념체계, 이 모든 것들은 교수과정에서 영향을 미친다. Van Dyk(2000)는 "당신의 가르침은 당신이 무엇을 믿는가에 의해서, 또 당신이 중요하고 가치 있다고 생각하는 것이 무엇인가에 의해서 움직인다"(p. 37)고 주장했다. 다시 말하면, 교사가 어떠한 세계관으로 무엇을 가르치는가는 학생들의 학습으로 이어지고 결국 학생들의 세계관 형성과 삶에 영향력을 미치게 된다는 것이다. 교실은 마치 생태계와 같아서 교사와 학생의 신념, 다양한 사회문화적 요인들이 서로 상호작용을 일으켜 교수학습과정에서 성장이 일어나는 유기적 조직과도 같다. 이러한 환경에서 교사의 가치관, 도덕성, 영성이 제2 언어교수와 학습과정에 깊이 관여하게 되고, 교사는 학생들과의 상호작용을 통해 학습자들의 언어숙달과 습득뿐만 아니라 그들의 도덕적, 영적 발달에도 영향을 끼치게 되는 것이다.

2.2.2 신앙과 영어교수의 통합

교사가 어떠한 세계관과 소명 의식으로 무엇을 어떻게 가르치는 가는 학생들의 학습으로 이어지고 결국 학생들의 세계관 형성과 삶에도 영향력을 미친다. 교사의 기독교적 영성이 제2 언어교수에 어떻게 영향을 미치는지 규명하고자 Hong(2008)은 다음 <그림 2-1>과 같은 세 가지의 큰 틀을 제시하고 있다.

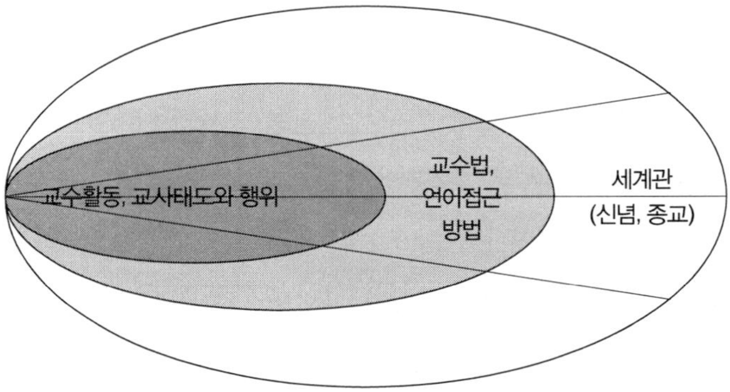

<그림 2-1> 교사의 세계관, 접근법, 그리고 교수활동

(출처: Hong, 2008: 22)

이를 보면, 교실에서의 언어 교수활동, 교사의 태도와 행위는 교사가 채택하는 언어접근법에 의해 좌우되며 또한 이러한 교사의 접근법은 교사의 세계관이나 신념에 그 뿌리를 두고 있음을 알 수 있다. 이러한 큰 틀에서 교사의 세계관이 교수에 영향을 미치는 측면은 좀 더 다양할 수 있는데, 이는 교사의 언어에 대한 관점, 학습자들을 보는 시각, 교실에서 학생들 간의 상호작용, 제2 언어습득 이론에 대한 관점, 인식론에 대한 관점, 영어수업을 통한 온전한 인격형성 및 복음전도 등을 들 수 있을 것이다.

기독교적인 교수방법이란 단지 기독교적인 신념들이 구체화된 것 그 이상을 의미한다고 할 수 있다. 우리의 일상생활에서 나타나는 영성, 하나님과 다른 사람들, 그리고 세상을 향한 우리의 방식, 이 모든 복합적이면서 역동적인 요소들을 포함한다. 또한 기독인 교사의 인격, 교사의 영성과 교실에서의 윤리들도 모두 이러한 기독교적 교수방법을 형성하는 요소로 간주될 수 있다.

일반 교수방법들과는 모든 면에서 차이가 나는 한 가지의 유일한 기독교적 언어교수방법은 존재할 수 없다. 그렇다고 해서 현재 널리 알려진 특정 영어교수법 중 가장 기독교적인 방법을 택하여 그것을 교실 수업에서 그대로 사용하는 것 또한 바람직하지 않다. 기독교 신념과 방법의 접목을 시도함에 있어 기독교 신념은 현재까지 사용되고 있는 많은 교수 방법들 가운데 불순물을 걸러내는 필터(filter)와 같은 역할을 할 수도 있을 것이다. 하지만 무엇보다도 기독교 세계관에 입각한 언어교수는 기독교적인 이해를 바탕으로 교사가 현재 교실에서 행해지는 활동들, 교수법들의 가정들을 검토하고 필요하다면 그것을 재구성하거나 새로운 대안을 모색하는 다양한 접근방식을 요구한다. 교수방법에 대해서는 제5장에서 좀 더 자세히 살펴보기로 한다.

기독교인 영어교육자로 학계에 많은 영향을 끼친 Stevick은 제2차 세계 대전 직후부터 영어를 가르치면서 시대마다 출현했던 영어 교수방법들을 기독교적인 신념으로 조명하였고(Stevick, 1998), 이를 가르침에서는 신앙과 일관되게 구현하고자 노력하였다. 그는 영어교육의 동기를 하나님의 아들인 예수님께서 이 땅에 오셔서 자신이 죄로부터 자유함을 얻고 하나님이 원하시는 일에 헌신하기로 결심했다는 신앙고백으로 표현한다.

> 내가 기독교적인 방법으로 모든 것을 바라보고 행동으로 실천하고자 시도하는 동기는 세 가지 때문이다. 첫째는 하나님께서 특별한 시간과 장소에 인간으로 오신 성육신 때문이다. 둘째는 나 자신이 그분을 만나지 않았더라면 영원한 재난(형벌)을 면할 길이 없고 그로 인해 자유함을 얻었다는 사실이다. 셋째, 구원받은 자로서 내 삶이 더욱 하나님 원하시는 일과 그분을 닮아가길 원하는 것이다(Stevick, 2002, p. 3).

Stevick은 영어교수에서도 신앙이 드러나야 하며 이는 세 가지 방법으로 가능하다고 주장한다. 그는 기독인 영어교사는 (1) 교재 선정과 제작을 통해, (2) 학생들의 오류에 대해 반응하는 방법을 통해, 그리고 (3) 새로 배운 학습내용에 대해 미숙하고 단기 기억에 의존하는 학습자들을 의미있고 장기적으로 내용을 기억하도록 인도하는 방법을 통해 기독교 신앙과 교수법의 통합 시도가 가능하다고 제안하고 있다. <표 2-2>는 Stevick 자신이 신앙과 교수를 어떻게 통합하고자 시도했는지 그가 성찰한 것을 요약한 것이다.

<표 2-2> 신앙과 영어교수의 통합 실제

	교재 선정 및 제작 활용	학생들 오류에 대한 반응	단기에서 장기적 언어숙달 유도
신앙	• 학생들 개개인간 또는 교사와의 상호작용과 의사소통이 매우 중요함 • 성경에서도 하나님은 항상 인간과 소통하시고 우리 안에 활동하시는 분으로 그려짐	• 학생들의 정확하지 못한 언어사용을 방치하는 것은 옳지 못함 • 그렇지만 "사랑 안에서 진실을 말하도록"하는 게 더 중요하며 정확성뿐만 아니라 개인에 대한 관심이 필요함	• 인간에게는 생득적 언어 습득 장치가 있고 언어의 장기적 저장은 학습자의 언어학습 동기와 감정 상태에 의해 영향을 받음
교수의 실제	• 학생들이 제작한 자료나 학생의 관심사가 담긴 내용을 수업에서 사용하거나 보충활동으로 활용하기 • 학생들의 참여를 가능한 한 유도하되 언어가 미숙할 경우 교사가 적극적으로 도와주기	• 학생들의 오류에 대한 피드백의 방법에 있어서 비언어적 메시지를 사용하기 • 학생들 발화에 관심을 표명하고 인내심을 갖고 격려하기 • 학생들이 동료 간에 수정해주는 방법 활용하기	• 언어형식에 너무 얽매이지 않는 범위에서 새로운 언어 내용들을 익히는 활동 활용하기 • 새로운 단어나 문법을 도입할 때는 실제 인물이나 실물, 실제 상황 등을 활용하기

(출처: Stevick, 2002: 16-18)

실제 기독교 신앙을 가지고 있다고 해도 교수 상황이나 여러 가지 요인들(정치적, 사회적, 종교적 등)에 의해서 교사가 이를 통합하기란 쉽지 않다. 이를 Purgason(2016)은 미국을 포함한 전세계의 다양한 영어 교수 상황에 있는 영어교사들 대상으로 조사를 한 결과 기독인 영어 교사들은 연속선상(continuum)에서 통합을 시도하고 있다고 설명한다. 이 연속선상의 한쪽 끝은 수업에서 교사 개인의 기독교 신앙이나 개인적 영향력을 가능한 한 회피하는 유형이다. 다른 한쪽 끝은 교사가 신앙적 목적(faith-related goals)까지도 교육내용에 포함하여 가능한 한 통합의 기회를 추구하는 유형이다. 양쪽 극과 극의 유형이 아니라면 보통 주어진 교재(text)에 있는 내용을 충실하게 다루면서 가치 중립적 태도를 유지하거나 인격형성(character building)을 위한 건전한 가치(values)를 포함하는 경우가 있을 수 있다. Purgason(2016)이 제시한 연속성을 그림으로 표현해보면 다음과 같다.

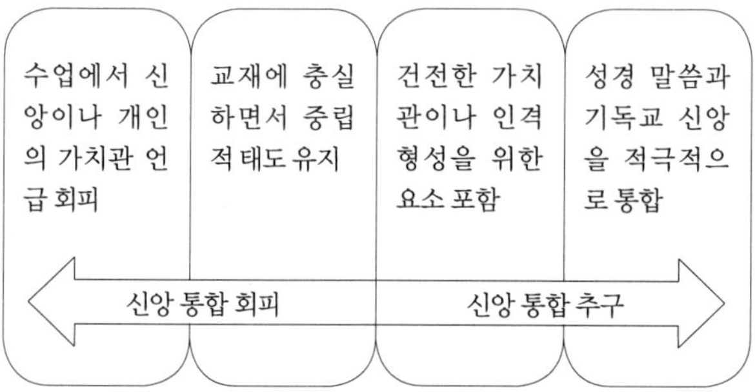

<그림 2-2> 교사의 신앙 통합 유형의 연속성

신앙 통합의 유형을 위의 <그림 2-2>에서 보듯 네 가지 유형으로 일반화시킬 수는 없겠지만 영어교사가 자신의 신앙과 교수를 통합하는 방식은 이러한 연속선상의 한 지점에 있다고 볼 수 있다. Purgason(2016)은 영어를 잘 가르치기 위한 교사 전문성이 우선 확보가 되어야 하며, 기독교사가 영어학습의 목표보다 너무 신앙적 요소나 복음증거에만 치우치는 것은 좋은 교수가 아님을 강조한다. 바람직한 영어교수를 위해서는 균형잡힌 접근(balanced approach)이 중요하다는 것이다. 가령, 같은 주제를 다루더라도 기독교뿐만 아니라 다른 종교나

다각적인 시각으로 접근할 수 있도록 읽기 자료나 교재 선정을 할 수 있다. 이를 통해 학생들은 다양한 관점에서 자기주도적으로 탐구하며 성찰할 수 있고 이 과정에서 진리의 복음을 접할 수 있도록 유도할 수 있을 것이다.

최근 중국 연변의 '국제적 민족대학'이라고 할 수 있는 연변과학기술대학에서 영어수업을 진행한 K교사의 한중 대학영어교육 비교연구(김정선, 2021)를 보면 이러한 신앙과 통합의 한 유형을 살펴볼 수 있다. 비록 공산주의 사회에서 기독교 신앙의 언급이나 포교활동이 제한되었음에도 불구하고 영어 성경 구약의 잠언을 매 수업시간 제공하고 이를 통해 영어 표현습득뿐만 아니라 신앙의 통합을 시도할 수 있음을 확인할 수 있다.

> 영어 성경 구약의 잠언(Provebs)에 나온 외우기 좋은 표현을 학습하는 시간을 본 수업을 시작하기 전에 짧게 배정하였다. 수업 시간에 학생들에게 종교에 대해 구두나 서면으로 언급하는 것은 제한이 있었고, 편견이나 거부감이 없도록 주와 신(God, Lord) 등의 연관된 직접적인 어휘와 내용은 배제하고 24장 5절 같은 "지혜있는 자는 강하고(A wise man has great power)", 24장 26절 "적당한 말로 대답함은 입맞춤과 같으니라(An honest answer is like a kiss on the lips)"로 격언과 속담에 해당할 수 있는 일반적인 표현을 한 문장만을 매시간 사용하였다(김정선, 2021, p. 361).

국내외 영어교육에서 기독교 신앙과 교수의 통합을 추구하고 이를 실제 교수현장에서 접목한 연구와 책들이 꾸준히 발표되고 있다(김영숙, 이지연, 2015; 박혜경, 2016; 이성희, 2013; 이지연, 2022; Kim, 2006b; Lessard-Clouston, 2013; Wong et al., 2013). 김영숙과 이지연(2015)은 공립학교에서 근무하는 기독영어교사 대상으로 이들이 신앙과 가르침을 영어수업 현장에서 어떻게 통합하고 구현하고자 시도하는지 사례연구를 하였다. 연구 대상인 교사들은 기독교대학의 교사양성과정을 이수하고 국공립학교에 임용된 영어교사들로서 신앙과 교수 통합 측면에서 다각적인 노력을 기울이고 있었다. 이들은 신앙과 가르침의 통합을 교사가 성경 말씀에 순종하고 지혜를 구하고 삶 전체에서 기독교 정체성이 자연스럽게 드러나는 것이라고 인식하고 있었다. 또한 영어수업에서 기독교적 관점에 적합한 교수법, 수업 활동, 학생과의 상호작용, 학습자료 선정 등을 통해 신앙과 교수 통합을 모색함을 확인할 수 있다. 이러한 연구는 종교적 중립이 요구되는 공립학교에서도 다양한 차원의 통합 가능성을 시사하여 기독영어교사로서의 정체성과 사명감을 가지고 가르치기 위해 통합의 필요성을 일깨워준다 하겠다.

요약

영어교육을 기독교 세계관으로 다시 조명하고 통합을 시도하기 위해서는 기본적으로 언어가 어떤 속성인지를 먼저 살펴보는게 중요하다. 언어는 하나님의 속성으로 인간 창조와 함께 존재하였고 언어는 하나님께서 의사소통을 위해 인간에게 부여한 가장 가치있고 아름다운 선물 중의 하나이다. 하나님께서 부여한 언어를 창의적으로 책임감 있게 그리고 감사와 경외함을 가지고 바르게 사용해야 할 것이다. 또한 성경에서는 언어의 다양성을 인정하고 타언어권 사람들과의 적극적인 의사소통을 강조함으로써 외국어 학습을 권고하고 있음을 알 수 있다.

이러한 언어에 대한 기독교적 조명에 근거하여 신앙과 영어교육의 통합을 추구하는 것은 기독영어교사가 삶과 가르침의 모든 영역에서 그리스도가 주되심을 선포하는 일이며 하나님께 부여받은 사명이라 할 수 있다. 기독교 세계관이 영어교육에 통합되기 위해서는 교과 내용과 교수방법에 녹아있어야 한다. 이는 교육내용과 가르침의 모든 영역에서 하나님의 말씀과 통합이 이루어지는 초콜렛 케익과도 같다. 영어교육에서 가르침과 신앙을 통합한다는 것은 언어를 창조하신 하나님의 목적을 바르게 알고 죄로 망가진 세상을 예수 그리스도를 통하여 원래 모습으로 회복시키는 성경의 구속사역에 동참함으로써 세상을 변혁하는 일을 추구하는 것이다.

읽어볼 만한 자료

김영숙, 이지연. (2015). 영어수업에서 기독교 신앙과 가르침의 통합 시도: 공립학교 기독 영어교사 사례 연구. *신앙과 학문*, *20*(4), 37-68.

이성희. (2013). *기독영어교사를 위한 영어교재연구 및 지도법*. 서울: 한국문화사.

이지연. (2022). *기독영어교사를 위한 영어 쓰기평가의 이해와 실제*. 서울: 신정.

Kim, Y. (2006b). Christian English teachers' perception and practices of the integration of faith and learning in English language teaching. *Chongshin Review*, *11*, 98-123.

Purgason, K. B. (2016). *Professional guidelines for Christian English teachers*. Pasadena, CA: William Carrey Library.

Sire, J. W. (2000). *Habits of the mind.* 윤종석 역 (2013). *지식건축법: 기독 지성은 어떻게 완성되는가*. 서울: IVP.

Smith, D. (1994). *Teaching modern languages: A fresh approach to the national curriculum*. London: Association of Christian Teachers.

Wong, M. S., Dörnyei, Z., & Kristjánsson, C. (Eds.) (2013). *Christian faith and English language teaching and learning: Research on the interrelationship on religion and ELT*. New York: Routledge.

제3장
기독영어교육의 목표 및 모델 탐색

미리 생각해볼 질문들

† 학교에서 외국어를 가르치는 목적은 무엇이라고 생각하는가?

† 현 한국의 교육과정에서 영어교육의 목표는 무엇인가?

† 기독교적 측면에서 외국어학습과 교육의 동기는 무엇이라고 생각하는가?

† 기독영어교육의 현장 모델은 어떻게 분류할 수 있는가?

한국에서 영어교육은 외국어 교과의 하나로 국가 교육과정에 의해 수립되어 현재까지 학생들의 영어 의사소통 능력 증진과 국제적 감각을 갖춘 인재 양성을 그 목적으로 하고 있다. 한편 빠르게 변화하는 시대적 요구에 부응하여 기존의 의사소통 능력 신장보다 더 지속가능한 영어교육의 목표 수립이 요구된다. 이에 본 장에서는 기독교적인 영어교육을 위한 기본 목표를 정립하기 위해 우선 외국어로서의 영어교육의 목적과 한국의 영어교육 철학 및 영어교육목표의 변천을 살펴보고자 한다. 또한 기독교적 관점에서 외국어교육의 목표 검토를 통해 기독교적 영어교육 목표를 정립하고 실제 영어교수를 위한 기독영어교육의 모델들을 소개하고자 한다.

3.1 영어교육의 목표

3.1.1 외국어교육의 목적

외국어교육에 관한 철학적 기조와 언어관은 언어를 하나님으로부터 부여받은 것으로 보는 관점, 물질주의적 관점, 인간 중심의 관점에서 접근이 가능하다. 외국어교육에 관한 일반적인 이론적 바탕에는 여러 가지가 있는데 대체로 고전적 인본주의적 관점(classical humanistic approach), 인지주의적 관점(cognitive approach), 재건주의적 관점(reconstructionistic approach), 과학 기술적 관점(technological orientation), 인본주의적 관점(humanistic orientation), 학문적 관점(academic orientation) 등으로 분류하여 논할 수 있다(배두본, 2002).

그러나 근본적으로 언어는 하나님의 창조물의 하나로 인간에게 부여된 신성한 특권이라는 기독교적인 관점이 외국어교육을 이해하는 출발점이 된다. 그 근거는 외국어교육의 가장 오래된 이론적 준거인 유럽 초기 교회시대의 라틴어 교육에서 찾아볼 수 있다. 그 당시 언어를 하나님에게서 부여받은 형이상학적 상징이라고 인식하고, 외국어 교육을 인식론적 관점에서 출발하여, 모국어 교육과 마찬가지로 많은 새로운 문자를 읽고 쓰도록 하는 일로 이해한 것이다. 따라서 외국어 교육의 목적을 지력 개발과 교양 증진에 두고, 문화적으로 전수되는 유산인 고전을 성직자나 상류 계층의 자녀들이 읽고 쓰도록 가르쳐 대중들에게 말로 전달함으로써 서민들을 교화하고 지도하는데 중점을 두었다.

학교에서 외국어교육을 실시하게 된 이론적 근거는 사회적 요구, 문화적 가치, 교육적 가치, 언어관 등에서 찾아볼 수 있다. Rivers(1981)는 외국어교육의 목적을 지력 개발, 교양 증진, 언어기능의 이해, 외국어의 독해 능력 배양, 외국어의 표현 경험 증대, 외국 문물의 이해 및 의사소통 능력 개발에 있다고 제시하였다. 학자들에 따라서 분류 항목은 차이가 있지만 대부분 학교에서 외국어교육을 실시하는 목적으로 실제적인 의사소통기능의 발달, 언어와 언어학습에 대한 이해, 외국어 사용자와 그들의 삶에 대한 긍정적인 태도와 이해, 그리고 학습 기능과 능력의 개발 이 네 가지로 크게 구분할 수 있다.

그러나 1990년대 영국의 교육과학부에서는 이전의 학교 중심의 교육과정을 지양하고 국가 중심의 교육과정을 개발하면서 외국어교육의 목적으로 외국의 문화를 통하여 "학습자 자신과 자신의 문화에 대한 이해력 증진"(Smith, 1994)을 강조하였다. 학습자가 자신의 문화만을 알고 있으면 자기 문화의 장단점을 알 수 없으나, 자기 문화를 알고 다른 문화를 알게 됨으로써 학습자 자신의 문화에 대한 객관적인 시각을 형성하게 되어 자기 문화의 진정한 장점과 단점을 알 수 있다는 것이다. 나아가 다른 문화를 알게 됨으로써 나라마다 문화의 공통점뿐만 아니라 차이점이 있음을 이해하게 되어 의사소통에서 효율적인 의미협상을 가져올 수 있다는 것이다. 이처럼 외국어교육의 목적은 단순히 외국의 문화를 익히는 물리적, 양적, 기능적인 것으로 끝나지 않고, 외국의 문화를 아는 것이 자신의 삶에 대한 통찰과 내적인 성숙을 가져오는 질적, 교육적인 효과를 가져와야 한다는 것이다.

3.1.2 영어교육의 교육철학 및 목표

언어 정책은 보통 그 시대적인 흐름에 따라 국가의 정치, 경제, 사회, 문화적 요인과 교육철학에 의해 수립된다. 교육철학은 모든 교과의 교육과정 또는 교수요목을 결정하는 기반이 되는 것으로 영어교과에서도 시대적으로 이러한 교육철학을 바탕에 두고 발전해왔다. 배두본(2013)은 우리나라 영어(외국어)과 교육철학의 발달을 규정함에 있어 영어교육의 발달 과정을 생성기, 전개기, 정체기, 개혁기의 네 단계로 분류하고 접근 관점을 다음 <표 3-1>과 같이 요약하고 있다. 여기서 '생성기'는 영어과 교수요목이 처음 수립된 시기부터 제1차 교육과정 기간(1954. 4~1963. 1)을, '전개기'는 제2차 교육과정 개정부터 3차 교육과정 기간(1973. 2~1973. 8)을, '정체기'는 제4차와 5차 교육과정 기간(1973. 9~1992. 6)을, 그리고 '개혁기'는 제6차 교육과정 개정 이후(1992. 10~)를 말한다.

<표 3-1> 영어교육 교육철학 및 목표의 변천

	목적·목표	지식·내용	역점 사항	반영 시기
고전적 인본주의적 관점	지력 개발 교양 증진 문학 작품 이해	선언적 지식 언어학적 지식	엘리트 양성 학문 연마	19세기⇒ 생성기⇒ 전개기
인지주의적 관점	언어체계 이해 독해력 증진 사고력 증진	선언적 지식	학습 성과 과학적 방법 간접경험 중시	(전개기)⇒ 정체기
사회 재건주의적 관점	언어기능 이해 의사소통 문화 이해	선언적 지식 절차적 지식 경험적 지식	교육의 평등 실용적 사용 의사소통 활동	(정체기)⇒ 개혁기
구성주의-인본주의적 관점	전인 양성 신지식인 양성 자아실현인 육성	자기주도 학습 자기 발견 자각과 시험	인간 성장 학습방법 체득 자율성	개혁기 ⇒

(출처: 배두본, 2013: 21)

해방 이후 영어교육은 대부분 엘리트와 지식인 양성에 초점을 둔 반면, 전개기와 정체기에는 영어를 인지 개발의 도구로 가르치면서 문법이나 암기 위주의 교육이 대부분이었다. 개혁기에는 사회 재건주의적 관점에서 인간의 평등에 근본을 두고, 좋은 사회 건설을 위한 영어 의무교육 확대 실시와 외국 문화의 이해를 통한 국제화, 세계화 사회에 적응하는 능력을 기르도록 하고 있다. 구성주의-인본주의적 관점에서는 전인 교육을 목표로 개인의 성장과 자아실현의 수단으로 영어를 배우도록 한다.

우리나라는 국가적으로 교육과정을 제정하고, 외국어 교과의 하나로 영어를 가르치고 있다. 모국어가 아닌 외국어로서의 영어를 배우는 데는 개인적 목적과 사회적 목적이 있다. 개인적 목적이란 영어학습자가 일시적이거나 영구적으로 영어 사용국가에서 살기를 원하여 영어를 배우기도 하고 특별한 학문적, 기술적, 직업적 목적을 가지고 영어를 배우는 것을 말한다. 사회적 목적이란 국가적, 사회적 필요나 이익을 위한 영어교육을 말한다.

외국어로서의 영어교육 상황에서 학교 교육을 위한 교육과정의 하나인 영어는 개인적 목적보다는 사회적 목적이 우선한다(배두본, 2002). 이는 또한 각 국가의 언어 정책과 직접적인 관련이 있으므로 사회적, 정치적, 경제적 기타 상황에 따라 사회적 목적도 다를 수 있다. 그러나 영어를 외국어로 가르치는 목적은 대개 학습자 개인의 언어생활을 풍부하게 함으로써 지력과 교양을 증대시키고 외국의 문물에 대한 이해와 새로운 안목을 갖게 하며 외국인과 의사소통을 원활하게 하는 능력을 기르는 데 있다. 영어학습자의 개인적 목적과 국가 사회적 목적을 통합해서 고려할 때 영어의 네 가지 기능 즉 듣기, 말하기, 읽기, 쓰기 능력을 길러 외국 문물을 수용하고 외국이나 외국인과의 교류를 통한 개인의 인간적 생활의 확장과 문화생활의 능력, 기술, 태도를 향상시키는데 영어교육이 필요하다.

우리나라에서 중학교와 고등학교에서 영어과 교육과정이 처음으로 체계를 갖추기 시작한 1954년 당시만 해도 영어는 하나의 교양 과목으로서 국민의 교양과 실용적 가치로서의 기능을 향상시키는데 그 목적을 두었다(권오량, 김정렬, 2010). 그 후 언어형식 중심, 문자언어 독해력 중심의 영어교육이 실시되어 오다 제6차 교육과정 이후에는 구어(oral language)를 중시한 유창성이 강조되었다. 특히 1990년대 6차 교육과정 시기는 한국이 OECD 회원국에 가입하게 되면서, 국제화 시대에 맞는 영어 의사소통 능력의 배양이 영어교육의 목표로 더욱 선명하게 부각되었다.

1997년 제정 고시된 제7차 영어과 교육과정에서는 일상생활에 필요한 영어를 이해하고 사용할 수 있는 기본적인 의사소통 능력을 기르고 외국 문화의 올바른 수용 및 우리 문화를 외국에 소개할 수 있는 능력을 기르는데 목표를 두고 있다. 1954년과 1997년에 제정 공포된 중등학교 영어과 교육 목표를 보면 목표 자체에는 큰 변화가 없지만 외국 문화에 대한 이해와 우리 문화의 새로운 인식을 강조한 점에서 문화에 대한 이해를 크게 부각시킨 것이 특징이라 하겠다.

2009 개정 교육과정에서는 창의성과 인성을 갖춘 글로벌 인재 육성을 위한 시대적 요구를 반영하고자 부분적 수정이 있었으며 지구촌 세계화 시대에 부응하는 글로벌 영어능력 함양이 더 강조되었다고 볼

수 있다. 현재 2015 개정 영어과 교육과정의 목표는 국제사회에서 의사소통 수단으로 영어를 이해하고 사용할 수 있는 기본적인 의사소통 능력과 외국 문화를 바르게 이해하여 우리 문화를 발전시키고 외국에 소개할 수 있도록 하는 것에 초점을 두고 있다.

영어과 교육과정이 개정되며 각 교육과정 시기별로 중요시 된 언어능력 관련된 목표도 조금씩 변화되었음을 알 수 있다. 교육과정이 처음 생성되던 교수요목기는 영어를 이해하고 활용할 기초 실력을 양성하는 것이 목표였다. 그 후 좀 더 구체적인 학문적 접근이 시작되었고 영어의 '이해'에서 점차 표현하고 활용하는 능력으로 변화되었다. 영어과 교육과정의 핵심이라고 볼 수 있는 '의사소통'이라는 용어는 제6차 교육과정의 교육목표에 처음 등장하였다. 권오량(2016)은 이러한 영어과 교육목표의 변화된 과정을 언어기능 관련 목표로 다음 <표 3-2>와 같이 제시하고 있다.

<표 3-2> 영어과 언어기능 관련 목표

교육과정	언어능력 관련 목표
교수요목기	영어를 이해하고 활용할 기초 실력을 양성한다.
제1차	영어의 성음, 어휘, 문법, 어태, 서식을 이해한다.
제2차	일상생활에서 사용하는 외국어를 정확히 이해하고 표현하는 능력을 배양한다.
제3차	영어 사용능력을 길러 이해와 표현 또는 사용의 초보적 기능을 체득한다.
제4차	생활 주변 및 일반적인 화제에 관한 쉬운 영어를 이해하고 사용할 수 있는 능력을 기른다.

제5차	쉬운 영어를 이해하고, 생각과 느낌을 바르게 표현할 수 있는 기본능력을 기른다.
제6차	쉬운 말이나 글로 상황에 적합하게 의사소통을 할 수 있게 한다.
제7차	일상생활과 일반적인 화제에 관해서 자연스럽게 의사소통을 할 수 있게 한다.
2007	일상생활과 일반적인 주제에 관하여 영어로 효과적으로 의사소통한다.
2009	친숙하고 일반적인 주제에 관하여 영어로 기본적인 의사소통을 할 수 있는 능력을 기른다.
2015	친숙한 일반적인 주제에 관하여 목적과 상황에 맞게 영어로 의사소통할 수 있다.

(출처: 정채관, 2018: 69 재인용)

현재 영어는 단지 영미인들의 모국어가 아니며 이 세계에는 다양한 영어가 존재한다는 세계영어(World Englishes)를 인정할 때 영어를 사용한 의사소통에서 다양한 인종, 다양한 문화간의 의사소통이 영어교육의 주된 목표로 대두되고 있음을 알 수 있다. 2015 개정 교육과정에 나타난 영어교육의 세부 목표를 살펴보면 다음과 같다(교육부, 2015).

- 첫째, 영어로 듣기, 말하기, 읽기, 쓰기 능력을 습득하여 기초적인 의사소통 능력을 기른다.
- 둘째, 평생교육으로서의 영어에 대한 흥미와 동기 및 자신감을 유지하도록 한다.
- 셋째, 국제사회 문화 이해, 다문화 이해, 국제사회 이해 능력과 포용적인 태도를 기른다.
- 넷째, 영어 정보 문해력 등을 포함하여 정보의 진위 및 가치 판단 능력을 기른다.

2015 개정 영어과 교육과정은 미래의 지능정보사회를 대비하여 새로운 환경과 상황에서 학생 스스로가 다양한 상황을 조합하여 사고하는 방식으로 문제를 해결하고 새로운 지식과 가치를 생성하는 인재 육성을 목표로 하고 있다. 특히 2015 개정 교육과정은 미래사회가 요구하는 창의융합형 인재 양성을 교육목표로 핵심역량 중심의 교육과정을 운영하고 있다. 국가 교육과정이 추구하고 있는 핵심역량 중 학교 영어교육을 통해 함양되도록 요구하고 있는 역량은 네 가지로, 이는 영어 의사소통 역량, 자기관리 역량, 공동체 역량, 그리고 지식정보처리 역량이다. 영어과 교과역량 요소를 제시하면 다음과 같다.

<표 3-3> 영어과 교과역량

교과역량요소	의미	하위요소
영어 의사소통 역량	일상생활 및 다양한 상황에서 영어로 의사소통할 수 있는 역량	영어 이해능력, 영어 표현능력
자기관리 역량	영어에 대한 흥미와 관심을 바탕으로 학습자가 주도적으로 영어 학습을 지속할 수 있는 역량	영어에 대한 흥미, 영어학습동기, 영어능력에 대한 자신감 유지, 학습전략, 자기관리 및 평가
공동체 역량	지역, 국가, 세계공동체의 구성원으로서의 가치와 태도를 바탕으로 공동체 문제해결에 참여할 수 있는 역량	배려와 관용, 대인관계 능력, 문화 정체성, 언어 및 문화적 다양성에 대한 이해와 포용 능력
지식정보처리 역량	지식정보화 사회에서 영어로 표현된 정보를 적절하게 활용하는 역량	정보 수집, 분석, 활용 능력, 정보 윤리, 다양한 매체 활용 능력

한편 세계화가 가져오는 거대한 흐름과 4차 산업혁명이 가져올 미래 영어교육의 방향에 대한 논의도 활발히 이루어지고 있다. 안계명(2018)은 기계와 인간의 상호보완성을 통해 영어교육이 학습자들이 고차원적으로 사고하며 사회·공동체의 가치를 존중하는 민주시민으로 성장하는 것을 도와야 한다고 강조한다. 또한 정채관(2018)은 한국에서 외국어로서의 영어교육의 목표가 오직 의사소통 능력에만 집중하고 그 외 다른 목표들을 간과했다고 지적하면서 그간 간접 목표로 간주되었던 것을 1차적 목표로 삼는 것이 영어교육의 지속가능성을 확보할 수 있는 방법임을 피력하였다. 여기서 간접 목표란 학생들의 창의적 사고능력을 기르고 세계인과의 원활한 소통을 위해 다양한 문화나 차이에 대해 인정하는 자세를 기르는 것을 말한다.

이상에서 영어교육의 교육철학과 영어교육 목표의 변천을 살펴보았다. 영어교육은 모국어와는 다른 영어를 이해하고 모국어와 다른 경험 내용을 잘 기억하여 이를 사용하고 창조적으로 적용할 수 있는 능력을 기르는 일을 지향하는 활동이라 할 수 있겠다. 또한 현재 학교 영어교육의 목표는 영어 의사소통 능력을 갖추고 세계인과 소통하며, 그들의 문화를 알고 우리 문화를 세계로 확장시켜 나갈 인재를 기르는 것에 초점을 맞추고 있다. 한편 세계화와 4차 산업혁명시대 영어교육의 목표는 영어 의사소통 능력 신장보다는 학생들의 창의적 사고력 개발과 차이에 대해 인정하는 자세를 기르는 쪽으로 무게 중심이 옮겨가고 있음을 알 수 있다.

3.2 기독영어교육의 목표

3.2.1 외국어교육의 목표에 대한 기독교적 성찰

우리나라에서 영어교과는 외국어 교과의 하나로 국가 교육과정에 의해 수립되어 학생들의 지력 개발, 교양 증진, 정보 획득, 외국인과 외국 문화의 이해, 의사소통 능력의 증진 등에 그 목적을 두고 학교교육을 통해 실시되어 왔다. 또한 현재 세계화 및 지식 정보화 시대라는 변화에 부응하고 국제사회에서 선도적인 역할을 수행하기 위하여 영어를 이해하고 표현하는 능력은 반드시 갖추어야 할 역량이 되었다. 이러한 영어교육에 대한 사회적 요구와 개인적 역량 함양에 부응하도록 영어를 가르치기 위해서는 영어교육에 대한 기독교적 시각으로 그 목표를 재정립할 필요가 있다. 이에 여기서는 영어교육, 좀 더 큰 범위로 외국어교육의 목표에 대한 기독교적 성찰과 조명을 시도하고자 한다.

Smith와 Carvill(2000)은 일반적인 외국어 학습의 목적이 주로 자기중심적이고 자신의 이익추구를 위한 인본주의적 동기에서 비롯된 것이라고 비판하면서 이러한 동기를 가진 학습자들을 6가지에 비유하여 설명하고 있다. 이는 경제적 이익추구를 위해 외국어를 사용하는 사업가(entrepreneur), 논쟁에서 이기기 위해 외국어를 배우는 설득자(persuader), 외국어를 구사하여 자신의 호기심을 채우고 외국 문화를 경험하기 위한 미식가(connoisseur), 외국 여행을 목적으로 외국어를 배우는 여행가(tourist), 단일언어구사자의 무지와 편견에서 자신을 탈출시키고자 하는 목적으로 외국어를 배우는 탈출곡예사(escapologist), 그리고 자신이 현재 속한 공동체의 지배적인 담화에 속박되지 않기 위해 외국어를 학습하는 혁신가(revolutionary)이다. 이러한 인본주의적 외국어교육의 동기는 학습자를 쾌락을 추구하고 물질을 소비하는 피상적인 차원에서만 바라본 오류를 범하고 있다는 것이다.

반면 기독교인들의 외국어학습과 교육의 동기는 '네 이웃을 네 몸과 같이 사랑하라'는 하나님의 명령에 근거하여 하나님의 형상을 지닌 자들에 대한 존중, 그들의 삶에 대한 관심, 하나님과 이웃에 대한 사랑에서 비롯되어야 한다. 기독교적인 외국어교육의 목표 설정과 관련하여 영국의 기독교학교 공동체에서 제시한 외국어교육의 목표를 살펴보면 다음과 같다(Smith, 1993, pp. 27-28).

- 부르심에 합당하게 쓰임 받도록 언어적인 기술 배양
- 학습자 스스로 언어학습에 임하도록 하는 동기, 자신감 개발
- 언어적, 문화적인 다양성에 노출시킴으로써 편견, 인종차별, 자국문화 우월주의 타파
- 언어에 대한 인식, 이해 및 민감성 개발
- 언어가 하나님의 창조물이며 그분께 영광 돌리기 위해 사용되어야 함을 인식하고 반응토록 함
- 타언어권 사람들에 대한 선교 사명을 감당토록 준비
- 타문화권에 대한 이해와 수용 능력 개발
- 즐거움과 지적인 자극을 제공함으로써 학생들의 여가증진
- 범교과학습에 필요한 사고력 개발

외국어학습은 단지 타언어에 대한 지식만 갖게 하는 것이 아니라 궁극적으로는 학생들에게 타언어권 사람들의 삶과 그들의 행동방식에 대한 이해를 제공한다. 그럼으로 해서 학생들은 자국 언어나 문화에 대한 우월성이나 편협한 태도를 지양하고 타인과 타문화에 대한 수용과 인식을 고취시킬 수 있다. 또한 외국어 지식은 기독교인에게는 타문화권 사람들을 위한 사역에 필수이며 또한 그들에게 복음을 제시하는데 큰 도움을 주는 요소이기도 하다. 이러한 점에서 외국어교육은 하나님의 언어 창조 목적대로 그 다양한 언어를 통하여 하나님 나라의 사역에 쓰임 받도록 하는 기독교인들의 소명이라 할 수 있다.

3.2.2 기독영어교육의 목표 정립

기독영어교사가 기독교 신앙과 영어교육의 통합을 시도함에 있어 무엇보다 우선적으로 영어교육의 목표를 재정립할 필요가 있다. 기독영어교사가 영어를 가르치는 상황과 교수 환경이 다를 수 있고, 학습자의 특성에 따라 영어학습에 대한 요구가 각기 다를 수도 있을 것이다. 학교 영어교육의 경우 국가 교육과정에서 요구하는 영어 의사소통 능력 함양과 핵심역량 함양에 대한 요구에도 부응해야 할 것이다. 여기서는 기독교 신앙을 통합하기 위해 어떻게 영어 수업 목표를 설정할 수 있을지 살펴보고자 한다.

기독영어교육에 있어서 목표는 무엇보다 영어 의사소통기능과 내용 지식, 그리고 신앙과 연관된 목표가 균형을 갖고 제시되어야 한다. 더불어 최근 21세기 인재상에게 요구되는 역량까지 고려하여 영어교육 목표를 설정해야 할 것이다. Purgason(2016)이 제시한 영어교육 목표 설정시 고려해야 할 영역들을 살펴보면 교과목표 설계 시 포함할 수 있는 일반적인 목표들을 고려해볼 수 있다(pp. 19-21).

① 영어지식과 기술 측면에서 목표(Language goals): 발음, 문법, 어휘 등의 기초 지식과 영어 기능적 측면(Language skills)에서 듣기, 말하기, 읽기, 쓰기
② 교과 내용 측면에서 목표(Content goals): 주제, 상황, 의사소통기능, 과업, 실생활과 관련한 수행역량 등
③ 학습전략이나 학습과정 측면에서 목표(Learning strategies and learning process goals): 학습자의 정의적 목표, 대인관계 기술, 학습전략, 비판적 사고, 문화적 또는 사회정치적 기술
④ 21세기 역량 함양 측면에서 목표: 비판적 사고역량(Think critically), 의사소통 역량(Communicate clearly), 협업 역량(Work collaboratively), 문화 포용(Embrace culture), 창의성 역량(Develop creativity), 연결 역량(Utilize connectivity)

이러한 언어기술, 교과 내용, 학습전략 이외에 실제 기독교적인 신앙이 수업에서 포함되기 위해서는 믿음, 소망, 사랑에 입각하여 신앙과 관련된 목표(faith-related goals)를 고려해야 한다(Purgason, 2016).

첫째, 수업을 통해 학생들이 하나님의 나라(God's kingdom)를 맛보아 경험할 수 있도록 해야 한다. 이는 하나님의 선하심과 하나님의 주권적 통치가 수업을 통해 드러나는 것이다. 이는 영어수업의 모든 영역에서 하나님의 주권이 드러나도록 하는 것을 말한다. 하나님 나라

의 속성은 정의, 의로움, 기쁨, 치유, 평화, 공동체성 등의 요소를 들 수 있는데, 영어를 통해 이웃을 섬기고 하나님께 영광돌리는 일에 쓰임받도록 하는 목표를 설정해야 할 것이다.

둘째, 학습자들의 인격 성숙과 영성 함양을 위해 기독교적 덕목(virtues)을 영어 수업에 포함하는 것이다. 이 기독교적 덕목이란 일반적인 인성 덕목을 말할 수도 있지만 성경에서 제시한 덕목을 의미한다. 학교교육을 통해 구현되어야할 인간관계 중심의 하위 인성 요소로 '정직, 약속, 용서, 책임, 배려, 소유'(문용린 외, 2011)를 들고 있다. 기독교적인 덕목은 이보다 한 차원 더 나아가 기쁨, 사랑, 겸손, 용서, 회개, 환대, 인내, 선행, 순결, 자기통제 등을 들 수 있겠다. 이러한 기독교적 덕목들이 교육과정에 포함되도록 설계하여 학습자들의 인격 함양과 인성기반 양육 프로그램을 운영하는 것을 말한다.

셋째, 좀 더 사회문화적 영역으로 확대하여 윤리적 문제(ethical issues)와 연관한 목표이다. 이는 영어를 도구로 세상의 지식과 정보를 바르게 이해하고 평가할 뿐만 아니라 그 이면에 있는 부조리나 사회문제 등에 대해 인식하고 대응할 수 있는 비판적 능력을 함양하는 것을 말한다. Osborn(2006)은 외국어수업에서도 사회 정의에 대한 문제들에 관심을 갖고 교사가 다루어야 함을 강조한다. 영어 수업의 읽기와 토론 등을 통해 윤리적인 문제들을 다룰 수 있는데, 예를 들면, 사회적 갈등과 평화 문제, 사형 문제, 인종 갈등, 물질관리, 지속가능한 경제발전, 사회적으로 소외된 취약계층에 대한 사회적 책임, 창조세계와 생태계 돌봄 등의 문제를 들 수 있겠다.

이상 세 가지 신앙적 통합을 추구할 때 고려할 수 있는 세 가지 목표를 그림으로 제시하면 <그림 3-1>와 같다.

목표들	하나님의 나라 추구	기독교적 덕목	윤리적 문제
주요 개념들	• 하나님 통치의 증거 • 정의, 의로움, 기쁨, 평화, 공동체	• 좋은 성품의 사람 특성 • 공동체 만들어가기 • 겸손, 긍휼, 용서, 환대 덕목	• 사회 갈등과 부조리, 불합리 등의 문제 • 지속가능한 경제 성장 추구 • 인종 갈등문제
수업 적용 방안들	• 하나님 나라에 대해 알아가기 맛보기-생명의 소중함, 학생 인격 존중 • 서비스러닝 • 하나님 나라 복음의 씨뿌리기	• 좋은 인성 함양을 위한 교육 • 기독교적 가치를 교육과정에 통합 • 달란트 인식 및 잠재력 펼침	• 사회 이슈들을 윤리적 접근으로 다룸 • 사회 정의에 대한 토론 • 교재 주제와 연관된 기독교 윤리 소개

<그림 3-1> 신앙과 연계한 목표들(faith-related goals)

일반 영어수업에서 이러한 교육목표들을 모두 녹여서 수업에 다루기는 쉽지 않다. 이러한 목표들을 선정할 때 교사가 무엇보다 고려해야할 것은 학습자들의 필요와 언어 수준을 명확하게 파악하는 것이다. 영어를 가르치는 다양한 교육 현장과 사회정치적 맥락 등을 고려하여 교실이나 교실 이외의 상황에서 가능한 활동들을 설계해볼 필요가 있다.

앞에서 살펴본 외국어교육의 일반적 목적과 성경에 근거한 외국어교육의 목적들을 바탕으로 기독교적인 영어교육의 목표를 포괄적으로 제시해보고자 한다.

첫째, 기독교적 영어교육은 영어를 통해 이웃을 섬기고 하나님께 영광돌리는 일에 쓰임받도록 하는 것을 목표로 설정해야 한다. 영어가 지구촌의 공용어로, 세계어로 사용될 때 영어학습자들은 영어원어민 화자들보다 오히려 서로 다른 문화권의 각양각색의 사람들과 의사소통을 할 기회가 더 많아질 것이다. 이는 학습자로 하여금 문화간 의사소통에 성공할 수 있도록 도와주는 것을 말하며 영어교육에서 목표언어의 문화교육이 한층 더 강조되어야 함을 의미한다고 하겠다. 이를 위해서는 모국 문화뿐만 아니라 타문화권 사람들을 하나님의 형상으로 창조된 인격체로 받아들이고 사람들을 존중하고 환대하며 수용하려는 태도를 계발시키는 것이 무엇보다 우선되어야 할 것이다.

둘째, 기독교적인 영어교육은 학습과정을 통하여 학생들 개개인의 성장과 발달을 도모하는 것을 목적으로 해야 한다. 여기서 학습자의 개개인의 성장과 발달이란 하나님의 인격을 닮은 자로서 창의적이고 유연한 사고능력 함양과 온전한 인격의 성숙을 말한다. 다시 말하면, 영어의 지식이나 기술의 습득을 대학입시나 취업의 도구로만 생각하기보다 한 차원 더 깊은 내재적 통합적 동기를 가지고 영어학습이 학습자들의 바른 덕목 함양과 자신의 능력과 은사를 개발하는 통로로 사용되어져야 함을 의미한다.

셋째, 기독교 영어교육의 궁극적 목표는 영어 의사소통 능력의 배양을 통해서 그 부르심에 합당하게 쓰임 받게 하고 또 하나님의 말씀을 가지고 예수 그리스도의 대위임 명령을 감당하는 제자로 준비시키는 것이다. 이를 위해서 기독영어교사들은 에베소서에서 바울이 말한 "그가 어떤 사람은 사도로…교사로 삼으셨으니 이는 성도를 온전하게 하여 봉사의 일을 하게 하며 그리스도의 몸을 세우려 하심이라"(에베소서 4:11-12)는 고백을 가슴에 새기고 학생들을 지식과 능력을 겸비한 그리스도의 온전한 제자로 세우는데 공헌해야 할 것이다.

3.3 기독영어교육의 모델

기독영어교사가 영어를 가르치는 상황을 모두 나열하기는 쉽지 않을 것이다. 그렇지만 기독영어교사들이 소명감을 갖고 가르치는 현장에서는 일터 선교사(market place missionary) 자세로 무엇을 하든지 오직 주께 하듯 하고 주님께만 영광을 돌리는 사명감이 있어야 한다. 이는 사도 바울이 말한 아래의 성경 구절에 근거한다.

> 또 무엇을 하든지 말에나 일에나 다 주 예수의 이름으로 하고 그를 힘입어 하나님 아버지께 감사하라(골로새서 3:17)

> 무슨 일을 하든지 마음을 다하여 주께 하듯 하고 사람에게 하듯 하지 말라 이는 기업의 상을 주께 받은 줄 아나니 너희는 주 그리스도를 섬기느니라(골로새서 3:23-24)

보내심에 합당하게 가르침의 현장에서 영어를 가르치고자 하는 기독영어교사들은 신앙과 영어교수의 통합 추구를 위해 그 교육여건에 맞게 기독교적 교수방안을 마련하는 지혜를 갖추어야 할 것이다. 이를 위해 Dormer(2011)가 제시한 4가지 기독영어 사역(Christian English ministries)의 유형과 Purgason(2016)이 제안한 6가지 모델을 소개하고자 한다.

Dormer(2011)는 영어교수를 선교적 차원의 사역으로 보고 영어를 가르치는 기관에 따라 기독영어교사의 역할이 대사 또는 주인, 그리고 사역의 목적에 따라 복음전도 또는 제자훈련의 두 가지 범주를 가지고 4가지 유형의 기독영어 사역을 제시하였다(표 3-4 참조). 대사(ambassador)란 기독교와 관련없는 단체, 기관 등에서 일하는 사람으로 그 기관의 목적 달성에 맞게 일을 수행하는 사람을 의미한다. 반대로 주인(host)은 자신이 주최자가 되어 자신이 속한 단체, 기관 등으로 다른 이들을 부르고 초청하는 것을 의미한다. 한편 기독교 사역의 목적과 연관하여 비기독교인들 대상으로 복음전도(evangelism)의 목적과 기존 기독교인을 대상으로 신앙 훈련을 목표로 한 제자훈련(discipleship)으로 구분하고 있다.

이러한 분류 기준에 따라 '대사로서 복음전도(ambassador evangelism)'는 일반 학교, 일반 대학 등 기독교와 관련없는 곳으로 가서 영어를 가르치며 복음을 전하고 전도하는 것을 의미한다. '주인으로서 복음전도(host evangelism)'는 반대로 기독교학교나 교회로 믿지 않는 이들을 초대하여 영어를 가르쳐주고 그 과정에서 복음을 전하는 것을 의미한다. '대사로서 제자훈련(ambassador discipleship)'은 기독교와 무

관한 단체, 기관에서 기독교인들 대상으로 경건 훈련, 성경 훈련 등을 진행하며 영어를 가르치는 것이다. 그리고 '주인으로서 제자훈련(host discipleship)'은 기독교적인 정체성을 가진 학교, 단체, 교회에서 영어를 가르치며 신앙 훈련을 진행하는 것을 말한다. Dormer(2011)는 네 가지 유형에 따라 영어교수의 목적, 교재 내용 선정, 교수방법, 학생들과의 상호작용 및 관계형성 등이 달라질 수 있으므로 유형에 따른 가장 적합하고 효과적인 영어수업을 설계해야 함을 강조하였다.

<표 3-4> 기독영어 사역 현장의 유형들

	대사	주인
복음전도	대사로서 복음전도 (Ambassador evangelism) <예> • 일반 국공립학교 및 대학의 영어교사 • 일반 영어교육기관에서 일터선교사로서 영어를 통해 복음 전도	주인으로서 복음전도 (Host evangelism) <예> • 본인의 거처나 운영 기관에서 관심있는 사람들에게 영어 성경공부 제공 • 교회 주관 방과후 영어교실이나 교회영어캠프
제자훈련	대사로서 제자훈련 (Ambassador discipleship) <예> • 기독교학교에서 외부강사로 위촉을 받아 영어수업을 하되 주어진 교재 사용 • 일반대학에서 기독교인 학생들과 영어성경공부	주인으로서 제자훈련 (Host discipleship) <예> • 기독대안학교 기독교인 학생대상으로 영어수업 진행 • 기독교학교에서 기독교인 학생대상 영어수업에서 교육과정이나 교재개발의 자율성 부여

(출처: Dormer, 2011: 32)

한편 Purgason(2016)은 Dormer(2011)가 제시한 4가지 유형 이외에 일반 세속적인(secular) 교수 상황에서 기독영어교사가 신앙 통합을 시도할 때 가능한 모델들을 6가지 이미지에 비유하여 제안하고 있다. 이는 자석(magnet), 촉매(catalyst), 둥지(nest), 씨앗(seed), 가지(branch), 그리고 화학 분자(molecule) 모델이다. 각각의 특징을 좀 더 상세히 살펴보고자 한다(Purgason, 2016, pp. 33-36).

첫째, 자석(magnet) 모델이다. 한마디로 기독영어교사의 훌륭한 가르침과 지혜롭고 매력적인 행동을 통해 학생들이 기독교 신앙에 이끌리도록 하는 접근법을 말한다. 이 모델은 학교 이외에도 교회주관 영어캠프나 영어 프로그램을 운영하는 기독기관에서 학생들에게 관심을 끄는 방법으로 사용할 수 있다. 이는 한편 전도를 위해 영어를 미끼로 사용한다는 불편함을 야기할 수도 있지만 진리의 복음을 전하기 위해 영어를 최대한 효과적인 전도의 도구로 사용할 필요성은 있다. 이 모델은 기독영어교사들이 가르치는 다양한 상황에서 꽤나 성공을 거두고 있는데, 이러한 영어 프로그램은 참여한 학생들의 영적, 공동체 소속감 등의 필요를 채워주기도 한다.

둘째, 촉매(catalyst) 모델이다. 이는 성경의 가르침이나 기독교 신념을 직접적으로 드러내서 적용하기 어려운 상황에서도 교실에서 교사의 교재 재구성이나 심층 질문 등을 통해 영적인 촉매(화학적 반응) 역할을 하는 것을 말한다. 일반 대학이나 언어교육기관 등에서는 전도, 성경 말씀, 기독교적 교재 활용 등을 금지할 수 있다. 그럼에도 불구하고 실제 수업에서 학생들과의 상호작용이나 수업 활동, 학생상담 등을 통해 예기치 않은 상황에서 하나님이 예비하신 학생들과의 영적

소통이 이루어질수 있고 이들에게 강력한 영적 통찰력과 반응을 불러 일으킬 가능성도 있음을 말한다.

셋째, 둥지(nest) 모델이다. 촉매 모델에서 교실은 영적인 전도의 인큐베이터라고도 볼 수 있지만 한편 교실은 학생들과의 의미있는 관계 형성을 촉진하는 둥지라고도 할 수 있다. 여기서 의미있는 관계는 바로 기독교인이 갖는 하나님과의 인격적인 관계를 말하는데, 교사는 교실 수업에서 학생들과 좋은 관계를 맺고 복음의 통로로서 학생들을 하나님께로 인도할 수 있는 기회를 가질 수 있다. 학습자들의 영어에 대한 요구나 동기, 필요를 긍휼의 마음으로 돌아보고 교실을 환대와 존중이 있는 배움의 공동체로 만들 때 이 둥지로서의 역할을 감당할 수 있게 된다.

넷째 씨앗(seed) 모델은 영어수업을 가정교회의 모판으로 삼는 것을 말한다. 이 모델은 보통 그 지역에 교회가 없는 경우나 지역내에 주민 간에 서로 오랜 기간 갈등이 존재하는 경우 적용해볼 수 있는 유형이다. 기독영어교사가 집을 오픈하거나 지역 장소를 활용하여 영어회화클럽이나 성인영어교실을 운영하면서 자녀양육이나 미래 꿈 등에 대한 진솔한 대화나 삶의 기술을 공유하면서 지역내부 구성원간의 불신의 벽을 허물수도 있을 것이다. 그럼으로 인해 영어수업이 미래 교회개척의 모판으로 활용될 수 있다.

다섯째 가지(branch) 모델은 하나의 작은 영어프로그램이 큰 사역의 시발점이 되어 가지가 뻗어나가는 것 의미한다. 보통 영어교실로 시작한 사역이 그 지역의 교사훈련원으로 확대되기도 하고, 스포츠나 예능교실과 통합한 방과후 학교 프로그램으로 확장되기도 한다. 혹은 영어뿐만 아니라 세계 여러나라 언어들을 가르치는 프로그램으로 확장되는 것을 볼 수 있다.

여섯째 분자(molecule) 모델은 작은 원자들이 모여 강력한 화학적 결합을 생성하듯이 기독영어교사들이 교실 수업 이외에 학생들이나 동료, 이웃들과의 돈독한 관계 형성을 통해 사역이 확장되고 다른 기관과 연계하여 파트너십을 구축하여 복음사역을 이루어가는 것을 말한다. 가르친 학생들이나 그들의 가족, 동료 등과의 우정을 쌓고 이들 대상으로 영어성경공부나 제자훈련 등을 함으로써 사역이 더욱 확대되고 새로운 국면으로 완성되어 감을 발견할 수 있게 된다.

이상 제시한 기독영어교육의 모델 이외에도 기독영어교사들이 영어와 신앙을 통합하기 위한 접근은 영어교수 환경에 따라 더 다양해질 수 있다. 특히, 영어가 세계어로 사용되고 4차 산업혁명으로 인한 디지털혁명의 초연결시대에는 더 효과적인 온라인 기독영어교육 모델 또한 가능하리라 여겨진다. 무엇보다도 기독영어교수 사역의 다각적이고 역동적인 상황에는 학생들의 영적, 언어적, 정의적 필요에 민감하여 하나님의 전적 인도하심을 믿고 지혜를 구하는 것이 무엇보다 중요할 것이다.

요약

외국어로서의 영어교육은 기본적으로 의사소통 능력 증진, 국제화 시대 타문화권 사람과의 소통과 외국 문화의 이해, 그리고 최근에는 창의융합형 인재 양성을 위한 핵심역량 함양에도 기여하는 것을 목표로 두고 있다. 이 장에서는 한편 외국어교육의 목표를 좀 더 성경적 조명을 통해 기독교적 영어교육의 목표 정립을 시도하였고 그에 따른 다양한 기독영어교육 모델을 소개하였다.

기독교적인 영어교육은 언어가 하나님의 형상으로 창조된 인간 고유의 속성이면서도 하나님의 속성이라는 사실을 깨닫고 하나님께서 축복한 다양한 언어와 문화를 경험하도록 영어를 지혜롭고 능력있게 사용하도록 돕는 것을 그 목적으로 해야 한다. 영어교육의 목표를 단지 영어의 의사소통 능력 배양과 피상적인 문화지식 습득에 국한할 것이 아니라 영어학습을 통한 창의적 사고함양 및 인격적 성숙과 영어를 하나님 나라의 확장을 위해 섬김의 도구로 사용할 수 있도록 학습자들을 준비된 제자로 이끄는 것이 기독교 영어교육이 지향해야 할 궁극적인 과제라 하겠다.

읽어볼 만한 자료

권오량, 김정렬. (2010). *한국영어교육사*, 서울: 한국문화사.

배두본. (2002). *영어교육학 총론*. 서울: 한국문화사.

안계명(성호). (2018). 4차 산업혁명과 영어교육. 정채관 외(편), *4차 산업혁명과 미래 영어교육* (pp. 9-39). 서울: 한국문화사.

Dormer, J. E. (2011). *Teaching English in missions: Effectiveness and integrity*. Pasadena, CA: William Carey Library.

Purgason, K. B. (2016). *Professional guidelines for Christian English teachers*. Pasadena, CA: William Carrey Library.

Smith, D. (1993). Can modern language teaching be Christian? *Spectrum*, *25*(1), 25-38.

Snow, D. (2001). *English teaching as Christian mission: An applied theology*. Scottdale, PA: Herald Press.

제2부

기독교 세계관으로 영어교육 조명하기

제1부에서 기독교 세계관에 입각한 영어교육의 기초가 되는 총론을 제시했다면 제2부는 영어교육과 연관된 실제 교육내용과 이를 기독교적 시각으로 조명한 각론이라 할 수 있다. 이는 영어습득과 영어학습자, 영어교수 방법, 영미문화교육, 창의성 함양 영어교육, 그리고 영어교사교육에 대한 이해와 기독교적 조명이다.

제4장에서는 영어교육을 위해 기본적으로 알아야 할 영어습득의 원리와 학습자 특성, 특히 정의적 요인에 대한 이해를 제공한다. 이를 바탕으로 기독교적 시각에서 영어학습자를 어떻게 바라보고 교수할지 방안을 제안하고자 한다. 제5장에서는 영어교수 방법에 대한 이해를 돕고 기독교적 영어교육 방법 원리를 도출한 후 그 원리에 입각한 영어교육 방법들을 소개한다. 여기서 외국어교육에 큰 영향력을 미친 17세기 교육자 Comenius의 교수방법을 소개하고 외국어 교수법의 시대적 흐름도 함께 논의한다. 제6장에서는 영어교육과 문화 간의 긴밀한 관계의 중요성을 인식하고 영미문화교육에 대한 이해를 제공하고자 한다. 외국어 문화교육의 정의와 내용, 문화교육의 목표를 고찰하고 문화간 의사소통 능력 이론도 소개한다. 그리고 기독교적 관점에서 영미문화교육을 어떻게 접근할지 방향을 제시하고자 한다. 제7장에서는 영어교과에서도 중요하게 다루어지고 있는 창의성 함양과 연관하여 창의성 교육에 대한 기본 이론과 창의성과 영어교육의 접목방안들을 논의한다. 이를 통해 기독교적 관점에서 창의성의 의미와 창의성 중심 영어교육의 방향을 조망한다. 제8장에서는 기독영어교사의 자질과 역할을 살펴보고 영어교사교육과 기독영어교사교육의 방향을 논의하고자 한다.

제4장
영어(외국어)습득과 영어학습자에 대한 이해

미리 생각해볼 질문들

† 당신은 어떤 영어학습자인가?

† 우수한 영어학습자의 특성은 무엇이라고 생각하는가?

† 영어학습에 미치는 학습자의 정의적 요인은 무엇이라고 생각하는가?

† 기독교적 관점에서 개별 영어학습자를 이해하고 지도하기 위한 교수방안은 무엇인가?

영어습득에는 다양한 요인들이 영향을 미치며 습득과정도 복잡하다. 또한 학습자들이 하나님의 형상으로 지음 받은 존재로서 고유한 특성을 지녔다는 사실은 영어습득에 있어서도 학습자들의 개인적 차이를 존중하면서 이에 대한 이해를 요구한다. 학습자의 개인적 특성에는 모국어의 특징, 학습자의 연령과 현재 발달 단계, 요구와 관심뿐만 아니라 학습자의 영어학습 동기, 불안, 자존감, 성격 등의 정의적 요인들도 포함된다. 따라서 이 장에서는 영어습득에 관한 다양한 질문들 중 영어학습자들의 개인적인 특성과 정의적 요인을 살펴보고, 기독교적 관점에서 영어습득과 학습자를 어떻게 바라보고 가르쳐야 할지를 탐색해보고자 한다.

4.1 제2 언어습득에 대한 학문적 접근

제2 언어습득(second language acquisition, SLA)에 대한 기본적인 이해를 위해서는 제2 언어습득을 바라보는 세 가지의 학문적 접근을 알 필요가 있다. 이 세 가지 접근은 모국어 습득이 어떻게 이루어지는지에 대한 이해와도 연관이 된다. 제2 언어습득에 관한 학문적 조류에 대해 Brown(2014)은 연대적으로 세 학파로 나누어 설명하고 있다. 이 세 학파는 같은 시대의 언어학과 심리학 분야의 학문적 입장으로 기술되는데, 이는 구조주의 언어학과 행동주의 심리학, 생성 언어학과 인지주의 심리학, 그리고 기능주의 언어학과 구성주의이다.

첫째, 구조주의 및 행동주의 학파는 명백하게 관찰 가능한 반응만 연구의 대상으로 삼고 있으며 언어습득 과정도 마찬가지로 과학적이고 경험적인 방법으로 기술하는 것을 중요시하고 있다. 이 학파는 언어습득을 습관의 형성이라고 정의하며, 경험을 통해 조건이 마련되면 강화(reinforcement)로 인해 언어를 배운다고 보았다. 여기에는 자극과 반응을 기초로 하는 기계적 학습(rote learning)과 변별 학습, 도구적 학습 등이 있다(Michell & Myles, 1998). 이는 언어습득이 반복과 모방 학습을 통해 이루어지고 언어의 구조적 차이와 언어의 표층 구조(surface structure)에만 초점을 두어 학습자의 심리적 기저 구조나 창의성에 대해서는 간과한 측면이 있다.

둘째, 1960년대 Chomsky를 중심으로 한 언어습득에 관한 생성 언어학과 인지 심리학파이다. 이들은 행동주의 학파가 구조적인 차이는 설명하지만 시각을 통해서 관찰될 수 없는 의식과 인간의 사고과정은 연구될 수 없는 분야로 간과한 부분을 비판하면서 언어의 창조성과 언어의 내재화된 법칙을 주장하였다. 그리하여 생성 언어학의 핵심적인 보편 문법(universal grammar)을 제시하였는데, 보편 문법이란 모든 인간은 타고난 언어능력(innateness)을 가지고 있음을 말한다. 이 능력은 언어의 표층 구조뿐만 아니라 인간의 행동 동기와 심층 구조(deep structure)의 의식까지 포함하고 있다.

셋째, 기능주의 언어학과 구성주의 학파이다. Piaget와 Vygotsky로 대표되는 구성주의는 새로운 학파라기보다는 20세기 후반기에 접어들면서 언어학적, 심리학적, 그리고 사회적인 패러다임이 통합된 다학문적 접근이라 할 수 있다. 구성주의는 사회적 상호작용(social interaction)을 강조하고 있는데, 언어학습을 현실에 대한 시각을 각자의 개인이 자신의 나름대로 구축하여 세상과의 경험과 상호작용을 통하여 지식을 형성하고 해석한다는 관점을 견지한다. 여기서는 생득론자들이 주장했던 언어 형태의 규칙이나 심층 구조보다는 실제 언어형식을 통해 성취하게 되는 사회적 맥락에서의 의미있는 상호작용을 위한 언어 기능의 습득을 더 강조하고 있다.

이러한 제2 언어습득에 관한 세 학파의 입장은 모국어 습득에 대해 바라보는 학문적 사조와도 유사하다. 첫 번째 행동주의적 접근에서는 아이들이 백지상태(tabula rasa), 즉 이 세상에 태어날 때 세상이나 언어에 대해 아무런 생득적 전제 개념을 갖지 않고 깨끗한 서판(blank slate)을 갖고 나온다고 보고 있다. 따라서 아이들은 환경의 자극과 다양한 입력에 의해 언어가 형성되고 조건적 강화에 의해 언어학습이 일어난다고 주장한다. 한편 인지 심리학적 생득론자들은 아이들이 환경의 자극을 통해 언어를 채워가는 것이 아니라 언어능력은 타고나는 것으로 언어 체계, 법칙들을 스스로 발견해가는 타고난 능력이 있다는 것이다. 이들은 언어의 선천적 지식이 이미 뇌에 내재되어 있다고 보았고, 언어습득 장치(language acquisition device)가 있어 선천적인 언어 특성들로 구성되어 있다고 주장하고 있다. 마지막으로 구성주의 입장은 앞서 인지주의자들의 주장인 언어의 내재적 지식과 타고난 언어습득 일정표뿐만 아니라 아이들은 세상과 주변 사람들과의 상호작용 및 담화를 통해 언어기능을 배운다고 주장한다.

이 세 가지 언어습득에 대한 이론은 인간의 언어학습을 균형있게 기술하고 이해하는데 모두가 중요한 역할을 하고 있으며, 제2 언어교육은 이 이론들을 바탕으로 여러 가지 교수법으로 발전되었다. Brown(2014)은 제2 언어습득의 세 가지 입장을 마치 멀리서 매우 높은 산을 바라보는 것에 비유한다. 어느 한 방향에서 보면 그 산의 날카로운 봉우리, 거대한 빙하들 및 뚜렷한 암석층 등을 볼 수 있다. 그러나 다른 방향에서 보면, 가려져 안보였던 두 개의 봉우리가 나타날 수 있고, 산비탈의 윤곽이 다르게 보일 수도 있다. 또 다른 방향에서 산을 보면, 아직까지 관찰되지 않았던 산의 더 많은 특징들을 발견할 수 있다는 것이다.

앞서 언어는 하나님이 인간을 창조하실 때 부여한 고유한 속성이요 타고나는 것이라고 설명한 바 있다. 언어습득은 인간만이 할 수 있는 고유한 성취(feat)이자 가장 위대한 지적인 업적이다. 제2 언어습득에 대한 세 학파 중 타고난 인간의 언어능력을 존중하는 생득론적 인지주의 입장이 인간 언어의 창의적이고 잠재적인 능력을 강조하는 기독교적 시각과 어느 정도 부합한다고 할 수 있겠다. 하지만 아이들은 행동주의 학파의 관점대로 외부 환경으로부터 언어자료들을 그대로 모방하고 반복하면서 언어를 배우기도 한다. 또한 구성주의 학파들이 설명한 대로 아이들은 언어 입력과 누군가와의 상호작용을 통해 의미 있는 언어들을 맥락에 맞게 사용하게 되고 잠재적인 언어 발달을 극대화시킬수 있게 된다.

4.2 영어습득에서 학습자의 개별적 특성

제2 언어습득에 있어 언어에 대한 노출 및 외부 자극, 학습자의 타고난 언어능력, 그리고 외부 환경과의 상호작용 이 세 가지가 모두 중요함을 알 수 있다. 하지만 이러한 기본적인 원리에 좀 더 세부적인 학습 맥락과 학습자들 개별 특성을 고려할 필요가 있다. Lightbown과 Spada(2006)는 외국어 학습자의 경우는 모국어를 배우는 것과는 상당히 다른 환경적 조건과 학습자 특성의 다양성을 고려해야 함을 강조하고 있다. 학습자의 다양성에 대해 가령 (1) 모국어를 배우는 어린이인지, (2) 어린이집이나 놀이터에서 외국어(제2 언어)를 배우는 어린이인지, (3) 모국에서 외국어를 배우는 청소년인지, 또는 (4) 제2 언어 환경에서 그 언어를 교실 수업에서 배울 기회가 없는 직장인 성인 이민자인지 등을 고려해 볼 수 있겠다. 학습자의 특성을 고려하고자 할 때 제기해 볼 수 있는 질문들은 다음과 같다.

- 학습자가 적어도 한 개의 언어는 알고 있는가? (Does the learner already know at least one language?)
- 학습자가 인지적으로 성숙한가? 다시 말하면 그들이 문제해결, 귀납법적 사고나 복잡한 기억력을 요구하는 과업을 수행할 수 있는가? (Are they cognitively mature? Are they able to engage in problem solving, deduction, and complex memory tasks?)
- 학습자의 메타언어적 인지능력이 어느 정도 개발되어 있는가? (How well developed is the learner's metalinguistic awareness?)
- 학습자의 일반적인 세상 지식은 얼마나 폭넓은가? 그들이 제2 언어로 대화할 상대자가 하는 말을 알아들을 정도로 일반적 지식을 갖추고 있는가? (How extensive is the learner's general knowledge of the world? Does this knowledge enable them to make good guesses about what a second language interlocutor is probably saying?)
- 실수를 두려워하거나 그 언어로 말하는게 우습게 들릴지도 모른다고 여기고 있는가? (Are they likely to be anxious about making mistakes and concerned about sounding 'silly' when speaking the language?) (Lightbown & Spada, 2006, pp. 29-30).

Scovel(2001)은 외국어 학습자들이 새로운 언어를 어떻게 배우는지 이해하기 위해서는 5가지 주요한 요인들을 고려해야 한다고 주장한다. 이는 PLACE 약어로 표현할 수 있는데 다음과 같다.

- P(People): 외국어를 배우는 학습자에 대한 이해
- L(Language): 학습자가 배우려는 외국어나 모국어에 대한 이해

- A(Attention): 외부 경험이나 언어 자극이 내부 지각에 연결되도록 주목하는지에 대한 이해
- C(Cognition): 언어학습의 인지적 요소에 대한 이해
- E(Emotion): 학습자의 정의적 요소에 대한 이해

Scovel(2001)은 외국어를 배우는 과정의 복합적 다면적인 특성들을 이해하려면 학습자들의 목소리를 직접 듣고 학습자 개별적 특성을 파악하는 노력을 기울여야 함을 강조하고 있다. 교사들의 학습자를 바라보는 관점도 매우 중요한데, 학습자를 전체 한 그룹이나 집단으로 파악하는 것을 경계해야 한다고 강조한다.

외국어 학습이 효과적인 교수법이나 교수 환경 등에 의해 큰 영향을 받는다고 여겨졌던 시대도 있었다. 그러나 많은 연구자들은 성공적인 외국어 학습을 이루어낸 학습자들이 공유하는 학습자 특징이 무엇인지에 대해 탐구하기 시작하였다. 외국어 학습은 개인별로 서로 많은 차이가 있다는 개인 학습자 변이에 대한 중요성을 깨닫기 시작한 것이다. 일찍이 Rubin(1975)은 우수한 언어 학습자를 관찰하여 그 특징을 규명하는 것을 시도하였다. 그의 후속 연구 결과에서 드러난 우수 언어 학습자 특징을 몇 가지 소개하면 다음과 같다(Brown, 2014, p. 110, 재인용).

- 자신이 학습의 주체가 되어 언어를 사용할 기회를 스스로 모색한다.
- 언어를 창의적으로 사용하며, 문법과 단어들에 대한 실험을 통해 언어에 대한 '직감(feel)'을 키워간다.
- '자신의 언어적 능력을 뛰어넘어(beyond their competence)' 언어를

사용할 수 있도록 언어를 묶음으로 또는 공식화된 일상적 말로 배운다.

- 기억 전략들, 자신의 언어능력의 부족한 부분을 채워줄 수 있는 산출 전략(production strategy), 이해 기술을 사용한다.
- 자신의 학습을 스스로 모니터하며, 오류를 학습에 도움이 되는 방향으로 활용하고 실수를 통해서 배운다.

우수한 외국어 학습자가 누구인지 어떤 특성이 있는지를 광범위하게 조사한 Naiman과 그의 동료들(1995)은 다양한 언어학습을 성공적으로 수행한 경험이 있는 성인 학습자들의 자기 보고(self-report) 데이터를 바탕으로 총 다섯 가지의 언어학습 성공 전략을 보고하였다. 성공적인 언어 학습자들은 그렇지 않은 학습자들에 비해 적극적으로 언어학습에 임하고, 학습하는 언어의 체계를 잘 이해하고자 했으며, 목표 언어를 가능한 한 많이 사용하고자 시도하였고, 학습과정에서 생기는 방해가 되는 감정을 잘 조절하였다는 것이다. 그리고 마지막으로 이들은 자신의 언어학습을 스스로 모니터하는 메타인지 전략이 높음을 알 수 있었다.

외국어 학습자들의 특성에 관한 연구의 대부분이 미국이나 영국과 같은 다민족 사회에서의 학습자들을 대상으로 한 경우가 많다. Stevick(1989)도 다양한 국적의 외국어 학습자들 중 우수한 학습자들의 특징을 인터뷰를 통해 7가지로 정리하고 있다. 이는 직관적 학습자(an intuitive learner), 형식적 학습자(a formal learner), 비형식적 학습자(an informal learner), 상상력이 풍부한 학습자(an imaginative learner), 적극적인 학습자(an active learner), 의도적 학습자(a deliberate learner), 그리고

자가인식 학습자(a self-aware learner)이다. 최근 한국형 성인 우수영어 학습자들 대상 사례연구를 보고한 김민주 등(2015)에 의하면, 한국의 우수영어학습자들의 두드러진 특성은 '성장 마음가짐(growth mindest)'이라는 것이다. 이는 영어학습 과정에서 생길 수 있는 실패를 극복하고 끊임없이 도전하여 성장을 이루는 것을 말한다. 학습자들마다 각각 독특한 차이와 언어에 대한 접근 방식이 다름을 인정하고 그 차이를 긍정적으로 바라보는 것이 중요할 것이다.

4.3 영어습득에서 학습자의 정의적 요인

영어습득과 관련하여 학습자들의 정의적 요인(affective factors)을 고려하고 개인 내부에 존재하면서 언어학습을 성공적으로 이끄는 성격적인 요인들에 대한 연구와 관심이 많아지고 있다. 정의(affect)는 감정이나 느낌을 말하는데, 이는 개인 내부의 특성과 타인과의 관계적 면에서의 속성으로 나눌 수도 있다. 언어습득에서 학습자들의 정서와 감정에 대한 이해가 없이는 마치 장님이 코끼리를 만지는 것과 같아서 SLA에 대한 전체적인 그림을 그릴 수 없다(Arnold, 1999). 학습자의 감정이나 정의적 요인은 학습자 내부의 자원들(learner's inner resources)에 화학반응을 일으켜 학습과정을 활성화시키고 언어의 장기기억(long-term memory)을 촉진시키는 역할을 한다(Stevick, 1999).

인본주의 심리학자 Carl Rogers는 인간은 신체적, 인지적인 면도 갖고 있지만 감정적인 면을 더 많이 가진 '전인적 인간(whole person)'이라고 했다. 그에 따르면, "자신의 기능을 완전하게 발휘하는 사람(fully functioning persons)"은 자신의 감정과 태도를 편안하게 유지하면서 잠재력을 충분히 발휘할 수 있다는 것이다(Rogers, 1977, Brown, 2014, p. 90, 재인용). 따라서 여기서는 제2 언어습득의 학습자 정의적 요인 중 많은 연구의 관심을 끌어온 동기(motivation), 불안(anxiety), 자존감(self-esteem), 그리고 성격 유형(personality types)을 중심으로 살펴보고자 한다.

4.3.1 동기(motivation)

제2 언어습득과 동기에 관하여는 캐나다의 학자들 Gardner와 Lambert(1972)가 소개한 도구적 동기(instrumental motivation)와 통합적 동기(integrative motivation)의 이분법적 개념이 가장 유명할 것이다. 여기서 도구적 동기는 실질적인 목표를 달성하기 위한 수단으로서 언어를 습득하는 동기를 말하는데, 가령, 취업이나 진학, 승진 등을 위해서 영어를 학습하는 경우를 말한다. 반면에 통합적 동기는 자기 자신을 제2 언어(L2) 문화권 안으로 통합시키고 그 문화권의 사람들과의 상호작용을 위한 학습자들의 동기를 가리킨다.

Gardner와 Lambert(1972)는 통합적 동기를 가진 학습자들이 도구적 동기를 가진 학습자들보다 외국어 능숙도 시험에서 더 높은 점수를 받는다는 사실을 발견하였다. 그 후 통합적 동기는 장기적으로 볼 때 성공적인 외국어 학습에서 매우 중요한 필수 요건으로 여겨져 왔으며 제2 언어사용의 빈도에도 긍정적인 영향을 주는 것으로 나타났다. 한편 도구적 동기 또한 외국어 학습의 능숙도에 중요한 영향을 미친다는 연구 결과도 발표되었다(Gardner & MacIntyre, 1991; Kachru, 1992). 특히 한국의 영어학습자들의 영어학습 동기는 목표 언어에 통합되고자 하는 동기보다 대학입시 혹은 취직을 위한 도구적 동기가 더 우세하다고 보고하고 있다(김태영, 2013, 2022).

이러한 이분법적인 동기에 대한 개념은 과거에는 다분히 고정적이고 안정적인 변인으로 간주되어 왔다. 동기 대신에 지향성(orientation)으로 칭하는 것이 적절하다는 연구자들(Dörnyei, 2005; Gardner & MacIntyre, 1991)의 주장과 함께 구성주의 이론이 대두되면서 동기의 사회적인 측면과 역동적인 특성이 강조되고 있다. 즉, 동기를 이분법적으로 구분하기보다는 학습자의 상황이나 성향에 따라 각 동기의 강도(motivational intensity)의 높낮이가 있을 수 있다는 것이다. 또한 도구적·통합적인 두 가지 유형이 반드시 상호 배타적인 것이 아니라 상황에 따라서 두 가지 동기 또는 지향성이 혼재하기도 한다.

도구적·통합적인 동기와는 조금 다른 차원의 이분법적 동기 개념을 Brown(2014)은 내재적 동기(intrinsic motivation)와 외재적 동기(extrinsic motivation)로 구분하였다. 내재적 동기는 자기실현이나 개인 스스로의 결단에 의해 언어학습 자체를 즐거움으로 여기는 것을 말한다. 내재적 동기에 의한 행동에는 명백한 외적인 보상이 없고 행동 그 자체가 보상이 된다. 이와 반대로 외재적 동기는 외부에서 주어지는 보상이나 언어학습으로 인한 외부 요인들이 개입된 경우는 말하는데, 가령 돈이나 포상, 학점 등을 예로 들 수 있겠다. 이 두 가지 동기 중 어느 것이 외국어 습득에 더 효과적인지 관련 연구들의 결과를 살펴보면, 내재적 동기가 장기적인 언어습득 차원에서 볼 때에는 훨씬 유리한 점이 많다는 사실을 확인할 수 있다.

한편 외국어 학습자들의 동기에 대한 개념은 고정적인 성격이 아니라 시간의 경과에 따라 다양하게 변화하는 가변적이고 역동적인 성격이라는 점에 초점을 맞추고 있다. 일련의 연속적인 과정 속에서 동기의 변화를 강조한 Dörnyei(2005)는 L2 동기적 자아체계(L2 motivational self system) 모형을 개발하였다. 이 동기 모형은 학습자가 스스로 만든 바람직한 자신의 미래 모습을 상상하며 L2를 학습하는 이상적인 L2 자아(ideal L2 self), 주변 사람들의 기대에 부응하고자 강제적으로 L2를 학습하거나 학습 실패로 초래되는 부정적인 결과를 피하고자 학습하는 당위적 L2 자아(ought-to L2 self), 그리고 학습자가 동기의 영향을 받아 실제 처한 상황에서 경험하게 되는 L2 학습 경험(L2 learning experience)으로 구성된다. 이상적 자아와 당위적 자아는 L2 학습 경험에 따라 그 수준이 역동적으로 변화할 수 있으며, 이 세 요인이 적절한 조화를 이룰 때 가장 효과적인 동기화가 일어난다고 보았다(Dörnyei, 2005, 2009).

한국 중고등학생 대상의 영어학습 동기 변화를 주목한 연구(김경자, 2016)에서는 중학생의 경우 영어의 국제적 지위에 대한 인식이, 고등학생의 경우는 당위적 자아가 영어학습 동기화에 가장 큰 영향을 미친 것으로 조사되었다. 이 연구에서는 중학생들의 경우 영어를 잘하는 이상적인 자신의 미래 모습을 상상하고 영어 자신감을 강화하는 것이 중요함을 강조하였다. 또한 고등학생의 경우는 타인의 평가를 의식하고 타인의 요구에 대한 책임감 고하에 따라 영어학습 동기가 영향을 받으므로 동료 학생이나 교사의 격려와 긍정적인 피드백 제공이 중요하다고 제언하였다.

최근 한국에 거주하는 중국 유학생 영어학습자 연구에 의하면, 학습자의 기독교 신념과 비전 지향성(vision-orientedness)이 영어학습의 강력한 동기로 작용하여 꾸준한 영어습관을 형성하고 결국 영어학업 성취를 이루게 한다는 것이다(Zhang & Kim, 2022). 이는 영어학습자 개인의 미래 비전, 특히 기독교 신앙에 근거한 비전이나 개인의 성취목표가 영어학습 동기의 강도와 지속성에 영향을 미친다는 사실이다. 이처럼 학습자들의 동기에 대한 다양한 정의와 범주, 구성요인 등에 대한 꾸준한 연구들은 L2 학습자들의 동기가 영어학습에 영향을 미치는 주요한 요인임을 증명해준다.

4.3.2 불안(anxiety)

학습자의 정의적 요인 중 불안은 동기 다음으로 가장 많이 논의되는 요인일 것이다. 일반적으로 불안은 두려움(fear)이나 공포(phobia) 등과 동의어처럼 여겨지기도 한다. 그러나 불안은 두려움이나 공포처럼 어떤 특정한 외부 자극에 의해 생겨나는 것이 아닌 일상에서 흔히 관찰될 수 있는 약간 모호하고 불편한 감정이라 할 수 있다. 불안도 여러 차원으로 경험할 수 있는데, 이는 가장 깊은 총체적 수준의 기질적 불안(trait anxiety)과 특정한 사건이나 행동과 관련하여 나타나는 상황적 불안(state anxiety)이다. 제2 언어습득과 연관하여 언어 불안(language anxiety)은 상황적 불안에 더 가깝다고 볼 수 있다.

언어 불안은 제2 언어습득에 부정적인 영향을 미치는 요인 중 하나로 여겨진다. 특히 영어에 노출될 기회가 적고 영어 사용 기회가 거의 없는 외국어로서의 영어(English as a foreign language, EFL) 학습 환경에서 영어로 말할 때 학습자들이 보편적으로 갖는 것이 불안 요소이다. 따라서 Krashen(1982)의 경우도 그의 정의적 여과기 가설(Affective Filter Hypothesis)을 통해 학습자들은 심적 부담이 적고 학습에 대한 방어적 태도가 없는 상태, 즉, 불안감이 낮은 상태에서 언어습득이 일어난다고 주장하였다. 그는 외국어 교실 수업이 불안감을 조성하지 않고 편안한 심적 상태를 제공하여 언어 입력이 '정의적 여과기'를 통과할 수 있도록 해야 함을 강조하였다.

제2 언어 학습자가 느끼는 불안을 좀 더 세부적으로 분석하고자 외국어 학습 불안 척도(Foreign Language Classroom Anxiety Scale, FLCAS)가 개발되었는데, 이는 불안을 의사소통 불안, 부정적 평가에 대한 불안, 시험 불안의 세 개의 하위요인으로 분류하고 있다(Horwitz, Horwitz, & Cope, 1986). 외국어 학습 불안의 세 가지 구성 요소는 다음과 같다(Brown, 2014, p. 151).

① 의사소통 불안(communication apprehension): 학습자들이 언어능력 부족 때문에 보다 다양하고 복잡한 생각을 적절히 표현하지 못함으로 인해 나타나는 불안

② 부정적 사회적 평가에 대한 불안(fear of negative social evaluation): 다른 사람에게 긍정적이고 사교적인 인상을 주고 싶어 하는 학습자들의 바람에서 나타나는 불안

③ 평가에 대한 불안(test anxiety): 학습 평가에 대한 염려

언어학습 불안 연구들은 대부분 학습자가 느끼는 불안이 제2 언어 능력 향상에 부정적인 영향을 미치고 있음을 보고하고 있다. 위의 세

요소 중에서도 의사소통 불안은 학습자의 말하기나 읽기 능력에 영향을 미치고 있음도 밝혀졌다(Ehrman & Oxford, 1995). 한국 EFL 영어학습자의 경우 영어로 의사소통을 해야하는 상황에서 갖는 불안 심리나 실수에 대한 우려는 매우 큰 편이라 할 수 있는데, 특히 수업에서 준비 없이 영어로 말을 해야 하는 상황에서 불안의 정도가 크게 나타났다(유영미 & 표경현, 2009). 따라서 영어 사용의 기회가 극히 부족한 학습 환경에서는 영어 말하기 능력의 향상과 말하기 불안을 낮출 수 있는 교수방법을 모색하는 것이 필요하다 하겠다.

하지만 불안이 외국어학습에서 항상 불리한 점만 있는 것은 아니다. 흔히 불안을 부정적인 요소, 즉 어떻게 해서든 피해야 하는 것으로 생각하는 경향이 있다. 이 불안도 학습에 저해가 되는 불안(debilitative anxiety)과 학습을 촉진하는 불안(facilitative anxiety)으로 좀 더 엄격히 구분을 할 수 있다. 이중 학습을 촉진하는 불안은 약간의 긴장감은 있지만 오히려 성취해야 할 일에 더욱 몰두하게 만들고 더 높은 성취도로 인한 행복감을 주는 유리한 점도 있을 수 있다. 따라서 불안을 언어습득의 적(enemy)이나 피해야하는 감정으로 볼 게 아니라 적절한 불안(moderate anxiety)이 언어학습과 성취도에 긍정적 영향을 미칠 수 있는 주요한 요인임을 인식하는 것이 중요하다(Scovel, 2001).

4.3.3 자존감(self-esteem)

학습자들의 자아 존중 또는 자존감은 영어습득뿐만 아니라 학습자들의 개인적 성장과 발달에 매우 중요한 요인 중 하나이다. 자존감은 개인이 스스로에 대해서 유능하고 중요하며 가치있는 존재라고 믿는 정도를 말하는데, 이것이 없으면 인간은 어떠한 인지적 또는 정서적인 활동도 제대로 수행할 수가 없다. 자존감은 어린 시절부터 평생에 걸쳐 형성되는 것으로 자신 및 다른 사람들과의 경험을 통해 축적되고 자신을 둘러싼 외부 환경의 영향을 받는다. 자존감도 여러 차원으로 이해할 수 있는데, SLA와 연관한 세 가지 차원의 자존감을 소개하면 다음과 같다(Brown, 2014, p. 144).

① 총체적 자존감(global self-esteem): 성숙한 성인에게는 비교적 안정적이며 잘 바뀌지 않는 것으로, 시간을 비롯한 여러 가지 상황에 관계없이 자신의 가치에 대해 갖고 있는 일반적이고 전체적인 평가를 말한다.
② 상황적 또는 구체적 자존감(situational or specific self-esteem): 직업, 교육, 가정 등의 특정한 삶의 상황, 또는 지능, 의사소통 능력, 운동 능력 등과 같이 상대적으로 구별되어 정의될 수 있는 특성들에 대한 자신의 평가를 말한다.
③ 과업 자존감(task self-esteem): 구체적인 상황 중 특정한 과제와 관련이 있는 것으로, 예를 들면 교육 영역 내에서 과제와 관련된 자존감은 하나의 교과 분야를 가리킬 수 있다. 운동 경기의 경우 어떤 경기에 대한 기술, 가령 야구에서 투구나 테니스에서 네트 플레이 같은 것을 예로 들 수 있다.

SLA와 연관해서는 상황적 자존감과 과업 자존감이 좀 더 적절해 보이는데, 영어 말하기나 쓰기 또는 교실에서의 특정 수업 활동 등이 긍정적인 상호 관련성이 있을 수 있다. 자신에 대한 긍정적인 태도나 자존감은 우수한 영어학습자의 특성이라 할 수 있다. 문제는 영어학습의 성공이 높은 자존감을 가져오는 것인지 아니면 자존감이 영어학습의 성공을 가져오는지는 명확히 알 수 없다는 것이다. 영어학습자들이 자신의 모국어 능력으로는 충분히 자신의 표현하는 바를 드러낼 수 있지만 외국어로는 충분한 표현을 하지 못할 때 느끼는 실망감, 아쉬움 등이 학습자들의 자존감 형성에도 영향을 줄 수 있다.

자존감이 영어학습 과정에 미치는 영향에 대해 최근 인도 국제학교 한국 아동 학습자 대상의 정성적 연구(권향은, 허재은, 2020)에 의하면, 자존감은 다양한 요인에 의해 영향을 받는 것으로 밝혀졌다. 이는 가족들의 지지, 영어 능력 및 불안, 또래 집단(한국과 외국 친구) 및 교사와의 대인관계, 성격 등으로, 이러한 요소들이 학습자들의 자존감 향상과 새로운 영어학습 환경 적응에 영향을 미친다는 것이다. 특히 아동의 경우 또래 집단과의 관계나 또래 집단 인기(peer popularity)가 사회적 안정감을 주어 자존감 향상에 더욱 긍정적인 요인으로 작용하는 것으로 나타났다.

앞서 자존감은 영어습득뿐만 아니라 학습자들의 개인적 성장과 발달에도 매우 중요한 요인임을 강조하였다. 여기서 학습자의 개개인의 성장과 발달이라 함은 하나님의 인격을 닮은 자로 자신의 능력과 은사를 충분히 발휘하고 또 정서적으로도 온전한 사람으로 세워주는 것을 말한다. Andrés(1999)는 영어학습을 통해 학습자의 잠재력의 날개를 펼쳐보이도록(unfold their wings) 하려면 교수자들이 학습자를 전인격적인 존재로 여기고 언어학습 목표뿐만 아니라 개개인의 고유한 특성에 대해 관심을 기울일 필요가 있다고 강조하고 있다. 이는 편하고 격려하는 분위기 조성의 감정적인 측면(the feeling part)과 학습자 개개인의 필요를 채우는 측면(the needs part)이 같이 어우러져야 함(Stevick, 1999)을 의미한다고 할 수 있다.

4.3.4 성격 유형(personality types)

개인적인 특성 중 학습자의 성격 유형이 영어성취도나 영어 학습전략의 선택에 큰 영향을 미친다는 사실은 이미 많은 연구들을 통해서 밝혀진 바이다. 제2 언어습득 분야에서 성격 유형에 대한 검사 중 가장 널리 사용되고 있는 것이 MBTI(Myers-Briggs Type Indicator)이다. 이 검사는 크게 네 가지의 분리된 선호 경향(preferences)으로 구성되는데, 이 선호 경향이란 교육이나 환경의 영향을 받기 이전에 이미 인간에게 잠재되어 있는 선천적 심리 경향을 말한다. 외향 내향(Extroversion vs. Introversion)의 범주는 개인의 관심과 에너지의 지향성(orientation)을 반영하며 에너지의 방향에 따라 외향형(E)과 내향형(I)으로 구분된다. 감각 직관(Sensing vs. Intuition)의 범주는 우리 주변 세계를 감지하고 수용하는 양식과 관련이 있다. 사고 감정(Thinking vs. Feeling)의 범주는 결론에 도달하는 방법과 기억 속에 현실을 저장하는 방법을 기술하며, 인지 판단(Judging vs. Perceiving)의 범주는 외부 세계로 향한 자신의 태도와 관련이 있다.

이러한 네 가지 선호지표를 조합하여 16가지의 성격 유형이 나타나게 된다. 아래 <표 4-1>은 성격 유형별로 언어습득과 관련하여 유용한 점과 불리한 점을 잘 보여준다.

<표 4-1> Myers-Briggs 성격 유형의 유용한 점과 불리한 점

유형	주요 유용한 점	주요 불리한 점
외향성(E)	기꺼이 대화를 하려고 모험을 시도함	외부 자극과 상호작용에 주로 의존하는 경향
내향성(I)	집중하면서 스스로 모든 것을 해결하고자 함	말하기 전에 먼저 생각을 정리하고자 하기 때문에 종종 대화에서 언어적 모험을 회피함
감각형(S)	열심히 체계적으로 일하며, 세부사항에 주의 기울이고 세심히 관찰함	언어학습 과정에서 뚜렷한 학습순서, 목적, 체계가 없으면 학습에 방해를 받음
직관형(N)	문맥에서 추측과 유추를 하며, 스스로 훈련 체계를 세우고 모델을 만들어나감	중요한 세부사항을 빠뜨리거나 담화에서 지나치게 복잡한 것을 추구함
사고형(T)	분석하고 자기훈련, 도구적 동기 강함	언어수행 불안이 있고 지나치게 자기 통제를 하는 경향
감정형(F)	교사와의 유대감과 바람직한 관계는 긍정적 자존감 형성함	인정받지 못하면 낙심하고 대인 관계가 조화롭지 못하면 학습에 방해를 받음
판단형(J)	체계적으로 일하며 무엇이든 주어진 일을 해결하여 완성함	융통성이 없고 모호한 자극에 대해서는 참을성이 부족함
인지형(P)	변화와 새로운 경험에 대해 개방적이고, 융통성이 있으며 잘 적응함	나태함, 일을 처리하는 과정에서 일관성이 없는 상태로 진행

(출처: Ehrman, 1989; Brown, 2014: 157 재인용)

학습자의 다양한 성격 유형 중 제2 언어습득에 더 유리하거나 효과적인 유형이 있는 것은 아니며, 특정 교실학습 상황이나 학습전략 활용에서 장·단점은 있을 수는 있다(김영숙, 2015). 외향적인 사람은 사교적이고 폭넓은 대인관계를 유지하므로 영어로 대화를 나누는데 훨씬 적극적이고 모험심을 갖고 시도를 하는 반면, 내향적인 사람은 신중한 성격으로 실수를 두려워하여 대화에 모험심을 갖기보다 먼저 생각하는 과정을 거치므로 구두 의사소통에 다소 어려움을 겪을 수 있다. 또한 감각형인 사람은 정확하고 철저한 조직력으로 인해 문법이나 언어구조를 자세히 파악하고 외우는데 집중하는 능력이 뛰어날 수 있는 반면, 직관적인 사람은 '육감(hunch)'에 의존하여 문맥을 통한 추측이나 예측을 잘하며 스스로 문법구조나 개념을 파악하는 것을 좋아할 수도 있다.

여기서 중요한 점은 자신의 성격 유형을 정확히 파악하고 영어학습과 관련된 장점은 살리되 단점을 보완하면서 더 성공적인 영어학습자가 되기 위해 자신에게 요구되는 전략들을 최대한 사용하고 계발하는 것이다(Brown, 2002). 교사 또한 교실 수업에서 학생들의 이러한 개인적인 성격 차이를 이해하여 교수전략을 수립해야 할 것이다.

4.4 영어학습자 이해에 대한 기독교적 접근

기독교적 영어교육의 목표는 영어학습을 통해 단지 영어의사소통 능력만 개발하는 것이 아니라 학습자 한명 한명의 소중함을 알고 그들로 하여금 자기 발견과 잠재력 펼침, 그리고 온전한 성장을 할 수 있도록 하는 것이다. 이는 영어를 통해 학습자 삶의 긍정적인 변화와 삶의 질이 향상이 되고 정서적인 복지를 누리도록 하는 것을 말한다. 이것이 영어교육을 통해 창조주의 뜻이 회복되고 생명을 살리는 방법일 것이다. 성경의 골로새서 말씀에서도 보면 모든 지혜로 각 사람을 가르치고 온전히 완전한 자로 세우도록 애써야 함을 강조하고 있다.

우리가 그를 전파하여 각 사람을 권하고 모든 지혜로 각 사람을 가르침은 각 사람을 그리스도 안에서 완전한 자로 세우려 함이니 이를 위하여 나도 내 속에서 능력으로 역사하시는 이의 역사를 따라 힘을 다하여 수고하노라 (골로새서 1: 28-29)

영어학습에도 학습의 조건이나 환경도 중요하지만 학습자의 개별적인 특성과 정의적 요인들을 이해함으로써 영어습득을 더 효과적으로 지원할 수 있다. 한국에서 영어학습의 동기는 대부분 학업성취, 대학입학, 취업, 물질적인 성공 등 개인의 이익과 목적 중심의 도구적이고 인본주의적 동기가 많다고 할 수 있다. 현대 사회에서 영어는 개인의 삶의 질을 좌우하는 결정적 요인이므로 영어가 개인에게는 높은 장애물(barrier)이 될 수도 있고 튼실한 다리(bridge)가 되기도 한다(ACTFL한국위원회, 2015). 그러나 학습자들의 내재적인 동기를 유발시키려면 궁극적으로 학습자들이 영어를 하나님과 이웃을 섬기는데 도구로 사용하도록 해야할 것이다. 이는 Palmer(1993, 이종태 역, 2009)가 강조한 지식에 대한 태도로, 앎을 통해 세상에 상처가 아니라 치유를 가져오는 교육의 영성을 의미한다. 영어학습이 학습자들에게 고통, 찌듦, 울렁증 등을 유발하지는 말아야 할 것이다.

이를 위해서는 영어학습의 주요한 요인인 학습자들의 정의적 요인을 이해하고 교사가 적절한 교수방법과 교수 전략을 활용할 필요가 있다. 다시 말하면, 학습자의 정서적 측면을 고려하여 수업 활동을 계획해야 한다. 최근 수준별 교양영어 수업에 참여한 한국 대학생들의 영어학습 감정(academic emotion)을 탐색한 연구가 발표되었는데, 이 연구에서도 학습자의 인지능력에 앞서 학습자의 감정을 우선적으로 고려해야 한다고 강조한다(박옥희, 2021). 학습자들의 감정을 고려한 수업으로 학습자들의 자존감 회복과 증진을 위한 활동, 학습자들의 의사소통 불안감을 낮추고 촉진적 불안감을 어느 정도 활용하는 협동학습, 영어 수준에 상관없이 모든 학생들이 참여하도록 하는 활동, 학습자들의 실수를 긍정적 학습효과로 바꾸어 학습자들의 마음을 건강하게 지키는 수업 활동 등을 고려해볼 수 있을 것이다.

특히 10대 중학생 영어학습자의 경우 자아정체감 형성의 주요한 시기이므로 영어수업을 통해 학습자의 자존감을 세워주고 남을 존중할 줄 알고, 자신과 삶에 대한 긍정적인 태도를 형성하도록 돕는 것이 중요하다. 기독교사들의 연합단체인 '좋은교사'에서는 교사들을 위한 다양한 전문연구 실천공동체를 두고 있는데 그중 '배움찬찬이연구회'가 있다. 이 연구회에서는 배움이 느린 학생들을 '배움찬찬이'로 부르고 학습자들의 개별 차이를 존중하여 이들을 위한 적절한 지도방법을 연구하고 실천하는 방안을 모색하고 있다.[2] 영어의 경우 기초학력이 부진하거나 학습자들 간의 수준차가 많은 교과임을 감안할 때, 기존에 기초학력 미달자나 학습부진아라는 명칭 대신 영어학습이 느리거나 어려워하는 학생들을 배움찬찬이로 바라보고 이들을 위한 영어학습 지도 방안도 마련해야 할 것이다.

---

2 유·초·중·고 현직 교사들로 구성된 기독교사단체 간 연합모임인 사단법인 좋은교사 운동은 다양한 전문모임을 구성하여 연구회를 운영하고 있다. https://goodteacher.org/bbs/board.php?bo_table=meeting 를 통해 관련 내용을 확인할 수 있다.

요약

언어능력은 하나님이 인간을 창조하실 때 부여한 타고난 속성이다. 언어습득은 인간만이 할 수 있는 고유한 성취(feat)이자 가장 놀라운 업적이라 할 수 있다. 이 언어습득의 과정을 바라보는 다양한 학문적 관점이 있을 수 있고, 또 외국어학습의 경우는 학습 환경이나 학습자의 개별 특성에 따라 차이를 보이고 있다. 영어학습을 통해 학습자의 개인적인 성장과 잠재력 개발을 위해서는 학습자를 전인격적인 존재로 여기고 개개인의 고유한 특성에 대해 관심을 기울일 필요가 있다.

이 장에서는 영어습득에서 학습자의 특성을 이해하는 것이 무엇보다 중요함을 인식하고 영어(외국어) 습득에 대한 세 가지 학문적 접근, 학습자의 개인적 차이와 특성, 그리고 학습자의 정의적 요인들을 살펴보았다. 또한 기독교적 관점에서 영어학습자들의 개인적인 차이를 이해하는 것이 무엇인지 또 그에 맞는 교수방안은 어떠한지도 논의하였다. 이전에는 제2 언어습득에 있어서 학습자들의 인지능력이나 교수방법의 영향에 주목했다면 이제는 학습자의 정의적 요인에 대한 관심이 더 고조되고 있다. 영어학습자들은 고유한 특성과 개별 잠재력을 소유하였기에 학습자들이 스스로 자신의 장점과 단점을 파악하여 영어학습에 유리한 장점을 더욱 활용하고 불리한 단점을 보완하는 노력을 하도록 가르치는 것이 중요할 것이다.

읽어볼 만한 자료

Arnold, J. (Ed.) (1999). *Affect in language learning*. Cambridge: Cambridge University Press.

Brown, H. D. (2014). *Principles of language learning and teaching* (6th ed.). White Plains, NY: Pearson Education.

Dörnyei, Z. (2005). *The psychology of the language learner: Individual differences in second language acquisition*. Mahwah, NJ: Lawrence Erlbaum Associates.

Lightbown, P. M., & Spada, N. (2006). *How languages are learned* (3rd ed.). Oxford: Oxford University Press.

Scovel, T. (2001). *Learning new languages: A guide to second language acquisition.* Boston: Heinle & Heinle.

Stevick, E. (1989). *Success with foreign languages: Seven who achieved it and what worked for them*. Englewood Cliffs, NJ: Prentice Hall.

Stevick, E. (1999). Affect in learning and memory: from alchemy to chemistry. In J. Arnold (Ed.), *Affect in language learning* (pp. 43-57). Cambridge: Cambridge University Press.

제5장
영어(외국어) 교수방법에 대한 이해

미리 생각해볼 질문들

† 외국어 교수법에 대한 전통적인 접근방법은 무엇인가?

† 외국어 교수법은 언어에 대한 관점에 따라 어떻게 분류될 수 있는가?

† 언어, 학습자 및 가르침에 대한 기독교적 이해는 기독교적 영어 교수원리에 어떤 점을 시사하는가?

† 영어 교수방법 중 기독교적 교수원리에 적합한 방법들은 어떤 것인가?

기독교 세계관이나 신념이 실제 교실현장에서 교사에 의해 통합되고 적용되기 위해서는 교사가 어떠한 교수법을 사용하는가는 매우 중요하다. 또한 한 가지 훌륭한 교수방법보다도 학습자들의 특성과 학습방식을 파악하여 그에 맞는 다양한 교수방법을 활용하는 것이 바람직할 것이다. 이에 본 장에서는 먼저 외국어 교수법을 시대적 흐름에 따라 간략하게 살펴보고자 한다. 또한 기독교적 가르침의 원리가 무엇인지 기독교교육의 학문적 바탕을 토대로 논의할 것이다. 마지막으로 기독교적 영어교육 방법의 원리를 제시하고 각 원리에 부합하는 영어 교수방법들을 논의하고자 한다.

5.1 외국어 교수법의 시대적 고찰

17세기 Comenius는 그의 범교육론을 통해 잘 알려져 있듯이 언어 교수방법에서도 혁신적인 개혁을 불러일으켰다. 그뿐 아니라 그가 의도한 범지혜의 배움을 적용하여 쓴 언어학습을 위한 교재는 현재까지도 큰 영향을 미치고 있다. 따라서 여기서는 Comenius의 외국어 교수방법에 대해 먼저 살펴본 후 외국어 교수법의 시대적 흐름을 고찰하고자 한다.

5.1.1 Comenius의 외국어교육 방법

Comenius의 교육철학은 교육의 모든 과정을 통해 인간이 자연 세상의 모든 지혜에 이르고 창조주 하나님을 기뻐하며 궁극적으로 그에게 영광을 돌리도록 하는 기독교 세계관에 바탕을 두고 있다. 17세기 자연과학의 발전으로 인한 과학적 사고와 인본주의적 교육의 영향으로 인한 교육의 혼돈 시기에 Comenius는 범지혜에 입각한 교육개혁을 강조하였다. 그 시대에는 라틴어가 학문과 무역 등에서 유럽의 공용어로 사용되던 시기로 대부분의 학교들은 주로 라틴어를 가르쳤고 이것이 18세기 정규학교 교육의 뿌리가 되어 전통적인 학교 교육 커리큘럼으로 정착하게 되었다.

라틴어교육이 학교 수업의 핵심적인 부분을 차지했으므로 학생들의 모국어나 지역 언어를 수업에서 사용하는 것은 거의 드문 일이었고 더더구나 일상생활의 대화에서조차 사용하는 것을 꺼려했다(Howatt, 2004). 그 당시 초등학교에 입학하는 어린이의 평균 연령은 8세 정도로 모국어의 기본 철자와 발음을 겨우 익힐 정도의 수준이었는데, 이들은 입학하자마자 생소한 라틴어 문법규칙과 정의를 익히는데 몰두하게 된다. 라틴어 수업에서는 문법책이 거의 절대적인 부분을 차지했으며 기계적인 암기식 학습으로 진행되었다. 16세기 종교개혁자들 중 Luther나 Melanchthon은 학습자들의 모국어나 지역 언어를 무시한 채 외국어인 라틴어 언어교육에만 관심을 쏟는 데에 대해 문제를 제기하면서 기독교 전파에 있어 외국어학습의 중요성과 교육 방법에 새로운 변화를 주장하기도 했다(Howatt, 2004). 이러한 종교개혁자들의 시도에도 불구하고 16, 17세기의 언어교육에 있어서는 별다른 진전이나 변화가 없었다.

Comenius는 당시 인본주의 교육자들이 라틴어에만 주된 관심을 기울인 것을 비판하면서 인간의 모든 언어는 다 하나님의 영광과 인간의 유익을 위해 사용되고 계발되어야 할 도구임을 강조했다. 또한 그는 언어의 다양성에 대한 존중과 복음 전파에서 지역 방언들의 중요성을 인정하면서 범교육을 통해 그 당시 만연했던 의심, 분리, 적대심 등을 극복하는 것이 무엇보다 우선시되어야 할 과제라고 주장했다(정일웅, 2003). Comenius는 언어가 모든 학습의 기본이 된다고 강조하면서 어린이들이 모국어부터 배우기 시작하여 언어의 4기능을 효과적으로 구사하면 그 후 필요시 이웃나라의 언어, 즉 외국어를 배워야 한다고 말했다. 그리고 고등학문을 하고자 할 경우 고전어인 라틴어와 헬라어를 배워야 한다고 주장했다.

Comenius가 그의 책「대교수학(*The Great Didactic*)」에서 제언한 언어교육의 다섯 가지 대원칙을 살펴보면 다음과 같다(Murphy, 1995, pp. 174-179).

① 첫 번째 원칙은 언어학습은 학습자가 배울 준비가 되어야 이루어진다는 것이다(*the principle of readiness*). Comenius는 범교육론에서 모든 사람들에게는 언어의 씨앗이 있기에 가르칠 수 있다고 주장했지만 동시에 이는 학습자들의 동기와 배움에 대한 준비가 먼저 전제되어야 가능하다는 사실도 간과하지 않았다. 학습이 가능하려면 무엇보다 교사의 역할이 중요한데, 이는 교사들이 학습자들에게 동기를 부여하고 학습이 일어나도록 촉진하는 안내자 역할을 해야 함을 말한다.

② 두 번째 원칙은 경험을 통한 학습원리이다(*the principle of learning through experience*). 이는 다양한 감각경험을 기초로 한 언어학습을 말한다. Comenius는 경험이 감각적이고 실증적인 범위를 넘어 현실을 지각하는 출발점이 된다고 보았다. 따라서 언어를 통해 현실과 지각 세계를 학습자들이 구성하게 되므로 감각을 활용한 의미있는 학습을 강조하였다.

③ 세 번째 원칙은 점진적이고 단계적인 학습방식이다(*the principle of graded, sequential progression*). 언어학습에 있어서 한 단계식 체계적으로 밟아가야 함을 강조하는데 그는 언어학습을 나이별로 네 단계로 구분하였다. 이는 첫째, 더듬거리는 유아기(babbling infancy), 둘째, 정확하게 말하기를 배우는 소년기(ripening boyhood), 셋째, 우아하게 말하기를 배우는 성숙한 청년기(maturer youth), 그리고

넷째, 언어가 활발한 성년기(vigorous manhood)이다. 이러한 단계별 학습원칙은 그가 쓴 교재에서도 잘 드러난다.

④ 네 번째 원칙은 학습은 즐거움을 주어야한다는 것이다(*the pleasure principle*). 그는 언어학습에서 상상력과 창조성이 중요하므로 이를 다양한 방법을 통해서 언어학습과정에서 구현해야 한다고 주장한다. 그는 특히 극적인 드라마 기법과 연극을 많이 사용할 것을 권장하고 있다.

⑤ 다섯 번째 원칙은 교재가 체계적으로 잘 구성되어야 한다는 것이다(*the principle of well-designed textbook*). Comenius는 무엇보다 좋은 교육을 위해서는 좋은 교재가 필요하며 이것은 교수원칙에 맞게 체계적으로 구성되어야 함을 강조했다.

그는 언어교육에 있어서 실례(examples), 규칙(rules) 그리고 연습(exercises) 세 가지 교육 방법을 적절히 사용하여 학습목표를 달성해야한다고 했다. 특히 이 과정에서 교사의 역할이 중요하며 "효과적으로(effectively) 즐겁게(pleasantly) 그리고 철저하게(thoroughly)"(Caravolas, 1993, p. 152)라는 교수 원칙을 통해 학교가 지겨운 곳이 아니라 즐거운 놀이 학교가 되도록 해야 한다고 주장했다.

아마도 언어교육에 있어 Comenius의 가장 큰 업적 중 하나는 바로 언어교수를 위한 교재개발에 선구자적 기여를 했다는 사실일 것이다. Comenius는 당시 학교교육이나 교수방식의 문제점들을 바로 잡으려면 학생들의 나이에 적합하고 교수법적으로도 적절한 교재를 제공하는 것이 무엇보다도 중요하다고 생각했다. 그는 교재 구성시 특히 사물과 언어를 동시에 제공해야 한다는 것과 학습자의 수준에 맞게 점진적, 단계적으로 구성되어야 한다는 점을 강조하였다. Musumeci(1997)는 Comenius를 평가함에 있어 무엇보다 교재 집필가(textbook writer)로서 외국어교육의 역사에 길이 빛날 인물로 보았는데, 이는 Comenius의 교육개혁에서 그의 교재들이 중요한 역할을 했기 때문이다.

5.1.2 외국어 교수법의 시대적 흐름

외국어 교수법의 시초로 알려진 직접 교수법(Direct Method)이 시도되기 전까지는 고전적 교수법(classical method)이 일반적으로 사용되었다. 이는 문법 번역식 교수법(Grammar Translation Method)이라고도 불리며 라틴어와 헬라어 등의 학습을 위한 방법으로 19세기에 널리 사용되었다. 그 후 영어교수법의 획기적인 전환점을 가져온 직접 교수법부터 의사소통 중심 언어교수법(Communicative Language Teaching)에 이르기까지 많은 방법론적인 변화를 거쳐 왔다.

20세기 외국어 교육 방법의 변화를 언어에 관한 이론(theory of language)의 변화를 중심으로 크게 세 단계로 분류할 수 있다. 첫째, '구조적 관점'의 시기, 둘째, '기능적 관점'의 시기, 그리고 세 번째 '상호작용적 관점'의 시기이다(Richards & Rogers, 2001). 구조적 관점(structural view)의 시기는 주로 언어의 구조와 문법적 구성요소들을 과학적으로 관찰하고 기술하여 이를 학습자가 순차적으로 학습하는 것을 교육목표로 삼았다. 이 시기는 행동주의 심리학을 토대로 한 자극-반응의 학습이론이 외국어 교육 방법에 영향을 미쳐 학습자들의 타고난 언어능력보다 훈련을 통한 언어습관 형성을 강조하였으므로 학습자의 창의성이나 고유하게 타고나는 인간 고유의 특성을 무시한 교육 방법이라는 비판을 받고 있다. 이 시기의 대표적 교수법으로 청화식 교수법(Audio-lingual Method), 전신반응 교수법(Total Physical Response) 등이 있다.

두 번째 '기능적 관점(functional view)'의 시기에는 외국어의 구조, 즉 언어형식(language form)보다 언어의 사용, 즉 언어기능(language function)을 강조하여 실제 의사소통 상황에서의 의미전달을 중요시하였다. 이 시기는 외국어 습득에서 문법적인 능력보다 사회문화적인 맥락에서 더 포괄적인 의사소통 능력을 습득하는 것을 그 교육목적으로 하였다. 이 시기의 대표적 교수법으로 기능요목 교수법(Notional Functional Syllabus)을 들 수 있는데, 이는 언어를 실생활의 개념과 의사소통시 사용 가능한 기능을 중심으로 분석하여 교수자료를 제시했다는데 의의가 있다. 하지만 이 교수법도 실제 효과 면에서 개념과 언어기능을 실생활의 상황에 맞게 적절히 사용하지 못하는 한계를 드러내었다.

세 번째 '상호작용적 관점(interactional view)'의 시기는 기능적 관점에서 한 단계 나아가 외국어 학습자들의 상호작용을 통한 의미 협상(negotiation of meaning)을 중요시하고 있다. 여기서는 학습자들의 자기 주도적이면서 즉흥적인 언어사용을 통한 상호작용이 외국어교육의 성패를 좌우한다고 보고 있다. 현재 가장 널리 사용되는 영어교육 방법의 하나인 의사소통 중심 언어교수법은 사회적 상황이나 맥락을 고려한 언어의 기능을 중요시하고 정해진 패턴의 기계적 암기보다 의미 협상의 과정을 통해 의사소통을 강조한다는 점에서 이 시기의 대표적 교수법이라 할 수 있다. 이전의 청화식 교수법이나 기능요목 교수법에 비해 학습자의 창의성과 언어사용 맥락의 진정성(authenticity)이 다른 어떤 외국어 교육 방법들보다 강조된다고 볼 수 있다.

언어에 관한 이론에 기반한 교수법 관점에 대해 좀 더 최근의 이론들을 반영하여 Richards와 Rogers(2014)는 7가지의 외국어 교수법 모델을 제시하였다. 이는 인지적 모델(Cognitive model), 구조적 모델(Structural model), 기능적 모델(Functional model), 상호작용적 모델(Interactional model), 사회문화적 모델(Sociocultural model), 장르적 모델(Genre model), 그리고 어휘적 모델(Lexical model)이다. 이러한 교수법 모델들이 갖고 있는 언어에 대한 관점과 실제 교수법의 예시를 정리하면 <표 5-1>과 같다.

<표 5-1> 언어 이론에 따른 외국어 교수법의 모델들

관점	언어 이론	교수법의 예
인지적	언어는 추상적인 지식의 습득이며 심리적 속성과 연관된다.	• 문법 번역식 교수법 • 침묵 교수법
구조적	언어는 음소 및 문법과 같이 의미를 부호화하기 위해 구조적으로 연관된 요소들의 체계이다.	• 청화식 교수법 • 상황적 언어교수법 • 전신반응 교수법
기능적	언어는 기능적 의미를 표현하고 실생활의 행위들을 수행하는 도구이다.	• 의사소통 중심 언어교수법 • 역량 중심 언어교수법
상호작용적	언어는 대인관계를 실현하기 위한 수단이다.	• 의사소통 중심 언어교수법 • 과업 중심 언어교수법
사회문화적	언어는 사회적 맥락, 관습, 신념이 중심이 되는 의사소통 활동이다.	• 과업 중심 언어교수법 • 내용 중심 교수법 • 협동적 언어학습법

장르적	언어는 다양한 목적을 위해 담화 고유의 규범과 텍스트에 의해 지배된다.	• 텍스트 중심 교수법 • 내용 중심 교수법 • 특수목적 영어
어휘적	언어는 주로 어휘와 어휘 뭉치 역할을 통해 고려되어야 한다.	• 어휘 중심 교수법 • 내용 중심 교수법

(출처: Richards & Rogers, 2014: 22-41를 바탕으로 정리함)

20세기 외국어 교수법의 대표 주류를 이룬 청화식 교수법이나 의사소통 중심 언어교수법 이외에 1970년대 후반과 1980년대 초반에 일반 교육 철학의 영향을 받은 혁신적 교수법들도 많이 등장하였다. 이는 자연적 접근법(Natural Approach), 전신반응 교수법(Total Physical Response), 침묵 교수법(The Silent Way), 공동체 언어 학습법(Community Language Learning), 그리고 암시적 교수법(Suggestopedia)이다. 이중 Krashen의 제2 언어습득 이론에 기반한 자연적 접근법을 제외하고는 모두 응용언어학이나 언어학과는 다소 거리가 먼 일반 학습이론이나 교육 또는 상담분야 전문가 등에 의해 개발된 것이다.

외국어 교수법의 시대적 흐름을 고찰해보면, 구조주의적 관점에서 기능주의적 상호작용의 관점으로 갈수록 더욱 학습자들의 창의성이나 적극적인 참여를 유도하고 있음을 알 수 있다. 최근 가장 주목받고 있는 의사소통 중심 언어교수법에서도 진정성을 띤 실제 상황에서 의미 중심의 의사소통을 유도하지만 결국 학습자들의 삶과 긴밀하게 연관되는 내용을 나누기보다는 학생들의 실제 삶과는 거리가 먼 정보의 교환이나 거래에 초점을 둔다는 한계도 지적된다. 따라서 외국어교육의 목표가 의사소통 능력 개발에 있다면 교사와 학생간의 의사소통의 내용이 진실된 것이라야 하며, 그로 인하여 교사와 학생간의 상호 이해를 촉진하고 학생의 관심과 필요에 민감해져야 할 것이다.

5.2 기독교적 가르침에 대한 이해

기독교교육은 교육의 목적에서부터 세속교육과 그 근거가 다르다. 세속교육은 사회적인 필요에 대한 이성적인 성찰로부터 교육목적을 도출하지만 기독교교육은 계시인 성경으로부터 이끌어내기 때문이다. 기독교적인 가르침과 배움의 주요 목적은 하나님의 법을 발견하고 그것을 실천함으로써 하나님께 순종하도록 하는 것이다(Greene, 2003). "여호와를 경외하는 것이 지식의 근본이거늘 미련한 자는 지혜와 훈계를 멸시하느니라"(잠언 1:7)라는 성경 말씀에 근거하여 가르침과 배움은 하나님을 겸손히 의지하고 그의 계명을 지키는 것에서 출발한다고 할 수 있다.

이처럼 하나님과의 올바른 수직적인 관계 안에서 하나님을 경외하는 것이 진정한 지혜의 근본이 된다. 비록 개개인의 학습은 이 세상에서 행해지는 모든 수평적인 활동으로 구성되지만 하나님과의 관계를 떠나서는 진정한 의미의 학습은 이루어질 수 없는 것이다. 이러한 기독교적 가르침과 배움의 목적에 근거하여 Van Brummelen(2009)은 기독교적 가르침의 구성 요소를 다음 네 가지로 제시하였다(p. 43).

① 지도하기(guiding): 인격적인 권위에서 나오는 직관과 능력으로 지

도하는 것

② 구조화하기(structuring): 존경과 사랑, 용서와 화해, 공평함과 진실함을 경험할 수 있는 공동체의 구조를 만드는 것

③ 펼쳐 보이기(unfolding): 하나님의 창조의 통일성과 다양성, 삶의 의미와 가능성에 대해 학습자가 스스로 발견하고 지식을 재구성하도록 돕는 것

④ 능력 부여하기(enabling): 헌신의 이행, 책임의 완수, 제자도 실행 등 학습자들이 자신의 재능을 사용하여 하나님을 섬길 수 있도록 능력을 갖추도록 돕는 것

이러한 기독교적 가르침의 네 가지 요소는 서로 긴밀하게 연관되어 있으며 각 요소들은 서로 영향을 미치게 된다. 가령 학생들에게 능력을 부여하는 것은 구조화와 펼쳐 보이기에 달려 있고, 구조화를 위해서는 교사의 지도하기에 달려 있는 것이다. 따라서 인격적 권위를 갖춘 교사는 이러한 상호 연관된 사항을 적절히 실행할 수 있어야 할 것이다.

한편 기독교적인 관점에서 학습자에 대한 대전제는 인간이 하나님의 형상으로 지음 받은 존재라는 사실에서 시작된다. 학습자가 하나님의 형상이라는 개념은 학습자를 측량할 수 없는 가능성을 지닌 존재로, 합리성을 가진 존재로, 책임감을 지닌 존재로, 그리고 하나님이 주신 구원의 메시지를 받아야 하는 존재로 이해하는 것을 의미한다(한춘기, 2001). 그렇다면 교육적 관점에서 이러한 하나님의 형상으로 창조된 학습자란 어떠함을 말하는가? 기독교교육에서 바라본 학습자의 특성은 다음과 같이 요약할 수 있다(한춘기, 2001, p. 131-133).

① 학습자들은 하나님의 형상을 지닌 영적인 존재이다.

② 학습자들은 그들 스스로의 행동에 책임을 져야 한다.

③ 학습자들은 구속받아야만 하고 구속받을 가능성이 있는 죄인들이다.

④ 학습자들은 유일하고 독특한 존재이며 그들에게는 특별한 은사가 주어졌다.

이처럼 학생들이 하나님의 책임 있는 형상이라는 성경적 관점에 기초한 기독교적 학습모형은 학습자들이 가지고 있는 다양성과 가능성에 기초하고 있다. 기독교적인 언어교수법을 추구함에 있어 기본적으로 고려할 사항은 인간의 정신력과 사고력을 우상시하지는 않되 인간에게 부여된 다양하고 독특한 지적 은사를 고려하고 진정한 언어와 의사소통에 초점을 맞춘, 그러면서도 하나님의 형상을 닮은 전인격적인 존재로서의 학습자를 인식해야한다는 사실이다. 학습자들 또한 자신이 누구인지 올바로 인식함으로써 건강한 자존감을 갖고 다른 사람도 하나님 안에서 소중한 존재라는 사실을 깨닫는 것이 중요하다. 학습자들이 영적이고 존중받아야 할 인격체라는 사실에 대한 인식은 교사로 하여금 언어교육 방법이나 학생들을 향한 태도에도 변화를 가져오게 할 것이다.

5.3 기독교적 영어교수 원리에 따른 교수방법

기독교적인 영어교육은 언어가 하나님의 형상으로 창조된 인간 고유의 속성이면서도 하나님의 속성이라는 사실을 깨닫고 하나님께서 축복한 다양한 언어와 문화를 경험하고 영어를 지혜롭고 능력있게 사용하도록 돕는 것을 그 목적으로 해야 한다. 영어교육의 목표를 단지 영어의 의사소통 능력 배양과 피상적인 문화지식 습득에 국한할 것이 아니라 영어학습을 통한 창의적 사고함양 및 인격적 성숙과 영어를 하나님 나라의 확장을 위해 섬김의 도구로 사용할 수 있도록 학습자들을 준비된 제자로 이끄는 것이 기독교 영어교육이 지향해야 할 궁극적인 과제라 할 수 있다. 이러한 기독영어교육의 목표와 기독교적 가르침의 원리를 토대로 기독교적인 영어교수의 원리를 세 가지로 요약하고자 한다.

첫째는 언어의 통합적 학습의 원리이다. 기독교적 영어교육 방법은 언어에 대한 전체적인 학습, 부분적이나 조각의 조합을 익히는 것이 아니라 언어의 유기적인 학습과 통합적인 학습이 되도록 해야 한다. 이는 언어 자체를 배우는 것이 목적이 아니라 언어를 통한 사물의 학습, 타문화 이해, 학습자의 개인 경험을 학습에 활용, 언어를 통한 과제수행이나 의사소통 등의 의미도 포함한다. 이러한 원칙에 부합하는 교수방법으로 전체 언어 접근법(Whole Language Approach)과 내용 중심 교수법(Content-Based Instruction)을 들 수 있을 것이다.

둘째는 학습자의 잠재적 능력과 독특성 인정의 원리이다. 기독교적 영어교육 방법은 학습자의 고유한 능력(uniqueness)과 가능성을 인정하고 각 학습자들의 다양한 잠재력을 펼칠 수 있도록 해야 한다. 여기에는 학습자들의 다양한 학습 유형(learning style)을 파악하고 학습자들의 개인적인 특성을 고려하여 학습활동에 반영하는 것이 포함된다고 하겠다. 이러한 원리에 부합하는 교수방법으로 다중지능(Multiple Intelligences)을 활용하는 방법과 멘토링(Mentoring) 학습을 예로 들 수 있다.

셋째는 학습자의 정서적 복지와 긍정적 상호협력의 원리이다. 기독교적 영어교육 방법은 그 가르침에 있어 교사 중심이 아닌 학습자 중심의 교실 환경에서 타인에 대한 이해와 상호존중에 의한 협력을 바탕으로 해야 한다. 무엇보다 교실은 서로를 환영하고 열린 배움의 공간, 배움의 공동체, 존중과 배려의 언어사용을 실천하는 장소가 되어야 한다. 이를 통해 학습자들이 정서적 안정감을 갖게 되고, 또한 학습공동체를 이루어 학습자간의 상호작용을 통한 배움이 일어나도록 해야 한다. 이 원리에 부합하는 교수방법으로 공동체 언어 학습법(Community Language Learning)과 협동학습(Cooperative Learning)을 들 수 있겠다.

이러한 기독교적 영어교수 원리를 주축으로 각 원리의 핵심 개념에 따른 교수방법을 요약하면 <표 5-2>에서 보는 바와 같다.

<표 5-2> 기독교적 영어교수 원리에 따른 교수방법

교수원리 / 교수방법	언어의 유기적 통합적 학습		학습자의 잠재적 능력과 독특성		학습자의 정서적 복지와 공동체성	
	유기적	통합적	잠재력	독특성	정서	상호협력
전체 언어 접근법	●	●	◎			
내용 중심 교수법	●	●	◎	◎		
다중지능 활용		○	●	●		
멘토링 학습			●	●	◎	◎
공동체 언어 학습법	◎	○	◎		●	●
협동학습		○	◎	◎	●	●

● 강 ◎ 중 ○ 약

이러한 교수방법들은 영어수업에서 학생들의 특성이나 교수 상황에 맞게 단독으로 또는 복합적으로 활용될 수 있을 것이다. 의사소통 중심 언어교수법의 경우 1980년대 이후부터 현재까지 영어 의사소통 능력 개발을 위한 대표적 교수방법으로 영어수업에서 기본적으로 활용되므로 본 논의에는 포함하지 않았다. 각 원리에 부합하는 영어 교수방법들을 좀 더 구체적으로 소개하면서 각 교수방법들이 어떤 측면에서 기독교적 관점과 부합하는지를 함께 논의하고자 한다.

5.3.1 전체 언어 접근법(Whole Language Approach)

전체 언어 접근법은 제2 언어 교수법의 영역이기보다 일반 모국어 언어교육의 전통적인 흐름을 깨고 새로운 언어교육의 관점을 제시한 운동이라고 할 수 있다. 전체 언어(whole language) 이론에 의하면, 언어는 전체에서 부분으로 학습되며, 언어 자체보다 기능적이며 개인적인 구어(oral language)와 문어(written language) 경험에서 소통되는 의미(meaning)에 초점을 맞출 때 가장 잘 배운다는 것이다. Goodman(1986)은 읽기교육 관련하여 의미가 이해되고 전달되는 맥락에서만 독해 기능을 가르쳐야 한다고 주장한다. 따라서 글자 하나하나의 발음과 글자들의 조합을 익힌 후 문장을 통해 의미를 나중에 제시하는 파닉스(phonics) 방법과는 반대로 학습자들의 개인적인 경험을 바탕으로 먼저 상당한 양의 의미있는 자료들을 읽으면서 전체적인 의미를 파악한 후 낱개의 소리와 단어를 가르칠 것을 제시하고 있다. 또한 언어학습 초기 단계부터 곧바로 자기의 생각과 발견한 내용을 말이나 글의 형식으로 전달하는 법을 가르칠 것을 주장하고 있다.

전체 언어 이론의 주요한 장점은 문학성이 뛰어난 내용의 독서를 강조한다는 것이다. 문학을 선정할 때 그 기준은 다양한 읽기 자료들을 선택하되 내용은 반드시 특수한 발음이나 어휘 목록에 맞추기 위해 고안되는 것이 아니라, 진정성 있고 풍부한 의미를 담고 있어야 한다는 것이다(Maley, 2001). 전제 언어 이론에서는 학생들의 기독교 세계관 개발에 도움이 되는 자료들을 집어넣을 수 있고 그러한 작품들을 읽고 토의함으로써 학생들에게 기독교적인 감수성과 이해력을 길러줄 수 있다. 물론 모든 작품들이 기독교적이어야 한다는 말은 아니다. 비기독교인들이 쓴 문학 작품도 잘 고르기만 하면 학습자들의 지평을 넓힐 수 있고 하나님의 창조 세계의 어떤 양상에 대해 유익한 통찰을 보여줄 수도 있다.

언어를 보는 관점에 따라 교수법이 달라지는 것과 마찬가지로 언어를 보는 시각에 따라 교수할 내용(teaching content)이 달라진다. 이러한 측면에서 전체 언어 교수방법은 하나님의 형상으로 창조된 언어를 하나의 유기체로 보고 언어가 사용되는 문화적 맥락에서 기능적이고 창조적으로 사용되어야 한다는 기독교적 관점에 적합한 교수방법이라 할 수 있겠다.

5.3.2 내용 중심 교수법(Content-Based Instruction, CBI)

내용 중심 교수법은 언어학습과 내용학습의 전체적인 통합을 도모한다는 점에서 언어 자체에 한정된 기존의 외국어 학습방법과 구별된다고 할 수 있다. 이 교수방법은 교과내용(content)을 통한 언어학습이 학습자의 학습동기 유발을 촉진하고 학습자의 기존 경험을 학습에 반영하여 사용맥락 속에서의 언어사용(use)에 초점을 맞추고 있다. 이러한 점에서 CBI는 언어와 교과내용을 동시에 학습함으로 인해 학습자들이 둘 다 개발하도록 도모하고자 했다는 데 그 특징이 있다(Lyster, 2007). 특히, CBI의 학습내용과 학습활동이 학생들의 언어적, 인지적, 정의적 요구에 상응한다는 점을 강조하면서 Stryker와 Leaver(1997)는 교사들이 학생들의 학습에 대한 반응을 항상 주의 깊게 모니터하고 학생들의 언어적, 인지적 요구에 부응하기 위해서 다양한 교수책략을 활용하는 것이 필요하다고 강조한다.

한편 Purgason(1994)은 기독영어교사가 진실한 기독교인으로 인격을 갖추었다는 것만으로는 충분하지 않다고 하면서 영어교수를 통해 하나님 나라의 도래와 이 세상을 향해 복음 증거하는 역할까지도 감당해야 한다고 강조한다. 그 가능성으로 다양한 교실활동들을 활용하는 방안을 들고 있는데 무엇보다도 교수자의 기독교적 교수접근방식이 중요하다고 인식한다. 그녀는 가치와 관련된 활동(value-related activities), 경험학습과 프로젝트 활동, 문화학습, 그리고 CBI를 적절한 대안으로 제시하였다. 이 CBI 교수방법은 언어의 네 가지 기능의 유기적 통합과 동시에 비판적이고 창의적으로 읽고 쓰게 하는 언어학습을 가능하게 해준다고 할 수 있다.

5.3.3 다중지능(Multiple Intelligences) 활용

심리학자 Gardner가 제시한 다중지능 이론은 학습자들의 독특한 은사를 이해하고 그들이 잘하는 것들을 계발하고 격려하도록 돕는 학습방법에 많은 시사점을 주고 있다. 초기에 Gardner(1983)는 IQ에 관한 전통적인 사고와는 다르게 인간의 지적 활동을 서로 독립적인 7개의 능력으로 구분했다. 그후 그는 자연주의자 지능을 추가했는데, 대표적으로 소개되는 다중지능 8가지를 제시하면 다음과 같다.

① 언어적 지능(linguistic intelligence)
② 논리·수학적 지능(logical-mathematical intelligence)
③ 음악적 지능(musical intelligence)
④ 공간 지각 지능(spatial intelligence)
⑤ 신체·운동 감각적 지능(bodily-kinesthetic intelligence)
⑥ 자연주의자 지능(naturalist intelligence)

⑦ 대인 관계적 지능(interpersonal intelligence)

⑧ 자기성찰적 지능(intrapersonal intelligence)

이와 같은 지능들은 모든 학생들이 어느 정도는 다 가지고 있지만 나타나는 정도가 개인마다 다르다. 학생들은 각 지능을 어느 정도까지는 발달시킬 수 있으며, 특히 교수학습의 환경 조성의 다양화를 통해 지능 발달이 촉진될 수 있다. Gardner의 다중지능 이론의 교육적 시사점 중 기독교적 측면에서 긍정적으로 고찰할 수 있는 내용으로 교수법의 다양성, 개인의 능력에 맞는 개별화된 교수법, 통합교육과정, 교육내용의 다양화, 교육평가의 다양화, 특수교육에의 적용 등을 들 수 있다(정희영, 2006). 이중 다중지능 이론이 시사하는 개별화된 교수법은 기독교교육에서 추구하고 있는 지향점이라 할 수 있겠다.

Gardner의 이러한 이론은 특히 언어교수에 많은 영향을 미치고 있다. 교사들은 학습자들의 각각 다른 재능을 인정하여 이전의 전통적인 수업에 중요시되었던 언어적, 논리-수학적 지능에만 국한하지 않고 여덟 가지 지능을 최대한 개발시키도록 다양한 학습활동들을 제공해야 한다. 어떤 학생이 한 가지 방법으로 잘 배우지 못한다고 해서 꾸짖기보다는, 하나님이 인간을 창조하실 때 부여하신 다양성을 찬양하도록 학습을 설계해야 한다(함영주, 2012). 물론 모든 지능들과 관련된 활동이 모두 교수학습 계획에 반영되어야 하는 것은 아니다. 최소한 수업 활동이 한두 가지의 제한된 교수방식에 의존하는 것을 탈피하고 학습자의 잠재력을 최대한 발휘하도록 유도하는 다양한 학습활동을 교사가 마련하여 학습자들의 학습에 대한 권리와 능동적인 참여를 유도하는 것이 다중지능을 활용한 학습의 장점이라 할 수 있겠다.

5.3.4 멘토링(Mentoring) 학습

멘토링은 인격에 초점을 맞추어 멘토의 상대가 온전히 하나님 아래 살아가는 하나의 인격체라는 것을 깨닫도록 도와주는 것이다. 코칭과 멘토링은 일대일 양육이라는 점에서 유사한 면이 있으나 이 둘 사이에는 상당한 차이가 있다. Hull(2006, 박규태 역, 2009)에 의하면 코칭은 기술을 습득시키고 무언가를 하도록 준비시키는 데 초점을 맞추지만, 멘토링은 사람들이 삶의 의미를 깨닫도록 도와준다는 것이다. 기독교 교육 전문가인 Hendricks 교수에 의하면 "멘토는 다른 사람을 성숙시키고 또 계속 성숙해 가도록 도와주며 그가 그 자신의 생애의 목표를 발견하도록 도와주는 데 자신을 헌신한 사람"(박건, 2006, p. 16, 재인용)이라고 정의한다.

멘토링 학습방법은 현대사회에 급격한 정보기술의 발달과 극명한 개인주의로 인한 각 개인 간의 소외, 특히 청소년의 경우는 학습에 대한 심리적 중압감 등으로 인한 학습의욕 상실 등에 대한 대안방법을 제시한다. 멘토링은 21세기의 새로운 스승 및 지도자 상으로 부각되고 있고 이미 많은 교육 현장과 목회현장에서 활용되고 있다. 일반적으로 스승과 학생의 관계는 물론, 특별히 교육실습에서 교과 담당교사와 실습생간, 교회에서 목자와 제자훈련생의 관계에 멘토링의 개념이 폭넓게 사용되고 있다(박건, 2006; Fletcher, 2000).

한국 대학생과 중학생 간의 멘토링을 연구한 이길영과 황명식

(2004)은 개인별 영어학습 멘토링 및 생활상담이 학습자들의 영어학습 흥미도 및 자신감 증진에 기여했다고 연구를 통해 발표하였다. 이 연구는 대학생들과 청소년들의 따뜻한 인간관계 속에서 청소년의 영어학습에 동기부여는 물론 보다 더 긍정적인 학습태도와 가치관을 갖도록 변화를 줄 수 있다는 시사점을 제시한다. 영어학습 지도에서 멘토링을 적용한 연구들(문지연, 이소영, 2012; 이혜정, 임현우, 2018)은 일대일 멘토링이 학습자에게 영어학습을 위한 긍정적 언어 자아를 계발시켜주고 보다 친밀한 관계형성을 통해 영어학습의 발판이 되는 정의적 요인을 충족시켜준다고 밝히고 있다.

기독교적 관점에서 보면, 멘토는 기독교인으로 교육에 대한 사명감은 물론 학습자의 삶의 전 영역에서 성숙하도록 도와주고 돌봐줄 수 있는 정신적 시간적 희생을 감수할 수 있는 사람이어야 한다. 멘토링 학습에서는 멘토와 멘토리간의 신뢰관계 형성이 무엇보다도 중요하다. 이런 점에서 일반교사보다 이타적이고 자기희생적 정신, 그리고 학습자의 계발 가능성에 대한 기대감 등으로 훈련된 기독교인 교사 또는 훈련과정에 있는 예비교사들이 영어교육에 시도해볼 만한 방법이라 하겠다. 이처럼 학습자 개개인의 특성을 이해하고 이를 바탕으로 학습자의 영적, 정의적, 그리고 인지적 성숙을 도와주는 멘토링 방법은 기독교적 영어교수 방법의 하나로 소규모 그룹지도에서 활용될 가능성이 높다.

5.3.5 공동체 언어 학습법(Community Language Learning, CLL)

공동체 언어 학습법은 원래 Rogers의 인본주의적 심리학에 영향을 받은 Curran(1972)이 상담 학습(counseling learning)의 원칙에 의거하여 개발한 교수방법이다. 이 교수방법의 핵심 요소를 살펴보면, 첫째 학습자를 보는 관점이 학습자의 정서적 측면을 중시하여 학습자를 '전인적 인간(whole person)'으로 보고 학습자의 지적, 감성적, 신체적 온전한 인간으로서 장성한 분량에 충만하기까지 교육하는 것을 목표로 한다. 여기서는 새로운 언어를 학습 함에 있어 자신의 모국어를 얼마든지 활용하도록 하는데 이는 학습자의 사전 지식이나 경험을 소중히 함으로써 학습자의 독특한 특성까지도 존중해주는 방식이라 하겠다. 둘째, 교사는 함께 둘러앉은 학생들의 원 밖에서 그들이 말하고자 하는 것을 목표어로 바꿔 표현해주는 조력자 또는 상담자의 역할을 한다. 이러한 상담자로서 교사는 학습자가 새로운 외국어학습으로 인한 긴장감, 부담감 등을 극복하도록 도와주고 학습자를 현 상태에서 이해하고 그대로 받아주도록 최선을 다해야 한다(Larsen-Freeman & Anderson, 2011).

Stevick(2002)은 이 CLL이 두 가지 점에서 기독교적인 아가페 사랑을 구체화시키고 있다고 주장한다. 첫째는 학습 초기 단계에 교사는 학생보다 낫다는 우위 의식과 모든 것을 다 알고 있다는 허세를 버리고 학습자들의 언어적 정서적 필요에 맞추어 자신을 낮춘다는 점이다. 두 번째는 점차적으로 학습자들의 수준이 올라가면서 학습자들이 교사들의 언어적 정서적 필요에 순응한다는 것이다. 다시 말하면, 교사들의 수정(correction)이나 지적사항들을 받아들임에 있어 교사와의 인격적인 관계를 형성하게 됨을 말한다.

학습이 일어나는 교실은 하나의 작은 인간공동체로서 삶의 풍부한 가능성을 경험하는 작은 사회라 할 수 있다. 이는 학급이 하나의 공동체로서 아이들이 타인과의 관계 속에서 각자의 능력을 받아들이고 사용하는 것을 배우며 공동의 목표를 위해 협력해서 일하는 가운데 배움이 일어나는 것을 말한다. 학급이 하나의 학습공동체로서 기능하기 위해서는 교사는 학생들에게 상담자 또는 조력자(facilitator)가 되도록 노력해야 하고 학생들 간에도 배려와 협력으로 서로 인격적으로 대할 수 있도록 학습 환경을 조성해야 할 것이다. 이런 점에서 공동체 언어 학습법은 기독교적 교수원리에 부합하는 적절한 방법이라 할 수 있겠다.

5.3.6 협동학습(Cooperative Learning)

협동학습은 학습자들이 그룹에서 다른 학습자들과의 상호작용을 통해 배우는 것을 말한다. Kagan(1994)은 현대 정보기반, 고도의 기술발달, 경제적 상호의존 사회에서 협동학습은 학습자들의 사고력 발달뿐만 아니라 의사소통 기술, 사회적 기술 향상을 도모한다고 강조한다. 협동학습에서는 그룹 자체가 갖는 특성보다 교사와 학생들이 서로 협력하는 방법을 배워가는 과정이 더 중요시된다. 따라서 교사는 학생들에게 협동적이고 사회적인 기술(social skills)을 가르쳐서 학습자들이 서로 협력을 통해 더 효과적으로 배울 수 있도록 도와주어야 한다.

협동학습은 긍정적인 상호의존, 개인적인 책임, 동등한 참여, 그리고 동시다발적 상호작용의 원리에 의해 운영된다. 교사는 학습자 서로 간에 가르침과 배움의 나눔을 통하여 학습공동체를 만들고 경쟁적이고 방어적인 학습 환경을 조장하기보다 소그룹을 통해 학습자들이 서로 부족한 부분을 채워주고 스스로 학습에 책임을 느끼도록 해야 한다. 이러한 원리에 따른 협동학습 방법은 타인에 대한 배려와 섬김, 공동체 협력을 중시하는 기독교적 가치를 잘 반영하고 있어 실제 기독교적 영어교육 현장에서도 널리 접목되어 활용되고 있다(김민정, 2019).

협동학습을 기독교적 교수 학습방법으로 평가할 수 있는 근거는 크게 세 가지로 요약할 수 있겠다. 첫째, 협동학습은 학습공동체를 지향하는 교수 학습방법이다. 이런 점에서 협동학습은 방법 그 자체가 기독교적이라기보다는 학습공동체를 건설하기 위한 유용한 도구라는 점에서 그 의미를 찾을 수 있다. 둘째, 협동학습의 기본 원리가 성경적이라는 것이다. 성경의 구절에서 그 근거를 찾을 수 있는데, 공동체 생활의 중요성(사도행전 2:41-47, 로마서 12:3-13), 개인의 책임이 공동체에 미치는 영향(여호수아 7:1-25), 동등함 참여를 통한 사회적 약자와 소외자에 대한 배려(레위기 25장, 마가복음 2:15), 동시다발적 상호작용을 통한 효율성의 극대화(느헤미야 4:16, 사도행전 6:1-7) 등이다. 세 번째, 협동학습의 원리를 적용한 다양한 수업 모형들이 기독교적인 의미를 함축하고 있다는 사실이다. 즉, 긍정적인 상호의존성을 극대화한 과제 분담 학습모형(Jigsaw), 성적에 상관없이 누구나 그룹 점수에 기여할 수 있도록 고안된 성취과제 분담 모형

(Student Teams-Achievement Division, STAD) 등이 그룹에서의 갈등을 긍정적으로 이해하고 해결하도록 도움으로써 상대방에 대한 배려와 협동심을 함양할 수 있다는 것이다. 협동학습에 대한 보다 구체적인 특성과 다양한 구조 및 유형별 수업 활동은 제9장에서 상세히 다루도록 하겠다.

요약

본 장에서는 기독교적인 신념과 실제 교실에서의 언어교육 방법의 접목 가능성을 시도하고자 영어교수법에 대한 이해를 제공하고자 하였다. 외국어 교수법의 시대적 흐름을 Stevick(2002)이 제안한 것처럼 현재 사용되는 교수활동이나 교수방법 등을 재검토하고 필요하다면 재구성하여 기독교 원리에 부합하도록 절충하는 방법을 제안하고자 하였다. 이를 위하여 기독교적 영어교수의 원리를 도출하였고 구체적으로 그 원리에 부합한다고 여겨지는 영어 교수방법의 예를 제시하였다.

기독교적 영어교육 방법의 원리로 언어의 통합적 학습의 원리, 학습자의 가능성과 다양성을 펼치도록 하는 원리, 그리고 학습자 중심의 협력과 상호작용 원리 이 세 가지를 제안하였고 이러한 기독교적 영어교수 원리에 어느 정도 부합한다고 여겨지는 교수학습 방법들을 각각 논의하였다. 결론적으로 기독교적인 영어교수 학습방법은 학습자가 하나님의 형상을 지닌 영적이고 독특한 존재로 인식되고 창조적인 언어능력의 사용까지도 가능하도록 하여 자신의 내적계발뿐만 아니라 공동체를 이루어 가는데 사랑과 섬김의 역할을 감당하도록 설계되어 할 것이다.

읽어볼 만한 자료

함영주. (2012). *심장을 뛰게 하는 가르침의 기술*. 서울: 소망플러스.

Howatt, A. P. R. (2004). *A history of English language teaching* (2nd ed.). Oxford: Oxford University Press.

Larsen-Freeman, D., & Anderson, M. (2011). *Techniques and principles in language teaching* (3rd ed.). Oxford: Oxford University Press.

Murphy, D. (1995). *Comenius: A critical reassessment of his life and work*. Dublin: Irish Academic Press.

Richards, J. C., & Rogers, T. S. (2014). *Approaches and methods in language teaching* (3rd ed,). Cambridge: Cambridge University Press.

Van Brummelen, H. (2009). *Walking with God in the classroom* (3rd Ed.). Colorado Springs: Purposeful Design Publications.

Van Dyk, J. (2000). *The craft of Christian teaching: A classroom journey*. Sioux Center, IA: Dordt Press.

제6장
영미문화교육에 대한 이해

미리 생각해볼 질문들

† 외국어교육에서 문화는 어떻게 정의내릴 수 있는가?

† 외국어교육에서 문화학습의 목표는 무엇인가?

† 세계어로서의 영어교육에서 문화교육의 방향은 어떠한가?

† 타문화와 타문화권 사람들에 대한 기독교적 시각은 어떠한가?

언어와 문화는 긴밀한 상호관계에 있으며 외국어교육에서 목표 언어와 함께 그 목표 언어권의 사회와 문화에 대한 이해는 매우 중요한 부분이다. 오늘날 영어교육에서 영미문화교육은 영어사용의 세계화 추세와 함께 목표어인 영어권 문화에 대한 지식에 국한하지 않고 문화간 의사소통에 초점을 두어야한다는 인식으로 전환되고 있다. 본 장에서는 외국어교육에서 문화교육의 중요성을 인식하고 문화교육에 대한 이론을 검토한 후 이를 기독교적인 관점에서 조명해보고자 한다. 이를 위해 먼저 외국어학습에서 문화의 개념과 문화교육의 내용을 고찰한 후 문화간 의사소통 능력에 대해 살펴보기로 하겠다. 마지막으로 기독교적 입장에서는 영미문화교육을 어떻게 접근할 것인지 방향을 제안하고자 한다.

6.1 외국어교육에서 문화의 정의

외국어교육에서 문화는 흔히 두 가지로 크게 분류되는데, 이는 대문자 C로 대표되는 큰 문화(big culture)와 소문자 c로 대표되는 작은 문화(small culture)이다. 큰 문화는 역사, 음악, 문학, 예술, 건축, 정치, 경제 제도 등 사람들이 이룩한 가시적인 외연적 문화를 말한다. 반면 작은 문화는 일상생활의 행동양식, 태도, 신념, 가치관 등 집단이 공유하는 행위나 사고방식과 관련된 내연적 문화이다. 이것들은 비록 외연적 문화처럼 명시적으로 관찰할 수는 없지만 한 사회를 구성하는 개개인의 삶과 정신적인 부분에 큰 영향을 미친다(DeCapua & Wintergerst, 2016). 대문자 문화의 경우는 주로 교실에서 읽기자료를 통해 문화에 대한 지식습득이 이루어진 반면, 소문자 문화의 경우는 목표 언어의 사용을 통해 그 문화권 사람들과 의사소통을 하면서 습득하게 되는 다양한 지식 등이 포함된다고 할 수 있다.

미국의 외국어교육전문가협의회(American Council on the Teaching of Foreign Languages, ACTFL)는 문화교육과 연관하여 문화를 크게 세 가지로 나누어 정의한다. 이는 문화적 산물(cultural products), 문화적 행위(cultural practices), 그리고 문화적 관점(cultural perspectives)이다(ACTFL, 1996). 문화적 산물은 책, 음식, 음악, 미술 등을, 문화적 행위는 그 문화 구성원 간의 행동양식을, 그리고 문화적 관점은 구성원들의 이념과 세계관을 말한다. 이 세 가지는 문화를 구성하는 전통적인 개념인 부산물(artifacts), 행동(actions), 의미(meanings)와 유사한 개념으로 서로 밀접하게 연관되어 있다고 할 수 있다.

Moran(2001)은 이 세 가지 요소는 문화를 이해하는데 기본적인 내용을 제공하지만 그 문화의 구성원인 사람(persons)과 지역사회(communities)를 제외하고는 실제 적용이 불가능하다고 주장한다. 그는 다섯 가지 요소를 포함하여 문화를 다음과 같이 정의하고 있다.

> 문화는 사람들(persons) 그룹의 생활양식이 서서히 발전한 형태로 이것은 공유된 문화적 산물(products)과 문화적 행위(practices)로 구성되며, 이들은 그 지역사회(communities)의 공동체 구성원들 간에 공유된 관점이나 가치관(perspectives)에 근거하고 있다(Moran, 2001, p. 24).

한편 Weaver(2000)는 문화간 의사소통이 어려운 이유를 설명하기 위해 문화를 빙산(iceberg)에 비유하고 있다. 언어는 빙산의 표면 중 가장 윗부분에 해당한다고 할 수 있는데, 이는 언어와 행동을 통해 우선 타문화권과 접촉하기 때문이다. 그러나 그 기저에는 가치, 신념, 사고방식 등 보다 심층적이고 내면적인 문화의 특성들이 자리잡고 있다. 이러한 내면적 가치의 표면화가 언어이므로 문화간 의사소통이 어려울 수밖에 없는 것이다. 문화간 의사소통에서 흔히 일어나는 문화간 충돌(culture clash)이나 문화충격(culture shock) 등은 상대방 문화의 표면적 그리고 내면적 이해가 없이는 성공적인 의사소통이 어렵다는 사실을 말해주는 예이다.

문화의 정의는 시대의 변천에 따라, 학파에 따라, 또는 학자에 따라 의견이 달라질 수 있음을 알 수 있다. 하지만 지구촌시대의 영어 사용에 있어서 다양한 문화권 사람들이 영어를 사용하여 의사소통을 할 때 이러한 문화의 특성들이 대화자간의 의사소통에 미치는 지대한 영향에 대해서는 의심의 여지가 없을 것이다.

6.2 외국어 문화교육의 내용 및 목표

외국어 문화교육의 내용은 문화교육의 접근 방식에 따라 달라진다고 할 수 있다. 외국어교육에서 문화학습에 대한 접근은 크게 외국 문화적 접근(foreign-culture approach), 문화간 접근(intercultural approach), 그리고 다문화적 접근(multicultural approach)으로 구분할 수 있다. 외국 문화적 접근은 특정 외국 문화와 그 민족에 대한 문화양상에 초점을 두고 교육하는 것을 말한다. 이에 반하여 문화간 접근은 외국 문화를 알게 됨으로써 그것이 학습자들 자신의 문화에 어떤 영향을 주는지, 그리하여 자기의 문화를 어떻게 발전시켜야 하는가에 더 관심을 두고 있다. 다문화적 접근은 다문화 사회로 바뀌는 세계적 추세와 문화간의 상호의존, 다민족의 균형에 강조를 둔 복합적이 문화교육방식이라 하겠다.

한편 Lazaraton(2003)은 외국어교육에서 문화가 크게 두 가지 관점에서 다루어졌다고 논하고 있다. 하나는 언어와 문화가 서로 상호보완적이고 밀접하게 연관됨에도 불구하고 문화가 하나의 전수되어온 독립된 개체로 학습해야 할 지식 내용의 측면이다. 여기서 문화학습은 타문화권 사람들과의 효과적인 의사소통과 상호작용을 위해 필요한 문화 특수적(culture-specific)이고 문화 일반적(culture-general) 지식, 기술, 태도를 습득하는 과정이라고 말할 수 있다. 또 다른 하나의 관점은 문화를 언어와 문화가 서로 엮어져 맥락 안에서 사회적으로 구성되는 행동양식으로 보는 것이다. 이것은 문화에 대한 사회구성주의적 관점(Kramsch, 1993)과 유사하다. 다시 말하면, 문화와 언어는 사회구성원들이 의미를 만들어가는 과정이므로 외국 문화를 하나의 고정된 지식체계로 가르칠 수 없다는 것이다.

외국어수업에서 문화교육 내용과 관련하여 Moran(2001)의 문화학습모델은 외국어교사들에게 실제적인 지침서를 제공해준다고 볼 수 있다. Moran(2001)은 문화를 기술함에 있어서 학습자들이 목표 문화와의 상호작용을 통해 문화를 경험하는 것이 매우 중요하다고 강조하면서 문화학습의 과정을 네 단계로 나누었다. 이는 (1) 문화에 관한 사실적 정보를 습득하는 것(Knowing about), (2) 문화 행위나 양식에 대해 습득하는 것(Knowing how), (3) 문화적 가치관이나 신념에 대해 아는 것(Knowing why), 그리고 (4) 문화 경험을 통해 자신의 정체성에 대해 인식하는 것(Knowing oneself)이다. Moran은 문화학습을 다음과 같이 학습 내용, 학습 활동, 학습 결과 그리고 경험학습 유형으로 나누어 구체적으로 제시하고 있다.

<표 6-1> Moran(2001)의 문화학습 모델

유형 / 단계	학습 내용	학습 활동	학습 결과	경험학습 유형
정보 습득	문화 정보	정보 수집	문화 지식	기술 (성찰적 관찰)
문화 행동 익히기	문화 양식	기술 개발	문화 행위	참여 (구체적 경험)

가치관이나 신념 이해	문화 관점	해석 및 발견	문화 이해	해석 (추상적 개념화)
자기 내면화	자신	성찰	자기 인식	반응 (능동적 실험)

(출처: Moran, 2001: 18)

문화학습의 목표에 대한 모형들이 외국어교육 및 문화간 교류 분야에서 여러 학자들에 의해 제시되었다. 그중 학습자가 두 문화간의 차이에 반응해 가는 인지적 과정을 발달단계별로 보여준 Bennett(1993)의 문화학습모델을 소개하고자 한다.

Bennett(1993)는 사람들이 타문화권을 접하게 되면 우선 자기문화 중심주의(ethnocentrism) 시각에서 우주를 바라보게 되는데, 여섯 가지의 발단 단계를 거쳐 자기문화 상대주의(ethnorelativism) 시각으로 바뀌면서 성장하게 된다고 주장한다. 여기서 자기문화 중심주의는 성공적인 문화간 의사소통에 있어 주요 장애물로 여겨진다. 이는 "자기문화 우월성에 갇혀 다른 세계관으로 세상을 바라보고 인식하는 것을 가로막기 때문"(Bennett, 1993, p. 22)에 학습자들이 이를 인지적 사고로 극복할 수 있도록 해야 한다. 그가 제시하는 문화간 감수성 발달 모델(Developmental Model of Intercultural Sensitivity)의 여섯 단계를 보면 다음 <표 6-2>와 같다.

<표 6-2> Bennett(1993)의 문화간 감수성 발달 모델

거부	방어	최소화	수용	변용	통합
고립 분리	과소평가 우월성	보편성	행동의 차이에 대한 존중 가치관의 차이 존중	감정이입 다문화주의	상황에 따른 상대적 평가
자기문화 중심적 단계 (Ethnocentric Stages)			자기문화 상대적 단계 (Ethnorelative Stages)		

첫 단계에서는 자신의 세계관이 타당하다는 인식하에 문화간의 차이를 거부(denial)하는 단계인데, 이때는 주로 낯선 환경에서도 유사한 것들에 초점을 두어 인식하려는 경향이 있다. 점차 문화간 차이점들을 더 이상 거부할 수 없게 되는 시점이 되면 이러한 다른 차이점으로부터 자신의 신념체계를 보호하고자 하는 방어(defense)단계가 된다. 세 번째는 이러한 차이점이 유사성, 보편성이라는 개념 하에 최소화(minimization)되는 단계이다. 이것은 자기문화 중심적 사고의 마지막 단계로, 문화적 차이를 극복하는데 있어서 어느 정도 대처할 수 있는 능력을 보이는 시점이다. 여기서 다음 단계로 넘어가는데는 사고의 전환점이 필요하다. 네 번째 수용(acceptance)은 타문화를 완전히 인정하고 수용하는 것이라기보다는 타문화의 존재와 타당성을 지식적으로 이해하려는 자세라 볼 수 있다. 마지막 두 단계인 변용(adaptation)과 통합(integration)은 실제 외국 문화를 경험함으로 인해 발달되는데 여기서는 문화적 행위나 사고를 객관적이고 문화상대적인 시각에서 평가하고 바라보게 된다. Bennett(1993)의 문화에 대한 감수성 발달 모델은 문화간 차이에 적응해나가는 학습의 단계를 다루고 있어 문화간 의사소통 개발에 목표를 둔 외국어교육에 시사하는 바가 크다고 하겠다.

6.3 세계어로서의 영어와 문화간 의사소통 능력

6.3.1 세계어로서의 영어 사용 확대

세계어(international language)란 국가 간에 또는 한 국가 내에서도 개인 간의 의사소통 도구로 폭넓게 사용되는 언어를 말한다. 영어는 이제 세계어로서의 영어(English as an international language, EIL)로, 또는 지구촌의 공용어로 자리매김을 하고 있다. 영어가 세계어로 사용되고 확산되는 데는 크게 몇 가지 요인을 들 수 있다. 하나는 인터넷상의 영어 사용 점유율이 80% 이상이 된다는 사실이고, 또 하나는 1990년대 이후 영어 사용자 중 모국어로서의 영어(English as a native language, ENL)보다 제 2언어로서의 영어(English as a second language, ESL)를 사용하는 세계 인구가 더 많아졌다는 사실이다(Crystal, 1997).

영어확산에 대한 설명 중 가장 영향력있는 모델은 Kachru(1985)가 제시한 세계영어 사용의 세 권역이라 할 수 있다. Kachru는 세계적인 영어사용의 분포를 내부의 원, 외부의 원, 그리고 확장된 원의 세 범주로 나누어 설명한다. 가장 중심인 '내부의 원(Inner circle)'에는 영어의 본거지인 미국, 영국, 캐나다, 호주, 뉴질랜드 등이 포함되며 3억2천-3억8천만 명 정도의 인구가 그 사용자에 해당된다. 두 번째 원인 '외부의 원(Outer circle)'에는 영국이나 미국의 식민지였던 국가들(인도, 필리핀, 싱가포르 등)이 포함되었는데, 인구는 1억 5천-3억 명 정도이다. 세 번째 가장 외곽의 원인 '확장된 원(Expanding circle)'에는 영어를 외국어나 국제어로 인정하는 나라들이 포함되었는데 1억-10억 정도의 영어 사용이 가능한 사람들이 있다. Kachru의 이 통계는 'Encyclopedia Britanica 1984, Book of the Year'에 의한 것으로, 오늘날 시점에서 보면 '외부의 원'과 '확장된 원'에서 나날이 엄청난 증가를 보인다 할 수 있다.

세계어로서의 영어 사용 확대와 더불어 기존의 영미문화교육에 대한 시각도 변화할 필요성이 제기된다. 기존의 외국어로서의 영어(EFL) 교육에서는 대화 상대자가 영어권의 사람임으로 대화 상대자의 문화 곧 영어권의 문화가 목표 문화이지만 세계어로서의 영어(EIL)교육에서는 대화 상대자가 영어권 사람이 아닌 경우가 더 많아져 대화 상대자의 문화가 바로 영어권의 문화라고 볼 수 없기 때문이다. 이에 따라 학습자로 하여금 그들이 학습하는 특정한 문화와만 관련을 맺기보다는 문화와 문화 간의 유사점과 차이점을 알고 그에 맞게 의사소통할 수 있도록 준비시키는 문화교육이 필요하다.

이런 맥락에서 외국어 문화교육의 목표는 외국어교육에서 학습대상이 되는 원어민 화자 중심의 목표어에 한정된 문화교육이 아니라 문화간 접근방식의 문화교육으로 관심과 초점이 옮겨져야 한다고 학자들은 주장한다. Kramsch(1993)는 외국어학습자들은 결코 목표 문화에 합류될 수도 없고 또 자국 문화와도 같을 수 없기 때문에 그들이 사회적 맥락에서 구성한 전환적 지식의 가치를 인정하는 공간인 제3의 문화공간(the third places)의 필요성을 주장하고 있다. 이는 외국어 화자들이 외국어를 사용할 때 목표 문화 혹은 모국 문화 중 어느 한 쪽에 소속된 상태에서 세계를 사고하고 이해하는 것이 아니라 그들만이 형성하는 모국어와 목표어의 중간 지점인 제3의 공간과 사고체제에 따라 세계를 인식한다는 것이다. 이러한 제3의 문화학습을 위해서는 간문화성 영역(sphere of intercuturality)을 확립하고, 문화는 의례히 다르다는 차이로서의 문화 나아가 하나의 문화 내에도 다양한 하부문화가 존재한다는 인식이 필요하다.

Byram(1997)은 이러한 문화간 의사소통 능력 중심의 외국어교육에 의견의 일치를 보이면서 외국어 학습자들이 궁극적으로 원어민 화자(native speaker)처럼 되는 것이 아닌 '문화간 화자(intercultural speaker)'가 되어야 함을 강조한다. 문화간 화자는 "자기 문화와 다른 문화와의 바른 관계를 정립하고 어떤 문화적 배경을 가진 사람과의 대화에서도 차이점과 공통점을 발견하고 우호적인 관계를 형성할 수 있는 사람"(Byram, 1997, p. 32)을 말한다. 의사소통 능력은 언어적 능력, 담화 능력, 전략적 능력 그리고 사회 언어학적 능력을 포함하는데 특히 언어가 사용되는 원어민 화자의 사회문화적 규범을 중시하고 있다. 이때 사회문화적 규범은 학습자와 상관없는 원어민의 규범을 지향하였기 때문에 학습자들은 수동적으로 이를 받아들이고 익혀야하는 것이다. 이에 반하여 문화간 의사소통 능력은 서로 다른 문화권의 화자들이 동등한 위치에서 서로 간에 책임을 갖고 의미를 협상하기 때문에 종속적, 일방적이 아니라 평등적이며 상호작용적이라 할 수 있다.

6.3.2 문화간 의사소통 능력

그렇다면 과연 문화간 의사소통 능력의 정의는 무엇이며 문화간 의사소통 능력의 구성요소는 무엇인가? Byram과 Fleming(1998)은 문화간 의사소통 능력은 서로 다른 문화를 바탕으로 한 대화에서 “자기 문화와 다른 문화의 관계를 정립하고, 그 차이를 중재하고 설명하며, 궁극적으로 그 차이를 수용하여 이면에 있는 공통적인 인간성을 볼 수 있는 능력”(p. 10)이라고 정의하고 있다. 다시 말해 문화간 의사소통 능력은 자신의 문화뿐만 아니라 다른 문화와 그 사회의 정체성을 알고 있어 어떠한 상황에서나 어떤 문화적 배경을 가진 사람과의 대화에서도 차이점과 공통성을 발견하면서 우호적인 관계를 형성해 갈 수 있는 능력을 말한다. Byram(1997)은 문화간 의사소통 능력의 구성 요소를 다음과 같이 다섯 가지로 서술하고 있다(pp. 34-38).

① 태도(attitudes): 타문화에 대한 선입견을 일단 보류하고 호기심과 열린 마음으로 접하려는 자세 및 자국 문화에 대한 신념이다. 이는 학습자들이 타문화권 화자와의 동등한 관계에서 기꺼이 상대방 문화를 알아가고자 하는 관심과 적극적인 의사소통 의지를 말한다.

② 지식(knowledge): 자국 및 타문화권의 문화산물, 행동양식, 개인간의 상호작용과 사회적 교류 등에 관한 지식이다. 이 지식은 상대방 문화권에서 공유하고 있는 선험적 지식(declarative knowledge)과 개인이나 상황별로 상호작용을 통해 습득될 수 있는 절차적 지식(procedural knowledge)으로 나눌 수 있다.

③ 해석하고 서로 연관짓는 기술(skills of interpreting and relating): 타문화의 행사나 문서 등을 해석하고 이를 자국 문화와 연관시켜 해석할 수 있는 기술을 말한다. 이는 타문화 화자간의 상호작용 상황에서보다 타문화의 특정 문서나 정보를 해당 문화에 대한 배경지식을 통해 해석하고 번역할 수 있는 능력이라 할 수 있다.

④ 발견과 상호작용 기술(skills of discovery and interaction): 문화 전반에 대한 새로운 지식을 터득하는 능력과 이를 실제 의사소통과 상호작용에 적용하려는 태도와 기술을 말한다. 이는 실시간 의사소통이 이루어지는 상황에서 타문화에 대한 개인의 지식, 태도, 상호작용 기술들을 모두 적절하게 활용할 수 있는 능력이라 할 수 있다.

⑤ 비평적 문화에 대한 인식 및 정치적 교육(critical cultural awareness/political education): 자국과 타문화의 관점, 행동양식, 문화산물 등을 객관적인 시각에서 비평적으로 평가하고 인식할 수 있는 능력이다. 문화간 화자는 문서나 사건을 그 문화의 맥락 안에서 분석할 수 있고 특정 이념이나 사상까지도 명확한 기준을 갖고 평가할 수 있어야 한다.

Byram(1997)의 문화간 의사소통 능력 모델은 이후 유럽공동체의 통합과정에서도 영향을 미쳤다. Prechtal과 Lund(2007)는 여러 학자들의 이론을 종합하여 문화간 의사소통 능력의 요소를 6가지로 정의하였다. 이는 모호함에 대한 관용(tolerance of ambiguity), 행동의 융통성(behavioral flexibility), 의사소통 인식(communicative awareness), 지식발견(knowledge discovery), 타인에 대한 존중(respect for others), 그리고 감정이입(empathy)이다. Prechtal와 Lund(2007)는 이러한 여섯 가지의 요소를 세 단계(초급, 중급, 고급)의 수준으로 나누어 평가할 수 있는 척도를 제공함으로써 문화간 화자가 갖추어야 할 능력의 정도를 더 구체화하고 있다.

이러한 능력은 자신의 정체성을 유지하면서 상대방을 이해하려는 노력이 요구되며, 태도, 지식, 기술 등은 평생동안 계발해 나가야하는 능력이다. 한 걸음 더 나아가 이러한 문화간 의사소통 능력을 갖춘 문화간 화자는 서로 다른 문화권 화자들에 대한 이해 차원을 넘어 당면한 문제나 갈등 해소를 위해 전쟁이나 충돌보다 평화와 화해를 추구하고 선택하려는 의지를 보이는 사람이라 할 수 있다.

6.3.3 문화간 의사소통의 장애 요소

앞서 문화간 의사소통 능력의 요소들을 살펴보았는데, 실제 성공적인 의사소통을 위해서는 첫 번째 단계로 문화간 의사소통에서 문화간 충돌(culture clash)을 일으키는 장애 요소들을 이해할 필요가 있다. Barna(1994)는 문화간의 원활한 의사소통에 장애가 되는 요소(stumbling blocks)를 6가지 요인들로 나누어 제시했다.

① 문화간의 유사성 강조(assumption of similarities): 이것은 '사람 사는 곳은 어디나 다 똑같다'는 가정에서 비롯된 것으로 문화간의 차이점에 주목하기보다는 인간의 삶을 너무나 단순화시키는 성향을 말한다. 이로 인해 차이점에서 오는 충격을 잘 극복하지 못하고 타문화를 인정하고 서로 인내하려는 노력이 부족하게 된다.

② 언어의 차이(language differences): 어휘, 통사, 관용어, 속어, 방언, 화용적 용법 등 모든 언어영역에서 차이점이 소통의 장애물이 되는데, 특히 어휘나 문구에 한 가지 의미만 부여고자 할 때는 더더욱 어려움을 겪게 된다.

③ 비언어적 요소 오해(nonverbal misinterpretations): 제스쳐, 눈마주침,

몸동작 등의 문화적 차이점에 대한 이해 부족에서 오는 의사소통 장애, 특히 비형식적인(informal) 상황에서 의사전달에 걸림돌이 되는 경우가 많다.

④ 선입관념과 고정관념(preconceptions and stereotypes): 개인의 경험이나 인식에 의한 주관적인 판단에 바탕을 둔 선입관념이나 고정관념은 객관적인 견해를 갖는데 방해요소로 작용한다.

⑤ 타문화를 평가하려는 성향(tendency to evaluate): 타문화에 대한 충분한 관찰이나 사고가 없이 자신의 문화를 중심으로 성급하게 판단하려는 성향을 말한다.

⑥ 고도의 불안감(high anxiety): 타문화권에서 경험할 수 있는 여러 가지 불확실함, 불안감 등은 문화충격을 가져오기도 한다.

이러한 여섯 가지 장애물을 인식하고 극복하는 것은 쉬운 일은 아니다. 대부분의 사람들은 훈련이나 자기문화 중심 사고에서 분리되어 점차적으로 다양한 문화에 대한 차이를 극복하고 사고의 폭을 넓혀갈 때 문화간 의사소통도 더 원활해질 수 있다고 Barna(1994)는 강조하고 있다.

6.4 영미문화교육의 기독교적 방향 모색

문화교육에 대한 다양한 접근과 관련하여 외국어교육에서 기독교적인 접근의 필요성이 제기되고 있다. Smith(2009)는 외국어 학습자들이 개발해야 할 능력으로 Byram(1997)이 정의한 문화간 의사소통 능력에 동감하면서, 기독교적인 안목으로 타문화권 사람들에 대한 환대와 그들을 사랑하는 마음의 자세가 첨가되어야 한다고 주장한다. 외국어 문화교육에 대한 기독교적 접근을 위해 Smith와 Carvill(2000)의 책 *The Gift of the Stranger*와 Lingenfelter와 Lingenfelter(2003)의 책 *Teaching Cross-Culturally*에서 시사하는 바를 중심으로 논의하고자 한다. 전자는 기독교 세계관으로 외국어학습과 외국어교육을 어떻게 바라보아야 하는지 그 실제 교육 방안을 제시한 책이다. 후자는 외국어교육과 직접적으로 연관되어 있지는 않지만 선교적 시각에서 타문화권에서 가르치는 교수상황을 다루고 있다. 따라서 이 두 권의 책들의 핵심 내용을 중심으로 외국어 문화교육에 대해 시사하는 바를 차례로 고찰한 후에 앞서 다룬 문화간 의사소통 능력과 연관하여 기독교적 영미문화교육의 방향을 제시하고자 한다.

6.4.1 이방인으로서의 축복과 이방인에 대한 환대

Smith와 Carvill(2000)은 기독교적인 외국어교육에서 중요한 개념 두 가지를 이끌어 내고 있다. 하나는 이방인(stranger)이고 다른 하나는 환대(hospitality)이다. 이방인(stranger)의 개념은 흔히 말하는 '여행자,

방문객, 관광객, 단기 거주자' 등으로 모국어권이 아닌 객지, 타국에서 단기간 혹은 장기간 거주하게 되는 사람을 일컫는다. 성경에서는 이러한 이방인으로 이스라엘 백성들이 이집트에서 나그네 생활을 하였고, 바벨론 포로로 끌려가 이방인이 되어 어려움을 겪었던 예들을 찾아볼 수 있다. 구약성경 출애굽기 23장 9절 "너는 이방 나그네를 압제하지 말라 너희가 애굽 땅에서 나그네 되었은즉 나그네의 사정을 아느니라" 말씀처럼 이스라엘은 애굽에서의 나그네 삶을 통해 환대의 삶을 살아야 함을 권고받았다.

이방인의 개념을 외국어학습에 적용하면, 이는 외국 또는 타문화권에서 학생들이 그 지역의 언어를 사용할 줄 아는 것과 그 언어를 구사함으로 해서 적절한 질문을 하고 그 지역 사람들과의 교류를 통해 서로간의 문화를 비교·대조하여 그들로부터 배움을 얻는 것을 말한다. 다시 말하면, 외국어를 배운 사람으로서 책임과 특권을 가지고 그 목표 문화권에서 하나님의 축복의 도구로 그들을 이해하고 사랑하라는 소명을 말한다. 축복의 통로로 타문화권간의 원활한 의사소통을 위해서는 "목표 문화권의 원어민처럼 되거나 자신의 문화적 정체성을 버리는 것이 아니라"(Smith & Carvill, 2000, p. 73) 타문화권에 대한 이해와 접촉을 통해 자신의 모국 문화를 객관적인 시각으로 바라보고 자신을 수정해 나가는 변화가 요구된다.

두 번째로 환대(hospitality)의 개념에는 두 가지 유형이 있을 수 있다. 하나는 '선한 사마리아인과 같은 환대(good Samaritan hospitality)'이고 다른 하나는 '타국에서 온 외국인에 대한 사랑으로서의 환대(xenophilic hospitality)'이다. 여기서 외국어 학습자들이 가져야 할 덕목은 두 번째 유형인 이방인을 환대하는 것이다. 다시 말해, 외국어 학습자들이 이방인을 하나님의 형상을 지닌 자로 바라보면서 자국에 있는 이방인들을 넓은 마음과 호기심으로 대접하고 그들과 교류하면서 상대방의 입장(otherness)이 되어 그들을 섬기는 태도를 말한다. Smith와 Carvill(2000)은 이방인과 환대에 대한 두 가지 핵심적인 개념으로 기독교적 외국어 문화교육이 지향해야 할 두 가지 소명을 제시하고 있다.

<표 6-3> 기독교 외국어교육의 두 가지 문화적 소명

	이방인으로 축복의 통로	자국에 거주하는 이방인 환대
특징	• 외국 문화권의 사람들의 삶에 대한 관심 및 청취 • 자국 문화와 목표 문화간의 비교 및 대조 • 외국 문화를 바라보는 통찰력과 배우려는 자세 • 외국 땅에서 영적으로 축복의 통로로 사랑받는 존재	• 자국에 있는 이방인이나 외국인들을 진심으로 환영 • 그들에게 환대를 베풂 • 이방인을 하나님의 형상을 지닌 자로 보고 사랑과 관심을 보임 • 이방인 거주자들의 이야기나 경험에 관심 갖고 들을 수 있는 마음의 여유

(출처: Smith & Carvill, 2000)

이러한 기독교적 외국어교육의 소명 중 축복된 이방인으로서의 자세는 단일 언어 및 단일 문화권에서 학습한 한국인 영어학습자에게 시사하는 바가 크다고 본다. 물론 최근 영어권이나 외국 여행의 기회가 잦아져 외국 문화를 접할 기회가 많아지긴 했지만 아직 교실학습에서는 다양한 문화권 화자와의 접촉이나 의사소통이 많지 않은 경우가 많다. 또한 이때까지 영어 원어민 화자의 문화규범 중심의 교육을 받아온 우리나라 영어학습자의 경우 영어권 화자들과는 적극적으로 대화하려는 의지를 보이나 그 외 타문화권 화자들과는 원활한 상호교류를 하지 못하는 경향이 적지 않음을 발견하게 된다(Kim, 2006a). Kim(2006a)은 미국에 이민온 한국인 고등학생들을 대상으로 타문화권 적응에 대한 연구를 하였는데, 한국 학생들이 미국에 와서 겪는 문화충격 중 하나가 다민족 그룹(multiethnic groups)이 미국에 섞여서 산다는 사실을 깨달은 것이라고 했다. 또한 한국인 고등학생들은 미국 학교에서 다양한 문화권 학생들과 쉽게 대화하지 못하고 이들과의 교류를 꺼리는 경향도 있음이 연구를 통해 나타났다.

이러한 현상은 앞서 논의한 Bennett(1993)의 문화간 감수성 발달모델을 참고해서 볼 때, 아직 자기문화 중심주의에서 자기문화 상대주의로 넘어가지 못하고 모국 문화 중심의 세계관에서 사고하며 영어권 이외의 타문화권 사람들을 하나님의 형상으로 바라보지 못한데서 기인한다고 할 수 있다. 이런 점에서 영어학습자들은 축복된 이방인으로서의 소명을 깨닫고 타문화권에 대해 어린이와 같이 선입관념 없이 열린 마음으로 대화하려는 노력이 요구된다고 하겠다.

6.4.2 성육신 모델의 적용

기독교적인 문화교육은 타문화권 사람들을 하나님의 형상을 띤 귀한 존재로 바라보면서 그들을 사랑하고 이해하는 자세를 넘어 더 나아가 예수님의 섬김의 자세를 본받아 성육신 모델(Incarnational model)을 지향해야한다. 다양한 문화권을 넘나드는 문화 교차적인 교수상황에서 교사가 취해야 할 자세에 대해 Lingenfelter와 Lingenfelter(2003)

는 빌립보서 2장 6-7절을 인용하고 있다.

> 그는 근본 하나님의 본체시나 하나님과 동등됨을 취할 것으로 여기지 아니하시고 오히려 자기를 비워 종의 형체를 가지사 사람들과 같이 되셨고(빌립보서 2:6-7)

이는 "예수님은 100% 신성과 100% 인성을 동시에 지녔던 200%의 사람"(Lingenfelter & Lingenfelter, 2003, p. 23)으로 그가 하나님과 동등됨을 취하지 아니하고 동시에 이 땅 가장 낮은 곳으로 와서 종의 형체를 입어 우리를 위해 십자가를 지셨다는 성육신의 모형이다. 이는 타문화권에 가서 가르치는 사람의 입장에서 볼 때, 우리가 만나는 사람들을 사랑하고 그들 가운데 예수님의 종으로 우리가 효과적으로 섬기기 위해서는 우리 자신의 정체성과 가치를 어느 정도 포기하는 것을 의미한다. 따라서 타문화권에서 사역하는 사람들은 150%의 사람, 즉, 75%는 자신의 모국 문화권의 정체성과 75%는 해당 목표 문화권에 동일시 할 수 있는 사람이 되어야 한다는 것이다.

Curran은 성육신의 개념을 학습자와 교수자의 상황에 비유하여 상담 학습과 공동체 언어 학습법에 적용하고 있다. 일반적으로 Curran의 학습모형이 그의 기독교적 신념을 근거로 정립되었다는 사실은 잘 알려져 있지 않다. Smith(2002)는 Curran이 의도한 성육신의 비유에 대해 재평가를 시도하면서 두 가지의 의미를 갖고 있다고 설명한다. 하나는 학습자의 측면에서 학습자가 자기일치성(self-congruence)을 경험해가는 과정인데, 인간은 원래 이성적인 자아와 감성적 또는 육체적인 면의 자신(self)이 서로 동떨어지려는 경향이 있기 때문에 이 두 가지의 모습이 서로 하나로 일치될 때 온전한 모습이 되어 좋은 학습을 경험할 수 있게 된다는 것이다. 다른 한 가지의 의미는 학습자와 교사와의 관계에서 형성되는 것인데, 이는 교사가 지식의 소유자요 가르치려는 언어의 전문가로 특히 초보 언어학습자들을 통제하게 되므로 교사가 성육신의 모습으로 낮아져서 학생들을 섬기고 방어나 거부감을 주지 않아야 한다(Smith, 2002). 여기서 교사는 지배적인 모습이 아니라 학습자의 상태를 이해하고 조용히 그들이 배우고자 하는 것을 옆에서 도와주는 자세로 자신을 겸손히 낮추어야 한다는 것이다. 이 성육신의 두 번째 의미는 우리가 본받아야 할 예수님의 인격과 모습을 닮아가는(Christlikeness) 과정에서 학습자로서 또 교사로서 따라야 할 전형이라고 할 수 있다.

이 성육신 모델은 자신이 하나님의 형상으로 지음 받은 귀한 존재라는 자각에서부터 시작된다. 이는 자신의 모국 문화권에 대한 바른 긍정적인 인식과 자신의 문화에 대한 정체성을 확립하는 것을 말한다. Snow(2001)는 자국 문화에 대한 객관성 확립은 타문화에 대한 예민성을 기르고 모든 문화가 하나님께 속해있음을 인식케 하여 기독교 정체성을 함양시켜준다고 주장한다. 이는 목표 문화권에 대한 일방적인 모방과 학습에 그치던 이전의 외국 문화적 접근이 아닌 문화간 의사소통 접근 방식과 어느 정도 일맥상통하는 점이 있다고 볼 수 있다. 성육신 모델은 문화간 화자로서 요구되는 기본자세보다 훨씬 더 큰 범위에서 학습자의 온전한 인격의 변화와 꾸준한 성화과정을 요구한다고 볼 수 있다.

6.4.3 기독교적 영미문화교육의 방향

여기서는 문화간 화자의 개념을 바탕으로 기독교 문화간 화자(Christian intercultural speaker)를 양육하기 위한 영미문화교육의 방향을 제시하고자 한다.

첫째, 영어를 학습함에 있어 먼저 학습자 모국의 언어와 문화에 대한 바른 정체성 확립이 요구된다. 외국어 문화학습은 우선 자신의 모국 문화에 대한 존중, 정체성, 자신의 문화에 대한 재조명을 통해 새롭게 사회화되고 자기문화에 대한 객관적인 시각을 갖는데서 출발해야 한다. 이는 더 나아가 자신의 모국 문화를 객관적인 입장에서 의식적으로 관찰하고 바라보는 과정이며 비판적 문화인식 사고를 갖게 되는 과정이다. 이를 위해 학습자들이 긍정적이고 객관적으로 자기문화를 관찰하고 성찰할 수 있는 문화학습 경험이 요구된다고 하겠다.

둘째, 타문화권자를 하나님의 형상을 띤 자로 볼 수 있고 하나님이 창조하신 언어의 다양성과 독창성을 이해하고 타언어와 타문화에 대한 존중심이 있어야 한다. 이는 영어학습 동기와 태도 측면에서 보면 통합적 동기(integrative motivation)라 할 수 있는데, 이는 타문화권 사람들에 대한 열린 마음의 자세와 더 궁극적으로 예수님께서 우리에게 의탁한 한 영혼에 대한 관심을 말한다. 이런 점에서 영어를 배우는 것은 타문화권 사람에 대한 사랑의 표현이요 그들을 환대하는 것이라고 하겠다.

셋째, 문화간의 피상적인 차이보다는 타문화권 화자의 영적 필요나 그들 문화내의 갈등이나 고통, 사회적 상황, 역사적 경험까지도 이해하고자 하는 노력이 요구된다. 이를 위해 통찰력을 갖고 그 문화권을 바라볼 수 있어야 하고, 기본 언어능력뿐 아니라 사람들의 목소리에 경청하며 또 올바른 질문도 할 수 있는 기술이 요구된다. 문화간 충돌이나 문화간 의사소통에서 오해가 생겼을 경우 수동적인 자세가 아니라 그 문제의 근본 원인을 분석하고 슬기롭게 문제해결에 대처할 수 있는 적극적인 자세가 필요하다.

마지막으로, 기독교 문화간 화자로서 예수님의 문화명령과 구속명령에 대한 순종이다. 이를 위해 하나님 축복의 통로로 타문화권 사람들을 수용하고 인정하면서 자신을 낮추고 섬기는 겸손한 자세가 요구된다. 이전의 원어민 화자 중심의 영미문화교육이 원어민 화자와 학습자들 간의 종속적, 불균등한 위치를 초래했다면 문화간 화자 중심의 영미문화교육은 서로 동등한 입장에서 다른 문화권 화자와 상호작용을 하는 것이라 볼 수 있다. 여기에 기독교 문화간 화자는 자신을 인정하되 상대방의 입장에서 이해하고 그들을 섬길 수 있는 축복된 이방인이 되어야 한다.

요약

영어는 현재 지구촌 사회에서 문화간 의사소통에 필요한 공용어가 되었고, 세계의 평화적인 공존과 당면 문제들을 풀어나가는데 필수적인 의사소통의 도구가 되었다. 이에 따라 원어민 화자 중심의 문화규범에 대한 습득과 이해를 벗어나 서로 다른 문화권 화자간의 대화에 필요한 문화간 의사소통 능력을 개발하는 문화교육 방안이 필요하다. 이를 위해 본 장에서는 문화에 대한 정의, 문화교육의 내용과 목표, 문화간 의사소통 능력 개발을 통한 문화간 화자 개념을 살펴보았다. 또한 기독교적인 관점에서 영미문화교육의 목표와 기독교 문화간 화자에 대해 논의하였다.

결론적으로, 기독교적 영미문화교육은 타문화권 화자들을 하나님의 형상으로 지어진 고유한 인격체로 타문화권 사람들을 존중하는데서 시작된다. "나 여호와가 의로 너를 불렀은즉 내가 네 손을 잡아 너를 보호하며 너를 세워 백성의 언약과 이방의 빛이 되게 하리니"(이사야 42:6) 라고 성경에서 말씀하셨듯이 우리는 모두 타문화권에 대하여 축복의 통로로 사용되어야 한다. 이는 영미문화교육이 영어를 통해 만나는 타문화권 사람들을 존중하며 예수님의 섬김의 모습을 본받아 타국에서는 축복된 이방인으로 또 모국에서는 이방인을 환대하는 기독교 문화간 화자를 양성하는 것을 의미한다고 하겠다.

읽어볼 만한 자료

Byram, M., & Fleming, M. (Eds.) (1998). *Language learning in intercultural perspective: Approaches through drama and ethnography*. Cambridge: Cambridge University Press.

DeCapua, A., & Wintergerst, A. (2016). *Crossing cultures in the language classroom* (2nd ed.). Ann Arbor, MI: The University of Michigan Press.

Kramsch, C. (1993). *Context and culture in language teaching*. Oxford: Oxford University Press.

Lingenfelter, J., & Lingenfelter, S. (2003). *Teaching cross-culturally: An incarnational model for learning and teaching.* Grand Rapids, MI: Baker Academic.

Moran, P. R. (2001). *Teaching culture: Perspectives in practice*. Boston: Heinle & Heinle.

Smith, D. (2009). *Learning from the stranger: Christian faith and cultural diversity.* Grand Rapids, MI: Eerdmans.

Smith, D., & Carvill, B. (2000). *The gift of the stranger: Faith, hospitality, and foreign language learning*. Grand Rapids, MI: Eerdmans.

제7장
창의성 함양 영어교육에 대한 이해

미리 생각해볼 질문들

† 창의성이란 무엇인가?

† 영어교과 수업에서 창의성 계발은 어떻게 이루어질 수 있는가?

† 창의성 계발과 영성은 어떤 연관이 있다고 생각하는가?

† 창의성 함양을 위한 기독영어교육의 방향은 무엇인가?

글로벌 시대에 역량있는 인재 양성을 위해서는 학생들의 창의성 계발이 매우 중요하다. 영어교과는 다른 교과와는 달리 교과지식이나 내용보다 언어의 기능과 형식을 가르치고 의사소통 능력 함양이 주된 목표이므로 창의적 사고를 계발하는 것은 시도하기 힘들다는 인식이 대부분이었다. 그러나 창의융합형 인재 양성에 대한 시대적 요구에 부응하여 창의성과 영어교육을 접목하는 방안과 그 효과를 검증하는 연구가 시도되고 있다. 이에 본 장에서는 창의성 교육이 무엇인지 먼저 살펴보고, 창의성 교육이 영어교과 수업 활동을 통해 어떻게 실현 가능한지 논의하고자 한다. 그리고 창의성 함양을 위한 영어교육을 기독교적 관점으로 조명하면서 진정한 창의성 중심 영어교육의 방향을 제안하고자 한다.

7.1 창의성과 창의성 교육

7.1.1 창의성의 정의

창의성의 개념을 한마디로 정의 내리기는 결코 쉽지가 않다. 하지만 대부분의 국내외 창의성 연구자들은, 적어도 개념적 수준에서, 창의성은 새롭고(독창적, 독특한, 새로운, 신선한, 예기치 못한) 유용한(적절한, 구체화된, 가치 있는) 유형, 무형의 산출물을 만들어 내는 능력이라는데 동의하고 있다(최인수, 2011; Amabile, 1989; Csikszentmjhalyi, 1996). 그리고 창의성을 인정받기 위해서는 이 두 가지 요소를 만족시켜야 한다고 강조하고 있다.

창의성에 대한 개념을 이해하는데 가장 많이 사용되고 있는 이론은 창의성을 4P로 정의하는 것이다. 4P는 창의적인 사람(person), 창의적인 결과물(product), 창의적인 과정(process), 그리고 창의적 환경(press)을 말한다. 창의적인 사람은 창의적인 개인의 특성이나 성격 태도 등에 초점을 맞춰 창의성의 본질에 접근하는 것이고, 창의적인 결과물은 창의적인 산물의 특징에 관심을 갖고 객관적인 측정과 판단을 시도하는 것을 말한다. 창의적인 과정은 창의적인 사고나 문제해결 측면에 존재하는 사고 과정에 초점을 맞추는 것을 말하며, 창의적 환경이란 창의적 산물에 영향을 주는 환경이나 상황에 관심을 기울이는 것을 말한다. 이중 어느 P에 초점을 두고 접근하느냐에 따라 창의성에 대한 이해와 연구 방향이 달라진다(Kozbelt, Beghetto, & Runco, 2010).

한편 Beghetto와 Kaufman(2010)은 창의성의 수준에 따라 일련의 연속성 차원에서 4가지 범주로 4C 모델을 제시하였다. 이는 탁월한 업적을 남긴 사람 중심으로 '큰 창의성(Big-C)', 전문성 중심으로 '전문분야 창의성(Pro-C)', 일상생활 속에서 발견되는 '작은 창의성(little-c)', 그리고 개인의 경험이나 행동에 대한 의미 중심의 '미니 창의성(mini-c)'이다. 이들은 교사들이 창의성을 큰 창의성이나 전문분야 창의성으로 인식하는 오해를 범하여 교실 수준에서 발현되는 작은 창의성의 중요성을 인식하지 못하는 경향이 있다고 언급했다. 특히, 미니 창의성(mini-c)은 교실에서의 창의성 계발의 가능성을 보여준다고 하면서 산출물의 높은 수준보다는 산출물 도출과정을 중요시하였다.

창의성은 단일 요인에 의해서 결정된다기보다는 다양한 요인들의 복잡한 상호작용을 통해 나타나는데, 그 구성 요소를 크게 인지적, 정의적(성향 및 동기), 그리고 환경적 요소로 구분할 수 있다(조연순, 성진숙, 이혜주, 2008). 인지적 요소는 흔히 지적 사고능력이라고 말하는데, 여기에는 확산적 사고(divergent thinking)와 수렴적 사고(convergent thinking)가 포함된다. 확산적 사고는 다양한 각도에서 새로운 가능성이나 아이디어를 다양하게 생성해내는 사고능력으로 유창성(많은 아이디어를 생성하는 능력), 융통성(다양한 범주의 아이디어를 생성하는 능력), 독창성(독특하고 새로운 아이디어를 산출하는 능력), 그리고 정교성(아이디어를 구체화하고 다듬는 능력)으로 구성되어 있다. 수렴적 사고는 확산적 사고를 통해 얻어진 다양한 생각들 중에서 옥석을 가를 수 있는 수렴적이고 비판적인 사고능력을 말하는데, 이러한 수렴적인 사고를 위해서는 논리/분석적 사고능력이 필요하다. 창의성의 정의적 요소에는 동기, 성격 특성(호기심, 개방성, 모험심, 독립성, 자신감 등)이 있고, 환경적 측면으로 가정과 학교, 그 사회와 문화 등이 창의성에 영향을 준다.

7.1.2 창의성 교육

창의성 교육은 개인으로 하여금 변화하는 미래 사회에 효과적으로 적응하게 하고, 현재와 미래 사회에 직면하게 될 많은 문제와 위험 상황에 대해 잘 대처할 수 있는 능력을 갖추게 한다(Cropley, 2001). 개인적 차원뿐만 아니라 창의성 교육을 통해 다양한 분야의 뛰어난 인적자원을 국가가 확보할 수 있고 이를 통해 국가적 경쟁력과 그 사회 여러 영역의 발전에 기여하게 할 수 있다. 창의성 신장을 위한 지원방법은 사고력과 문제해결력 개발 중심의 인지적 측면, 창의적 잠재력과 동기 유발 등을 강조하는 정의적 측면, 가정이나 학교 등의 물리적 환경 조성을 통한 측면, 그리고 이러한 요소들 간의 상호작용을 고려한 통합적 측면으로 나눌 수 있다(조연순 외, 2008). 조벽(2010)은 지식과 사고력과 같은 인지적 요소, 집중력, 자신감, 모험심, 여유 등과 같은 정의적 요소를 모두 포함하여 창의력 계발을 위한 모든 요소를 다섯 가지 핵심 요소로 축약해주고 있다. 이는 (1) 튼튼한 기초 지식, (2) 퍼지 사고력, (3) 문제해결 대신 문제를 제기할 수 있는 호기심, (4) 안락함에 만족하지 않고 작은 성공률에 도전할 수 있는 모험심, 그리고 (5) 실패를 거듭하면서도 또다시 도전할 수 있는 긍정성이다.

창의적 사고를 촉진하기 위한 수업에서는 기본적으로 '기존 틀을 깨는 사고 활동(out-of-box activities)'을 활용할 수 있다. 긍정적으로 사고하며 모든 가능성을 열어두고 다른 것, 동떨어진 것들을 수업에 가져와 학생들 사고를 자극하도록 해야 한다. Baldwin(2010)은 창의적 사고를 유발하는 수업 활동 사례를 다음과 같이 제시하였다(pp. 80-81).

- 입력(input): 흥미롭고 독특한 물건들을 교실에 가져와서 학생들의 관심을 끄는 것인데, 사진, 예술품, 음악, 독특한 향 등이다.
- 유머(humor): 언어적 독창성은 바로 유머에서 나온다.
- 은유와 비유(metaphors and similies): 은유나 비유법은 사고력을 향상시키는데 이는 서로 다른 것과의 연결을 시도하기 때문이다.
- 거꾸로 도전(opposite challenge): 단어나 사물, 상황 등을 거꾸로 생각해보도록 한다.
- 상상하기(imagine): 학생들이 눈을 감고 환상의 세계로 들어가도록 한다.
- 지도와 다이어그램들(maps and diagrams): 마인드맵, 벤다이어그램, 그물망 등의 시각 자료들을 활용하여 종이에 생각을 조직화해보도록 한다.
- 결합(combinations): 아이디어, 이미지, 단어 등을 서로 강제 결합하여 새로운 것을 창출하도록 한다.
- 브레인스토밍(brainstorming): 그룹에서 어떤 문제해결을 위해 다양한 생각들을 창출해보도록 한다.

교실 수업에서 교사가 창의성을 촉진하려면 다른 한편으로 창의성을 저해하는 것(killing creativity)이 무엇인지도 알 필요가 있을 것이다.

이광우, 조난심, 김현미(2013)에 의하면, 한국 중등학교 교실 수업에서 창의적 인재교육을 저해하는 요인을 창의적 사고를 유도하는 토론학습 부족, 학생의 개인차와 특성을 고려하지 않는 교수법, 교육과정 시수의 과다로 인한 학생의 역량을 키우는 프로그램 부재, 창의성 증진 방법에 대한 교사들의 인식 부족으로 요약했다. 이들은 교실 수업에서 창의성을 구현하기 위한 방안으로 토론식 수업, 주제중심 프로젝트 수업, 문제중심 수업, 교사 전문성 개발, 열린 수업 분위기 등을 제안하였다. Baldwin(2010)이 요약한 창의성을 저해하는 황금률을 제시하면 다음과 같다(pp. 79-80).

- 오직 한가지 유형의 재능(talent)만 있다고 가정하기
- 창의적 인재에 대한 과학적 연구 결과를 무시하기
- 최고 잘하는 아이들에게 초점을 맞추어 가르치고 나머지는 무시하기
- 자신의 기존 아이디어를 그대로 유지하기
- 본능에 충실하기-새로운 아이디어에 즉각 반응하거나 부정적으로 반응하기
- '아이디어가 더 창의적일수록 문제가 생길 가능성이 크다'라는 규칙을 계속 유지하기
- 창의적인 사람과 아이디어에 대해 치명적인 부정적 보상시스템 마련하기
- 실패가 두려워 새로운 기회를 전혀 시도해보지 않기
- 창의성을 억누르거나 죽이는 방향으로 모든 조직을 구성하기
- 계획하고, 생각하고, 창조할 수 있는 특권을 자신에게만 부여하고 타인과의 공유를 경계하기

창의성의 인지적 요소 중 기초적으로 필요한 확산적 사고와 수렴적 사고를 촉진시킬 수 있는 다양한 창의적 사고기법들이 소개되고 있다. 조연순 등(2008)은 새로운 아이디어를 생성하는데 도움이 되는 확산적 사고와 생성된 아이디어의 수정과 분석, 평가에 활용되는 수렴적 사고를 적극적으로 촉진시킬 수 있는 창의성 사고기법을 소개하면서, 이러한 사고기법들을 정규 교과 교육과정과 연계시키는 노력이 매우 중요함을 강조하였다. 이중 영어교과의 특성과 가장 관련성이 높다고 여겨지는 확산적 사고를 촉진하는 기법을 정리하면 다음 <표 7-1>과 같다. 이러한 창의적 사고기법들을 활용한 영어수업의 실제 예는 제10장에서 소개하도록 하겠다.

<표 7-1> 창의성 신장을 위한 확산적 사고기법

사고기법	특징	진행 순서/유의점
브레인스토밍 (brainstorming)	집단적으로 어떤 주제에 대한 창의적 아이디어를 가능한 다양하게 산출	집단 구성-리더와 기록자 정하기-워밍업- 아이디어 산출, 평가, 선정-문제해결
브레인라이팅 (brainwriting)	침묵을 지키면서 개인별 각자 아이디어 산출 및 기록	각자 브레인라이팅 용지 배부- 개인별 아이디어 기록- 다른 구성원의 아이디어 수정 및 결합 - 아이디어 평가 및 문제해결
스캠퍼 (SCAMPER)	각 단계별 아이디어의 재구성을 통해 창의적 아이디어 산출	대체(Substitute) - 결합(Combine) - 응용(Adapt) - 변형(Modify) - 다른 용도(Put to other uses) - 제거(Eliminate) - 뒤집기(Reverse)

속성열거법 (attribute listing)	주어진 문제의 속성(모양, 크기, 특성 등)을 열거해 봄으로써 기존 아이디어와 다른 아이디어 산출	문제 확인 및 재진술 - 속성 열거 - 속성을 새롭게 결합 및 수정 - 생성된 아이디어의 실행 가능성 검토
형태분석법 (morphological analysis)	어떤 문제에 대한 요인을 가로축과 세로축에 열거하여 도표로 작성하여 다양한 측면에서 아이디어 생성	문제 정의 - 요인 찾기 - 속성 열거와 도표 작성 - 아이디어 생성 - 아이디어의 다양성 평가
강제연결법 (forced connection method)	서로 관계없어 보이는 사물이나 아이디어를 강제로 연결하여 새로운 아이디어 생성	도표의 왼쪽 칸에 문제의 핵심이 되는 사물이나 아이디어를 나열 - 그 다음 칸에 관계없는 사물이나 아이디어를 기입 - 강제 연결지어 새로운 아이디어 적음
육색사고모 (six thinking hats)	수직적 사고(vertical thinking)뿐 아니라 수평적 사고(lateral thinking)를 촉진하여 다양한 유형의 사고 훈련	[모자색] 백색: 중립적 객관적 사고, 적색: 감정 정서의 사고, 황색: 긍정적 낙관적 사고, 흑색: 비판적 부정적 사고, 녹색: 창의적 확산적 사고, 청색: 정리 요약 결론 제시
시네틱스 (synetics)	유추(analogy)를 통해 친숙한 것을 낯설게, 낯선 것을 친숙하게 전환	집단 사회자 정하기 - 문제진술과 분석 - 다양한 유추를 통한 탐색 - 유추를 정교화 - 정교화한 유추와 주어진 문제 결합 - 실제에 적용
마인드맵 (mind map)	핵심 개념들 간의 상호 관련성이나 통합성을 시각적으로 표현	중심 이미지 표현 - 주가지: 중심 이미지로부터 연결된 가지 - 부가지: 주가지로부터 연결된 가지

(출처: 조연순 외, 2008: 183-202)

7.2 영어교과와 창의성 교육

7.2.1 제2 언어학습과 창의성

영어교과는 기능중심의 교과교육으로서 주된 목표는 학습자들의 의사소통 능력 함양을 위해 영어 4기능과 영어문법, 어휘, 발음 등과 같은 언어적 능숙도에 초점이 맞추어져 있다. 이로 인해 창의성 개념을 영어교육에 접목하거나 연계하는 것은 언어숙달 이후에야 가능하고 또 창의성을 수업에 접목하기도 쉽지 않다는 생각이 지배적이었다(노승빈, 2007). 노승빈(2012)은 영어교육에서 창의성 함양은 "언어적 측면에서 뛰어남을 뜻하는 것뿐만 아니라, 영어학습자 자신의 생각과 의미를 언어능력의 부족 및 제한에도 불구하고 최대한 표출시키는 적극적인 학습자가 되도록 하는 것"(p. 62)이라고 말하면서 영어수업목표에 창의성 사고계발이 포함되어야 한다고 주장하였다.

최근 언어학습에서의 창의성 계발이나 창의성 접목의 가능성에 대한 논의가 활발해지고 있는데, 그중 *Routledge Handbook of Language and Creativity*(Jones 편저, 2016)는 창의성과 언어에 대한 다각적 시도와 제안들을 종합한 결과물로 주목할 만하다. 언어학습과 연관할 때 보통 창의적 작문이나 문학적 글쓰기에서 발견되는 창의적 수사학적 은유나 문장 등이 많이 거론되기도 하는데, 이 책에서는 담화나 대화 등 매일 언어사용에서의 창의성, 언어 놀이(language play), 언어와 음악, 컴퓨터 활용한 창의성과 언어학습 등이 소개되고 있다. Tin(2016)은 제2

언어학습에서 의사소통 중심의 실용주의적 관점만 초점을 두고 있는 부분을 지적하면서 언어가 새로운 의미나 지식생성의 도구로서 창의적 관점으로 접근해야할 필요성을 제기하였다. 그는 언어학습 과제들이 학습자로 하여금 새로운 언어를 사용하여 지식과 세상을 탐구하고 새로운 무언가를 말하도록 요구하는 창의적 동기(creative desire)를 제공해야한다고 주장한다.

영어어휘 학습과 창의성에 대해서 학자들은 대부분 어휘의 기본이 되는 어휘형성(word formation)을 창의적 언어생성 과정으로 간주하고 있다. Munat(2016)는 어휘형성과정은 창의적 어휘를 생성하고 다양한 파생어를 산출해내는데 유익할 수 있다고 제안하였다. 그는 실제 학습자들의 쓰기와 말하기 산출물에서 어휘의 창의성을 보여주는 예들이 많다고 하면서, 한편 교수학습 차원에서 학습자들이 생성한 창의적 표현들을 오류(error)와 어떻게 구분해야 하며 어느 정도까지 허용해야하는지 고민해야 한다고 언급하였다.

McCarthy(1990)는 어휘형성과정은 학습자로 하여금 언어자료를 가지고 실험을 하도록 유도하고 새로운 어휘생성을 가능케한다고 언급하면서 학생들의 확산적 사고를 적극적으로 활용할 것을 주장하였다. 학습자들이 만들어낸 어휘가 실제 존재하는 어휘일 수도 있고 존재하지 않는 어휘일 수도 있지만, 존재하지 않는 어휘를 내팽개치기보다는 이러한 창의적 어휘들이 문학적 가치나 유머러스한 관점에서 탐색의 가치가 있다고 보았다. 또한 창의적 어휘생성은 학습자들이 적절한 어휘가 떠오르지 않을 때 사용하는 보상전략(compensatory strategy)의 일환으로 학습자들이 영어학습의 과정에서 사용하는 전략의 한

부분으로도 볼 수 있다. 가령, 학습자들이 충분한 언어능력을 갖추지 못했거나 특정 어휘가 떠오르지 않을 때 사용하는 단어 만들기(word coinage: 그럴듯한 규칙을 바탕으로 제2 언어에 존재하지 않는 단어를 창조해냄) 전략을 한 예로 들 수 있다(Brown, 2014).

Maley와 Kiss(2018)는 앞서 소개한 창의성의 4P 개념을 활용하여 이를 영어수업에서 접목하는 방안을 제시하고 있는데, 이중 창의적 과정과 창의적 결과에 초점을 둔 어휘학습 활동들을 소개하고 있다. 가령, 창의적 사고를 유도하는 기법인 강제연결법을 활용하여 서로 연관성 없는 단어들을 조합하여 흥미있는 한 문장쓰기 활동을 할 수 있고, 접두사나 어근을 사용하여 많은 어휘들을 산출한 결과물을 통해 어휘 유창성(fluency)을 기를 수 있다. 또한 창의적 사고를 유도하는 과업 제시가 중요한데, 개인별 과업보다 협력적 과업(collaborative task)이 창의성 발현을 더 촉진할 수 있다고 강조하고 있다.

7.2.2 영어교과에서 창의성 개발 연구

문용린 등(2011)의 연구에서는 교과별로 연계성이 높은 창의성 및 인성 요소가 무엇인지 알아보기 위하여 각 교과별 현장교사들을 대상으로 설문조사를 실시하였다. 그 결과 영어교과의 특성과 관련성이 높다고 여겨지는 창의적 인지 요소는 확산적 사고, 문제해결력이며, 창의적 성향 요소는 다양성, 개방성이었고 동기적 요소로 흥미, 끈기, 호기심이었다. 각 요소별 교육 방법과 수업 활동의 예를 살펴보면 <표 7-2>와 같다.

<표 7-2> 창의성 개발을 위한 영어 수업 활동의 예

창의성 요소	교육 방법	영어 수업 활동의 예
확산적 사고 (인지적 요소)	문제중심학습, 창의적 문제해결학습, 토의/토론	• 최신의 해외 핫뉴스에 대해 서로 다양한 의견 나누기 • 훌륭한 인격을 표현하는 영어단어만으로 나를 표현하는 에세이 쓰기(예: responsible, honest, loyal) • 주어진 단어들을 이용해 완전한 문장 만들기
문제해결력	문제중심학습, 창의적 문제해결학습, 토의/토론, 프로젝트 수업	• 외국인에게 우리 문화를 알리는 가이드북 만들어보기(예: 한국의 유적지에 대한 영문 브로셔 만들기) • 영어로 된 한국음식 조리법 만들기 • 일상에서 흔히 쓰이는 잘못된 영어표현 찾아 올바른 표현으로 고쳐보기(예: after service, A/S → after-sales service)
다양성/ 개방성 (정의적 요소)	협동학습, 문제중심학습, 토의/토론, 프로젝트 수업	• 자신의 영어에 관한 과거 경험 공유하기(예: 여행지에서의 영어에 관한 에피소드 등) • 영어를 사용하는 다양한 나라의 문화를 비교해보고 공통점과 차이점에 대해 이야기해보기 • 영어속담 찾아보기(예: 한국 속담과 비슷한 영어권 나라의 속담 찾아 비교해보기)
흥미, 호기심	탐구/발견학습, 협동학습, 실습	• 재미있는 영어단어 및 표현 찾아보기 • 영어단어의 어원에 대해 알아보기 • 영어단어 게임하기(예: 주어진 알파벳으로 단어 많이 만들기, 팀 나누어 영어 스피드 퀴즈하기) • 영어연극 공연하기

(출처: 문용린 외, 2011: 93-94)

김영숙(2019)은 중등영어교사양성 전공교과목인 영어어휘수업에서 창의적 교수방법 활용이 예비영어교사들의 창의적 사고와 영어어휘 학습 증진에 어떤 효과가 있었는지 현장수업을 통해 실증연구를 하였다. 이는 미래 창의적 인재 양성을 위해 교사들의 창의역량이 중요하며 예비교원양성과정부터 창의성 역량을 강화하고자 함이다. 연구에서는 영어교과에서 개발될 수 있는 창의성 중 확산적 사고, 다양성, 개방성을 촉진하기 위한 다양한 창의적 사고기법을 영어어휘 수업 활동에 접목시켰고, 창의성과 인성함양을 위한 교수방법으로 협동학습 방법을 활용하였다. 어휘학습 주제별 창의적 교수방법을 수업 활동에 접목한 내용을 제시하면 <표 7-3>과 같다.

연구 결과, 창의적 교수방법 활용은 예비영어교사들의 창의교육에 대한 중요성 인식과 본인들의 창의역량, 특히 확산적 사고를 증진하는데 긍정적인 효과가 있었음이 드러났다. 또한 창의적 교수방법 활용을 통한 어휘수업 활동이 예비영어교사들의 영어어휘 산출(production)의 유창성과 다양성에 긍정적인 효과가 있었다고 밝혔다. 뿐만 아니라 영어어휘수업에서 창의적 교육 방법이 예비영어교사들의 창의적 어휘지도 효능감을 향상시키는데도 기여하여 전공교과목의 내용과 연계한 창의적 교육 방법 접목의 효용성을 시사하였다.

<표 7-3> 영어어휘학습 주제별 창의적 수업 활동의 예

어휘학습 주제	창의적 교수방법	수업 활동의 특징
1. 어휘개념, 어휘학습 방법	브레인라이팅	어휘학습 방법에 대해 개별 침묵쓰기를 한 후 짝과 나눔
2. 어휘형성(접두사, 어근)	브레인스토밍, 강제연결법	접두사, 어근 활용하여 다양한 어휘 활성화, 강제결합을 통한 새로운 어휘 형성 가능성 탐색
3. 추상명사, 복합명사	시각화 (그림으로 어휘 표현하기)	추상적인 어휘를 그림으로 표현하여 시각화함으로써 유추, 상상력 촉진
4. 성격묘사 형용사	그림보고 상상하여 표현하기, 협동학습	그림자료를 통해 인물의 성격을 묘사하면서 어휘 다양성과 융통성 촉진

5. 교육, 전공관련 어휘	연꽃기법, 협동학습	연꽃기법으로 교육에 대한 어휘를 구조화함으로써 유창성, 정교성 촉진
6. 음식에 관한 어휘	스캠퍼(SCAM-PER), 협동학습	건강한 간식을 제안함에 있어 각 단계에 따라 기존의 것을 개선 또는 재구성
7. 환경에 관한 어휘	육색사고모자 역할극	색깔모자를 쓰고 환경에 대한 영상물 시청 후 느낌 말하기
8. 의료 건강에 관한 어휘	협동학습, 동료티칭	건강, 의료 관련 어휘를 그룹 구성원간에 서로 가르침
9. 시사영어	협동학습	신문기사의 내용으로 Jigsaw 활동을 통해 그룹별 어휘학습
10. 세계영어	창의적 대화문, 협동학습	세계영어의 다양한 어휘학습, 그룹별로 해당 영어권 어휘로 창의적 대화문 작성

(출처: 김영숙, 2019: 102)

이와 유사하게 영어 읽기수업에서 창의성을 통합하여 지도한 연구도 발표되어 소개하고자 한다. 이지연과 김영숙(2020)은 대학의 영어 읽기 교과에서 창의성을 통합한 교과를 설계 운영하고 예비영어교사들의 창의성 증진과 영어 읽기 능력에 대한 인식에 어떤 영향을 미쳤는지 연구하였다. 영어 읽기 단계별 활동 중 영어 읽기 후 단계에서 확산적이고 비판적인 사고 활동을 진작시키고자 창의적 수업기법들(속성열거법, 브레인라이팅, 마인드맵, 육색사고모자, 스캠퍼 등)과 창의적 발문을 활용하였다. 영어 읽기와 창의적 교수방법의 통합 교과 운영방식을 소개하면 <그림 7-1>과 같다. 연구 결과, 영어 읽기와 창의성 개발의 통합 운영을 통해 예비영어교사들의 확산적 사고력, 문제해결력, 감수성 등의 측면에서 긍정적인 영향을 미친 것으로 나타났으며, 영어 읽기 능력에 대한 인식도 향상된 것으로 드러났다. 비록 읽기 자료의 장르별, 학습자의 수준별로 상이한 차이가 있었지만 영어교과의 목표와 창의성이라는 두 가지 목표 성취를 위해 교과와 창의성을 통합시키는 시도는 필요함을 시사하였다.

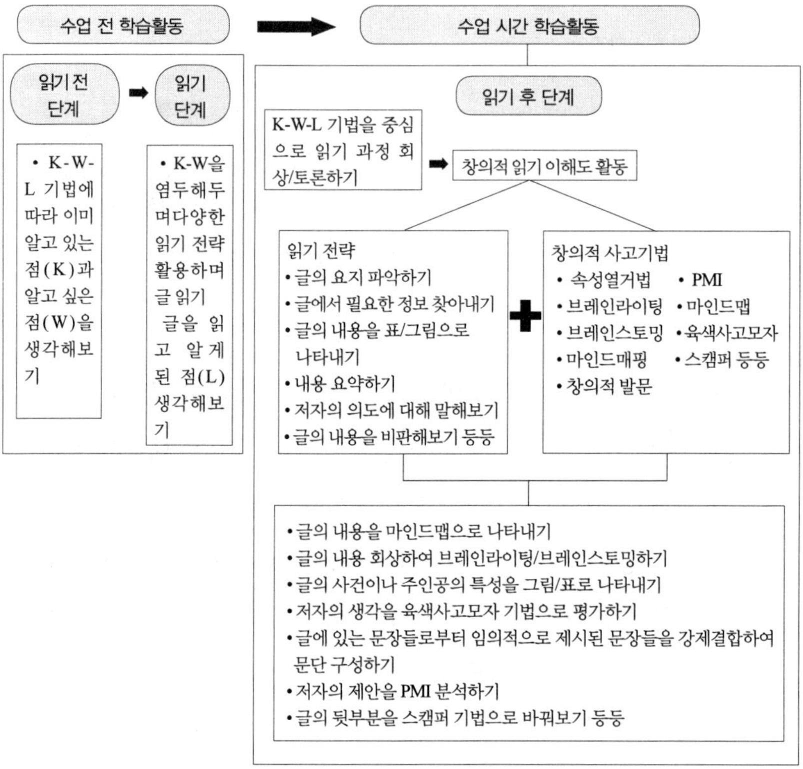

<그림 7-1> 영어 읽기와 창의적 교수방법 통합 운영 방식

(출처: 이지연, 김영숙, 2020: 293)

7.2.3 영어수업에서 질문을 활용한 창의적 교수방법

창의성의 핵심은 '호기심'이며 호기심은 질문에서부터 시작된다고 할 수 있다. 교과 내용보다는 교수법적 차원에서 바르고 비판적인 사고력 함양을 위한 방법 중 하나가 질문을 활용한 교수 방법이라 할 수 있다. 질문은 예수님이 사람들을 가르치실 때 자주 사용하신 교육 방법 중 하나로, 예수님은 진리를 분명히 드러내거나 사고를 환기시키실 때 사용하셨다(Willis, 1990, 현은수 역, 2001). 예수님은 제자들에게 "너희는 나를 누구라 하느냐"라는 질문을 통해 자신이 누구인지 드러내시고 복음의 핵심을 증거하신다(마가복음 8:27-34, 마태복음 16:15-20, 누가복음 9:18-23). 예수님은 제자들이 스스로 답을 찾도록 자극하는 방식으로 질문을 하시고 동기부여를 시키셨다.

창의적이고 비판적 사고력을 키우기 위해 교사의 질문이나 발화법이 얼마나 중요한지는 새삼 강조할 필요가 없을 것이다. 특히, 창의적 사고를 자극하는 질문은 한 가지만의 정답을 요구하는 것이 아닌, 학생 중심의 열린(open-ended), 토론식 질문이라 할 수 있겠다. 비판적 성찰을 격려하는 열린 질문은 학생들이 정답 찾기에 바쁜 질문이 아니라 자유롭게 자신의 생각으로 응답할 수 있는 질문이다. 조연순 등(2008)에 의하면, 사고력을 높이는 질문의 특성은 다음과 같다(p. 177).

- 한 가지만의 정답이 없고 자유 해답식의 열린 질문
- 회상을 하도록 만드는 질문
- 학생들이 이미 알고 있는 지식을 바탕으로 대답할 수 있는 질문
- 학생들의 생각을 자극하고 더 많은 질문을 유발하는 질문

• 토론을 조장하고 학생들의 호기심을 불러일으키는 질문
• 이미 알고 있는 것에 도전하는 질문

최근 문화 컬럼니스트로 유명해진 서울대 김영민 교수[3]는 생각의 틀을 깨고 다른 시각으로 사물을 바라보아 많은 독자들에게 신선한 충격을 주고 있다. 이 교수의 핵심은 '왜 그런가?~', '왜?' 등 끊임없는 질문에 있다. 비단 창의성 수업에서 뿐아니라 질문은 고대부터 현재까지 인문학의 중심에 있었다고 해도 과언이 아니다. 창의적 사고로 이끄는 질문의 힘은 우리의 생각을 자극하고 마음을 열게 하는 역할을 할뿐만 아니라 좀 더 나은 인생을 살 수 있도록 도와주는 가이드와 같다고 할 수 있다. Smith(2009)는 질문의 방식도 중요하지만 질문의 내용도 고려해보아야 한다고 언급하면서 특히 타문화권 화자와의 대화에서 질문의 중요성을 강조하고 있다. 좋은 질문은 먼저 경청하는 자세에서 시작하며 의미있는 질문을 통해 그들의 삶의 방식을 이해하게 되고 문화간 의사소통 능력 함양에도 기여한다는 것이다.

영어교과 수업에서도 교사의 발문은 학생들의 영어 의사소통 능력 개발뿐 아니라 창의성 함양을 위해 매우 중요하다. 한종임, 오혜진, 김영숙(2013)은 학교 영어교과수업에서 창의성 신장을 위해 교사의 발문(question)이 매우 중요하며, 교사가 학습자들의 창의적 사고를 유도하기 위해서는 고정된 답이 아닌 자유롭고 열린 대답을 하도록 해야 함

3 '추석이란 무엇인가?'(2018. 9. 21) 컬럼을 통해 근본적인 질문을 끊임없이 던져 독자들에게 신선한 충격을 준 김영민 교수는 현재 서울대 정치외교학부 교수이며, 「아침에는 죽음을 생각하는 것이 좋다」 (2018, 어크로스)를 포함하여 전공학문 이외 일상과 사회를 넘나드는 주제로 다수의 책을 출판하였다.

을 강조하고 있다. 이지연과 김영숙(2020)의 영어교과와 창의성 통합 연구에서도 창의적 사고를 함양하기 위해 창의적 발문을 활용하였는데, 이는 개방적 질문을 통해 비판적 성찰을 격려하는 질문(예: *'What if~ ?', 'Why is~ ?', 'How might you~ ?', 'How did you ~ ?'*), 높은 수준의 비판적 사고를 유도하는 질문, 학생의 질문에 교사가 곧바로 답하지 않고 다른 학생들의 의견을 물어보는 질문 등을 말한다. 최근 학습자 중심 교육에서는 영어수업에서도 학습자들이 스스로 질문을 만들어 보도록 하여 창의적 사고뿐만 아니라 학습에 대한 자율성 함양의 중요성도 강조하고 있다(김병선, 최윤경, 손은경, 2022). 이러한 질문중심의 창의성 함양 영어수업 실제 사례는 제10장에서 좀 더 자세히 살펴보도록 하겠다.

7.3 창의성 함양 영어교육에 대한 기독교적인 조명

7.3.1 창의성에 대한 기독교적 관점

앞서 창의성의 개념을 크게 '새로움'과 '유용성(또는 적절성)'으로 정의할 수 있었다. 이 '새로움'은 무엇을 무로부터 창조한다는 것이 아니며, 오직 하나님만이 무로부터 창조할 수 있다. 하나님은 우리를 그의 형상으로 만드셨으며, 예술과 학문, 사회제도의 건설 등의 모든 가능성을 지닌 문화의 창조자가 되게 하셨다. 다시 말하면, 우리는 단지 하나님께서 이미 만드신 것 안에 내재한 가능성을 발견함으로써 무엇을 만들어낼 수 있다. 따라서 문화명령을 수행하기 위해서는 창조 질서와 사물의 본질을 진지하게 탐구해야 한다. 여기에는 만물을 만드신 하나님의 뜻을 알고자 하는 겸허하고도 진지한 자세가 필요하다(신국원, 2005).

흔히 창의적인 천재들을 높이며 인간의 이성과 자유를 허용하면서 인간 창의성을 신격화하는 경향을 볼 수 있는데, 이는 인간중심의 창의성이다(Holmes, 1983, 이승구 역, 1991). 자칫 창의성을 너무 강조하거나 높이다보면 하나님과 피조물의 차이를 앗아가는 위험도 뒤따를 수 있다. 따라서 창의성에 대한 기독교적 이해는 인간이 피조물이며 하나님께서 부여하신 가능성을 탐구하고 발견하여 이를 그분의 선한 목적과 방향대로 사용하는 데서 출발한다.

우리를 하나님의 형상대로 만드시고 매일 우리 각자에게 맞춤형으로 오셔서 그분의 신실하심을 드러내시는 하나님은 바로 창조의 근원이시다. 그렇다면 기독교인은 왜 창의적이어야 하는가? 하나님을 닮는다는 것은 그분의 성품 외에 그분의 창조성도 닮았음을 의미하기 때문이다. 하나님의 성품과 그분의 창조성은 분리된 개념이 아니다. 이는 하나님을 사랑하고 나와 이웃을 사랑하는 동기에서 출발한다. 이것은 영원한 생명을 사모하는 동기인 동시에 이웃을 사랑하고 섬기는 동기에서 출발한다. 이러한 창의성은 자신에게 주어진 달란트를 주인이 오실 때까지 이 세상에서 충성된 종으로 선용하고 그분의 창조 뜻에 합당하게 문화명령에 따라 청지기적 사명을 감당하는 것을 말한다.

그렇다면 창의력의 원천은 무엇인가? 우선 창조주 하나님을 사랑하고 그분의 속성을 아는 것, 다시 말하면 하나님과의 올바른 관계에서 출발한다. 하나님은 가장 창의적이고 인격적인 분이시다. 성경에서 "주의 영을 보내어 그들을 창조하사 지면을 새롭게 하시나이다"(시편 104:30)라는 말씀을 보면, 예수님의 영은 새롭게 하는 영이며 창조의 영이라고 할 수 있다. 그 다음은 하나님의 형상으로 지음 받은 인간에 대한 관심과 사랑, 그리고 피조물인 모든 생명체에 대한 관심이라 할 수 있다.

Holmes(1983, 이승구 역, 1991)는 창의성에 대한 기독교적 관점에 대해 언급하면서 창의성에 대해 겸손과 확신을 가지고 있어야 한다고 주장한다. 다시 말하면, 우리는 피조물이고 유한한 창의성의 주체이므로 겸손해야 하며, 우리 안에 있는 하나님의 형상은 하나님께서 세상을 지으신 목적과 연관된 가능성을 탐구할 수 있도록 하므로 확신을 가져야 한다는 것이다. 하나님께서 우리에게 창의적 능력을 부여하신 것처럼 우리도 우리가 대상으로 하여 활동하는 것에 창의성을 부여해야 한다. 창의적 표현의 궁극적인 목적은 하나님께서 우리를 창조하신 목적에 부합하도록 공동체의 샬롬과 유익을 위해서이다. Holmes(1983, 이승구 역, 1991)가 제시한 창의성에 대한 기독교적 입장을 여덟 가지로 정리하여 소개하면 다음과 같다(pp. 297-298).

① 인간의 창의성은 하나님의 창의성에서 그 가치를 부여받았으며, 하나님의 창조는 우리에게 창의성의 명령을 부과한다.

② 인간의 창의성은 우리의 인간성에 있는 하나님의 형상을 반영한

다. 창의적 상상력은 물질세계뿐만 아니라 감각 능력과 지적, 정의적 기쁨까지 미쳐야 한다.

③ 창의성의 발휘와 문화 창조는 하나님께서 부여하신 가능성과 능력을 겸손히 신뢰하는 것을 요구한다.

④ 창의성은 어떤 엘리트만이 아니라 모든 사람에게서 개발될 수 있는 창조적 능력이다. 그러나 다른 이들보다 더 많은 은사를 받은 이는 있을 수 있다. 그러나 창의성에는 유전적 조건과 환경적 조건 모두가 관련되므로, 창의적이라는 것 자체가 공로거리가 되는 것은 아니다.

⑤ 창의성은 또한 법에 의해 지배되는 피조계에 내재한 객관적 가능성, 즉 우리가 구현해 내야만 하는 가치의 실현에 의존하기도 한다.

⑥ 그러므로 창의성은 학문과 예술, 노동과 여가선용, 사상과 행동 등 전 문화 활동에서 나타나야만 하는 것이다.

⑦ 창의성을 계발한다는 것은 그것을 가치있게 평가하고, 우리의 창의적 역량을 받아들이며, 자료와 기술을 잘 사용해서 자유롭게 생각하며 행동하고, 그것을 선한 목적으로 사용할 수 있다.

⑧ 인간의 창의성은 하나님의 영광과 모든 사람의 샬롬을 위해 존재한다.

이런 관점에서 창의성은 바른 인성, 곧 영성에서부터 출발한다고 볼 수 있을 것이다. 최인수(2011)는 창의성 교육과 인성 교육은 별개가 아니라 같이 이루어져야 하며, 인성이 없는 창의성은 없다고 강조하고 있다. 아무리 우수한 창의성을 갖고 있는 사람이라도 다른 사람들과 더불어 살며 사회에 유익을 끼치지 못할 때는 진정한 창의적 인재라고 할 수 없는 것이다(Moran, 2010). 하나님의 창의성을 반영하는 유한한 창의성의 주체인 인간은 책임있는 행동과 청지기적 의식으로 창의성에 대해 겸손해야 한다. 더군다나 자신만을 위해 살지 않고 이웃을 사랑하고 이웃을 위해 헌신과 희생까지도 감수할 수 있는 사랑의 창의성도 고려해야만 할 것이다.

온전한 창의성 교육에 대한 접근은 학습자를 영적 존재로 바라보며 인간의 영혼을 살리고, 학생들의 숨은 잠재력, 하나님이 부여하신 독창성을 발견케하는 일에서 출발한다고 할 수 있다. 이것은 기독영어교사의 역할과도 연관되는데, 기독교사들은 학생들 내면의 세계를 이해하고 그들의 잠재력을 펼쳐보이도록 도와주어야 한다. 다시 말하면 창의성 개발은 학습자들의 영성 개발(spiritual development)이다. 이러한 영성에 근거한 창의성 함양 영어교육이야말로 진정한 기독교적 창의성 함양 교육이라 할 수 있겠다.

7.3.2 창의성 함양 영어교육에 대한 기독교적 조명

앞서 인간의 창의성은 창조주 하나님으로부터 이미 부여받은 내재된 가능성과 능력이라고 기술하였다. 이 창의성은 예술활동뿐 아니라 모든 학문과 사회활동의 영역에서 드러나야 한다. 언어사용과 언어교육에서도 이러한 창조적 활동이 촉진되어야 하고, 언어를 통한 하나님의 창조 세계가 더욱 회복되고 선한 목적을 위해 영광돌리는 일에 쓰임받아야 할 것이다.

인간의 언어는 창의적이며 창조주의 창조 질서 안에서 진실되고 자유롭게 사용되도록 하나님께서 부여하신 선물이다. 따라서 인간에게 부여된 문화의 창조자로서의 사명과 소명을 수행하기 위해 책임감과 창의성을 갖고 언어를 사용해야 한다. 언어를 창의적으로 사용하는 목적도 하나님의 영광과 인간의 유익을 위해서이다. 이러한 측면에서 영어교육은 사회적 불균형이나 영어를 통한 지배적 사회구조형성, 자신의 성공만을 위한 영어교육이 아니라 더 나은 사회와 공동체를 만들어가는데 기여하는 교육이어야 한다.

창의적 영어교육은 영어교육을 통해 창의성을 함양한다는 것과 영어사용 또한 창의적으로 할 수 있도록 지향한다는 두 가지 의미를 갖는다. 창의적이고 비판적인 사고가 21세기 글로벌 인재 양성에게 필수 불가결한 요소이기도 하지만 특히 기독교인들에게는 더욱 필요하다. 기독교 신앙에 대해 바른 지성과 판단력, 잘못된 가치와 신념에 대한 평가, 인터넷 등으로 인한 거짓과 근거없는 미신들에 대한 분별력 등을 위해 비판적 사고 함양에 관심을 기울여야 한다. 또한 영어교육에서 창의성을 함양하는 근본적인 목적도 '창의성을 위한 창의성'이 아니라 하나님의 피조 세계에 기쁨을 주고 공동체의 유익을 가져오기 위함이다. 이를 위해 창의성과 영성 함양을 위한 영어교육에서 고려해야 할 핵심 가치(요소)를 정리해보면 다음과 같다.

- 생명에 대한 존중과 존엄성/사람에 대한 관심과 존중/영혼을 세우는 교육
- 타인에 대한 사랑과 타인을 위한 희생
- 협동/배움의 공동체/배려심

- 봉사와 희생
- 용기와 책임
- 창조물에 대한 돌봄(기후환경과 자연보호)
- 정직과 감사(gratitude)
- 이방인에 대한 환대/타문화권 사람들에 대한 사랑
- 용서(forgiveness)
- 인간과의 소통에서 화해자(peacemaker)로 샬롬을 추구

바람직한 창의적 영어수업은 학습자의 내재적 동기를 유발해야 한다. 이는 다시 말하면, 학습자를 인격적이고 영적인 존재로 바라보아 그들이 할 수 있는 일, 잠재적 가능성에 초점을 맞추는 것이다. 영어가 단지 실용적인 수단으로 기능적으로만 사용되는게 아니라 의미있는 삶과 내재적 동기부여를 위해 사용되도록 하는 것이다. 이때 창의적 사고를 함양하는 영어수업은 그야말로 학습자들의 호기심과 개방성을 자극하고 언어를 사용하여 기존의 표현을 모방하거나 연습하는 데서 끝나지 않고 새로운 표현과 사고까지도 가능하게 하는 촉매제가 될 수 있다. 그로 인해 학생 개개인에게 적용가능하고 그들의 마음을 움직이고, 서로 다른 것은 틀린 것이 아니라 독특하고(unique) 특별하다(special)는 사실을 인식하게 해주는 수업이 될 것이다.

요약

21세기 글로벌 인재 양성과 국가의 미래 발전을 위해 창의성 계발은 매우 중요한 부분을 차지해왔으며 국가수준의 교육과정에서도 창의융합형 인재 양성에 목표를 두고 있다. 이러한 교육과정 목표에 따라 영어가 모국어가 아닌 영어교과에서도 창의성 교육을 접목할 필요성과 관련 창의성 접목 연구들이 이루어져왔다. 이에 본 장에서는 창의성 개념과 창의성 함양 영어교육 관련 연구들을 살펴보고 영어교과 수업에서 창의성 함양을 위한 교수방법들을 제안하였다. 또한 창의성 함양 중심 영어교육을 기독교적 관점으로 조명하고 바람직한 창의성 함양 영어교육의 방향을 논의하였다.

창의성이란 누구에게나 존재하며 교육을 통해 촉진되고 계발이 가능하다. 이는 하나님이 인간을 그의 형상으로 만드시고 그 안에 창의적 가능성을 이미 심어놓으셨기에 우리는 하나님께서 부여하신 가능성을 탐구하고 발견하여 그분의 선한 목적과 방향대로 창의성을 사용해야 한다. 따라서 영어교과에서의 창의성 교육은 창의성을 함양한다는 의미와 영어사용 또한 창의적으로 할 수 있도록 돕는 것을 의미한다고 할 수 있다. 이를 위해 학습자를 인격적인 존재로 바라보며, 그들이 할 수 있는 일, 잠재적 가능성에 초점을 맞추어 영어교육을 해야 할 것이다.

읽어볼 만한 자료

최인수. (2011). *창의성의 발견: 창의성은 언제, 어디서, 무엇에 의해, 어떻게 발현되는가.* 서울: 앰엔파커스.

Beghetto, R. A., & Kaufman, J. C. (2010). Broadening conceptions of creativity in the classroom. In R. A. Beghetto & J. C. Kaufman (Eds.), *Nurturing creativity in the classroom* (pp. 191-205). Cambridge: Cambridge University Press.

Csikszentmjhalyi, M. (1996). *Creativity: Flow and the psychology of discovery and invention*. New York: Harper Collins.

Jones, R. H. (Ed.). (2016). *The Routledge handbook of language and creativity.* London: Routledge.

Jones, R. H., & Richards, J. C. (Eds.). (2016). *Creativity in language teaching: Perspectives from research and practice.* London: Routledge.

Kozbelt, A., Beghetto, R. A., & Runco, M. (2010). Theories of creativity. In J. C. Kaufman & R. J. Sternberg (Eds.), *The Cambridge handbook of creativity* (pp. 20-47). Cambridge: Cambridge University Press.

Maley, A., & Kiss, T. (2018). *Creativity and English language teaching: From inspiration to implementation.* London: Palgrave Macmillan.

제8장
영어교사교육에 대한 이해

미리 생각해볼 질문들

† 영어교사의 기본 자질과 역할은 무엇인가?
† 기독영어교사의 자질과 역할은 무엇이라고 생각하는가?
† 기독교대학의 영어교사 양성과정 프로그램의 특징은 무엇인가?
† 기독영어교사가 교육공동체 및 지역사회에 대해 가져야할 사회적 책임은 무엇이라고 생각하는가?

동서양을 막론하고 교사가 교실학습에 큰 영향을 미치고 있음은 많은 연구자들에 의해 거론되고 있다. 이는 교육의 질이 교사의 질을 뛰어 넘어설 수 없기 때문이다. 더더욱 기독영어교사는 학생들이 삶을 통해 하나님의 목적을 발견하고 각자에게 주신 은사와 능력을 통해 그분께 영광을 돌리는 삶을 살 수 있도록 인도해야 할 책임을 갖고 있다. 따라서 본 장에서는 영어교사교육을 기독교적 관점에서 조명하고 기독영어교사교육의 방향과 프로그램을 제안하고자 한다. 이를 위해 먼저 영어교사 및 기독영어교사의 자질과 역할을 각각 살펴보기로 한다. 그리고나서 교사교육과 기독교사교육에 대한 이해를 제공하고 기독영어교사 양성과정의 프로그램이 어떠해야 하는지 제안하고자 한다.

8.1 영어교사의 자질과 역할

일반적으로 영어교사의 자질로 영어 사용능력과 영어교육에 관한 전문지식, 영어수업 진행능력, 학생과의 상호작용, 그리고 교사의 태도와 인성 등을 들 수 있다. 외국어교사는 가르치는 대상에 따라 그 역할과 능력 기준이 다를 수 있는데, 이러한 기준이나 자격보다 학생의 관점에서 바라본 훌륭한 외국어교사의 자질에 대한 연구도 많이 이루어져왔다. Harmer(2015)는 '훌륭한 영어교사의 자질은 무엇이라고 생각하는가?'라는 질문에 대한 다양한 언어권의 영어학습자들 응답 분석 결과, 많은 학생들이 교실에서 교사의 인격과 성품도 중요하지만 교사와 학생간의 래포(rapport) 형성을 더욱 중요하게 여긴다고 밝혔다. 좋은 교사는 학생들이 모르는 문제가 있으면 언제든지 쉽게 다가갈 수 있는 멘토이어야 하고, 학생들과 친숙하며, 학생들의 이름을 기억하는 사람이라고 학생들은 말하고 있다. 다시 말해, 훌륭한 영어교사는 자신들의 가르침보다 학생들의 배움에 더 관심을 갖고 학생들의 언어습득과정을 이해하는 사람이라 할 수 있겠다.

17세기 교육학자 Comenius는 가르치는 것을 정원 가꾸기에 비유하면서 외국어교사를 정원사(gardener)에 비유하고 있다. 그는 학습자를 정원의 나무로, 배움을 유기적인 성장으로, 그리고 교육환경을 교사의 보호 아래에 있는 정원에 비유한다. 그는 "배움, 미덕과 종교의 씨는 이미 선천적으로 우리에게 심겨져 있다(The seeds of learning, virtue, and religion are naturally implanted in us)"라고 선언하고 있다(Murphy, 1995, p. 179).

그는 인간의 마음은 씨와 같아서 그것이 땅에 잘 심겨져서 뿌리내리면 그 생득적인 힘(innate force)에 의해 가지와 잎이 뻗어나가고 결국은 꽃과 열매를 맺게 된다고 설명한다.

외국어교사의 역할을 정원사에 비유한 것은 Brown(2014)이 제시한 원예가(horticulturist)로서의 외국어교사 역할과 같다고 할 수 있다. Brown(2014)은 외국어 습득에 영향을 미치는 다양하고도 복잡한 요인들을 고려해 볼 때, 언어습득은 기계적이고도 공식적인 수학 원리가 아닌 유기적인 원리가 작동하는 식물학과 생태학의 법칙에 비유하는 것이 더 적절하다고 주장하고 있다. 그는 언어습득과정을 꽃씨에 대한 비유를 들어 설명하면서 이 꽃씨가 발아하여 성장하는 과정에 필요한 여러 요인들로 다양한 입력과 환경 등이 중요한데, 언어수행이라는 열매를 맺기까지 원예가의 영향이 크다는 것이다.

Comenius의 정원사에 대한 비유와 Brown의 원예가에 대한 비유의 공통적인 특성은 모두 언어학습자를 무한한 잠재력이 있는 발아하는 꽃이나 식물로 생각한 점이다. 여기서 바람직한 교사의 역할은 언어습득에 대한 과학적이고도 기술적인 전문지식에 근거한 기술자로서의 모습보다는 유기적이고도 생태학적인 접근 방식에 입각한 모습을 근거로 설명할 수 있다. 즉, 학습자들을 보호하고 학습자 각자의 특성과 필요에 민감하여 언어학습의 다양한 상황적 변인에 맞게 대처하는 교사의 모습을 그려볼 수 있을 것이다.

Brown과 Lee(2015)는 외국어교사의 역할이 갈수록 전문화되고 다각적 정체성을 띠고 있다고 주장하면서 좀 더 거시적 관점에서 변혁적인 성찰가(transformative reflectivist)로서의 역할을 강조하고 있다. 이는 교사가 교육수행에 대한 끊임없는 비판적인 성찰을 통해 자신의 교수 행위에도 변화를 가져올 뿐 아니라 교육공동체와 학생들의 삶에도 의미있는 변화를 가져오도록 노력하는 것을 말한다. Brown과 Lee(2015)는 교사가 전문가인 동시에 변혁적 가치를 주도하는 '사회 변화의 주체(agent for social change)'가 되어야 한다고 언급하면서 영어교사의 사회적 책임을 강조하고 했다.

> 사회적 책임을 갖는 교사란 단지 언어교사로서의 역할만 감당하는 것을 의미하지 않는다. 그 이상의 역할이 있음을 명심해야 한다. 교사로서의 전문성은 이 지구상에 거하는 모든 사람들이 서로 소통하도록 도와주고, 이 깨지고 연약한 세상에서 평화와 선의의 의미를 서로 나누도록 하는 것이다. 따라서 언어교사는 간절한 변화가 필요한 곳에 변화의 주체가 되어야 한다. 그래서 이 변화는 경쟁을 협력으로, 전쟁을 평화로, 무기력함을 권한부여로, 갈등을 화해로, 편견을 서로에 대한 이해로 바꾸는 것을 의미한다(p. 585).

최근 영어수업에서 학습자들의 창의성과 영어학습능력 개발의 중요성이 강조되면서 이러한 학습환경을 적절히 제공하기 위한 반성적 교사(reflective teacher)의 역할이 강조되고 있다. Read(2016)는 반성적 영어교사의 자질로 학생들의 삶에 변화를 가져올 수 있다는 마음가짐(mindset), 학생들과의 친밀감과 관계 형성(rapport and relationships), 스캐폴딩(scaffolding), 학습자에 대한 기대감(expectations), 협력(collaboration) 등을 제시하고 있다(Maley & Kiss, 2018, pp. 209-212 재인용).

의사소통 중심 수업에서 영어교사의 역할은 의사소통 언어 교수법을 실제 교실에서 구현하고 학생들이 영어를 사용하여 의사소통을 할 수 있는 진정성 있고(authentic) 의미있는 환경을 제공하는 것에 초점을 맞추어 왔다. 아울러 세계어로서의 영어사용이 확대됨에 따라 영어교사들은 다양한 언어의 문화권과 공동체의 영역에까지 학생들의 영어 사용 범위를 확대시키고 서로 다른 영어 종류들(varieties of English)에 대해서도 학생들이 이해할 수 있도록 지도해야 한다(장복명, 2022). 이처럼 영어가 세계공용어로서의 역할이 증대되는 미래의 상황에서 영어교사의 자질과 요건은 더욱 달라질 것이다.

8.2 기독영어교사의 자질과 역할

기독교교육의 목표는 학생들이 하나님의 말씀에 순종하여 하나님을 잘 섬기는 독립된 개인이 되도록 돕는 것이다. 이를 위해 기독교사들은 학생들이 하나님의 영광 안에서 창조의 구원을 위하여 그에게 주어진 은사를 잘 활용하고 하나님께서 맡겨주신 자리에서 교회, 가정, 그리고 사회에 유익하게 쓰임받도록 준비시키켜야 한다. 기독교사를 예술가(artist), 기술자(technician), 조력자(facilitator), 스토리텔러(storyteller), 장인(craftsperson), 청지기(steward), 제사장(priest), 인도자(guide)에 비유할 수 있다(Van Brummelen, 2009). 이중 성경에서 교사에 대해 제시하는 역할 세 가지는 (1) 청지기로서의 교사(teacher as steward), (2) 제사장으로서의 교사(teacher as priest) 그리고 (2) 인도자로서의 교사(teacher as guide)이다.

첫째, 청지기로서의 교사란 성경의 달란트 비유에서 볼 수 있듯이(마태복음 25:14-30) 학생들이 하나님으로부터 받은 재능, 달란트를 교실이나 학교 교육에서 충분히 계발하고 성장하도록 돕는 역할을 하는 것을 말한다. 이에 따라 청지기적 교수(stewardship of instruction)란 최적의 학습이 일어나도록 적절한 환경과 활동들을 잘 조직하고 관리할 수 있는 능력을 포함한다. 이를 위해 교수자로서의 전문지식, 학생들의 특성 파악, 학교 환경, 수업 운영 등의 영역에서 하나님께서 맡기신 책임을 맡은 청지기로서 그 역할을 잘 감당하기 위한 역량을 발휘해야 한다.

둘째, 제사장으로서의 교사란 학생들이 하나님 나라의 일을 맡은 바 직분대로 잘 봉사할 수 있도록 준비시키는 소명을 감당하는 것을 말한다. '왕 같은' 교사로서 수행해야 할 또 다른 중요한 직무는 하나님을 찬양하고 진리를 증거하는 교육과정을 설계하는 일이다. 이는 말씀의 진리 안에서 하나님이 창조하신 세계와 그 안에서 자신이 차지한 위치에 대해, 아이들의 이해를 도울 수 있는 주제를 선정하고 교재, 학습 경험, 교육 방법 등을 책임을 갖고 이행하는 것을 말한다.

셋째, 교사는 학생들을 올바른 방향, 즉, 바른 지식과 사리분별력을 갖추어 하나님 나라를 위해 쓰임 받도록 방향감각과 다양한 능력을 갖추도록 인도자(guide) 역할을 해야 한다. 성경에서도 예수님을 우리의 위대한 목자로 그 양을 가장 잘 알고 양을 우리에서 인도하여 바른 곳으로 인도하시는 분이라고 일컫고 있다. 이러한 목자로서의 예수님의 모습은 한 영혼을 향한 자비(mercy)와 긍휼(compassion)에 근거하여 교사가 학생들을 바르게 인도하는 모습과 유사하다고 볼 수 있다(Ham, 2013).

무엇보다 기독교사의 자질과 역할에 관한 성경적 모델은 예수 그리스도라 할 수 있다. 완전한 교사로서의 예수님의 가르침과 제자 양육 방법은 기독교사들이 따라야 할 지침을 제공한다. 예수님은 가르침과 삶을 통해 제자들의 멘토가 되셨고 역할 모델이 되셨다(Edlin, 1999, 기독교학문연구회 교육분과 역, 2004). 교사로서 예수님은 신적 권위로서 정신적·영적·사회적 성숙함과 교육대상에 대한 명확한 이해와 함께 자신이 가르치는 내용에 대한 분명한 확신이 있었다. 겸손한 태도로 가르침과 삶에서 보여주는 일관성, 상황에 적절한 질문을 통한 효과적인 가르침을 이끌어내는 즉흥성, 이해하기 쉽도록 실물이나 시각자료를 사용하시는 교수방법, 제자들 각자의 형편에 맞는 방법을 선택하시는 공감력 등은 그야말로 예수님이 완벽한 교사로서의 모델임을 확인시켜준다(Willis, 1990, 현은수 역, 2001).

그렇다면 기독교인 영어교사의 자질과 역할은 무엇인가? 좋은 영어교사가 중생한 기독교인(born-again Christian)이 되면 좋은 기독교인 영어교사가 되는가? 즉, 영어교사가 믿음을 갖게 되면 그 자체로 '좋은 기독교인' 영어교사가 되는가? 일반적으로 교사양성과정을 거쳐서 영어교사가 된 사람들은 교사로서의 전문성과 자격을 갖춘 영어교사라 할 수 있다. 이중 기독교인도 있고 비기독교인도 있다. 기독교 신앙을 갖고 있다는 것과 교실에서 가르치는 것과 어떤 연계성이 있는가?

기독교인 영어교사의 자질과 관련하여 이성희(2009)는 크게 세 가지로 나누어 언급하고 있다. 첫째, 기독교인 영어교사의 영적인 자질이다. 이는 영어교사로서 부르심을 받았다는 소명 의식과 헌신, 언행일치의 신앙인격, 섬김과 공동체 건설, 그리고 소명에 기꺼이 응답하는 용기와 열정을 말한다. 둘째, 전공 전문성 측면에서 요구되는 영어교사의 자질이다. 이는 교사훈련 과정에서 전문성 이수, 영어교육 목적에 맞는 교육과정 설계 능력, 교수 및 학습 이론과 실제에 대한 이해, 교육 평가 능력, 그리고 교사의 의사소통 능력이다. 마지막으로 개인적 특성 측면에서 영어교사의 자질이다. 이는 스트레스 관리 능력, 문화적 적응력, 인내, 유머 등 일반적으로 성숙한 인격의 측면을 말한다. 이러한 자질들이 기독영어교사에게 요구되는 모든 자질들을 포함하는 것은 아니며 시대적 변화에 따라 요구되는 자질들에도 다소 변화가 있을 수 있다. 그렇지만 기독교인 영어교사로서의 정체성과 사명감을 토대로 경건한 인성을 겸비하여 온전한 교사이신 예수 그리스도를 본받아 겸손과 열정으로 가르침에 임하는 것은 변함없는 중요한 자질이 될 것이다.

영어교사의 자질과 연관하여 기독예비영어교사들은 어떤 영어교사를 가장 기억에 남는 좋은 교사로 인식하는지 조사를 해보았다. 이는 기독예비영어교사들에게 중고등학교 시절 영어수업을 반추해보도록 한 후, 어떤 영어교사가 가장 효과적이라고 생각하는지 이를 수업성찰일지에 써 보도록 한 것이다. 예비영어교사들이 인식한 효과적인 영어교수 스타일을 통해 기독영어교사의 역할이 무엇일지 유추해볼 수 있으리라 본다.

- 학생들이 많이 웃고 즐기도록 수업을 하는 것
- 편하고 안정된 수업 분위기 조성
- 교사 자신의 영어학습 경험에 대해 들려주는 것

- 학생 개개인의 차이나 특성에 주목하면서 관심을 갖는 것
- 학생들의 실수를 기뻐하는 것(실수를 용납하고 그것을 가르침의 기회로 활용)
- 개인적으로도 소통할 수 있게 마음이 열려 있는 교사
- 학습자가 누구인가에 대해 관심을 갖는 것
- 학생들의 영어실력 향상에 대해 교사가 긍정적으로 기대하고 말로 격려하는 것("I promise that you will love English.")
- 성적이 향상될 수 있도록 인내심을 갖고 도와주며 학생으로 하여금 성취감을 느끼도록 하는 것 (저자의 전공교과목 '영어습득원리와 학습자 탐구' 수업의 학생들 성찰 자료)

기독예비영어교사들이 인식하는 좋은 영어교사의 특징을 종합해보면, 기독영어교사는 Comenius가 제시한 정원사로의 교사, 한 영혼을 소중히 여기는 목자의 심정을 가진 교사, 학생들의 실수를 용납하고 그들을 긍휼히 여기는 교사 등으로 요약할 수 있겠다. 이러한 특징들은 앞서 Read(2016)가 제시한 반성적 영어교사의 자질과 유사한 부분이 많음을 알 수 있다. 무엇보다도 기독영어교사는 예수님의 제자로서 학생들의 온전한 성장과 발달을 돕는 청지기로, 그리고 이 세상과 공동체의 평화와 회복을 추구하는 사회 변혁가로서의 사명을 잊지 말아야 할 것이다.

8.3 교사교육에 대한 이해

8.3.1 반성적 교사교육

현재 교사교육의 패러다임은 과학적 지식과 교수기술 전수 중심의 교사교육에서 벗어나 배운 지식을 실제 현장에서 적용, 발전시키고 교사 스스로 자신의 교수활동을 성찰하여 끊임없이 개선하도록 하는 반성적 교사교육(Reflective teacher education)으로 전환되고 있다. Schön(1983)은 행동을 수반한 반성의 개념인 '실행 중 반성(reflection-in-action)'을 강조하면서 교사들이 반성적 사고과정을 통해 실제 문제해결을 시도했는지, 행동이나 태도에 변화가 일어났는지가 중요하다고 강조했다. 이러한 반성적 교사교육은 예비교사들로 하여금 그들의 교육수행의 본질과 목적, 그리고 그 결과에 대해 개인적으로 그리고 협력적으로 성찰하는 능력을 증진시킨다. 다시 말하면, 예비교사들은 반성적 실행과정의 다양한 방법들인 결정적 사건분석, 성찰일지 작성, 동료 협력 등을 적용해보면서 자신의 은사를 계발하고 교수 상황을 이해하는 능력을 기르게 된다. 결국에는 자신의 신념이 얼마나 진실, 인간의 존엄성, 정의, 긍휼 등에 근거하고 있는지 살펴보게 된다.

이러한 반성적 교사교육은 자기주도적 교사학습(self-directed teacher learning)으로 발전되어 왔다. 이는 교사 스스로 자기관찰, 자기평가, 교육수행에 대한 인식계발 등을 통해 지속적인 전문성 향상을 도모하는 것을 의미한다(Richards & Farrell, 2005). 이는 기존에 지식을 훈련받아 학생들에게 전수하는 수동적 역할에서 벗어나 주체성(agency)을 가지고 적극적으로 학생들의 인지적, 정의적 변화를 돕는 역할을 강조한다(Richards, 2008). 이러한 교사교육의 진정한 목적은 지속적인 교수행위의 성찰과 탐구, 그리고 행위의 변화를 통해 최종 수혜자인 학습자들에게 더 나은 교육기회를 제공하고 학습의 질적 수준을 향상시키는 것이다. 반성적 교사교육을 예비영어교사양성 프로그램에 적용한 연구들도 다수 수행되었는데(Kim, 2007; 김영숙, 이지연, 2010, 2012; 박영예, 2021), 이러한 연구들은 예비영어교사들이 자신의 교수를 성찰하며 교사로서 자신의 정체성을 능동적으로 찾아가는 교사전문성 개발 프로그램의 필요성을 강조하고 있다.

한편 반성적 교사교육의 방법으로 교사 간의 협력이 활성화되고 있음을 알 수 있다. 이는 교사학습공동체(teacher learning community)나 교사실천공동체(teacher communities of practice) 등의 형태로 다양한 방식으로 전문성 개발에 활용되고 있다. Brown과 Lee(2015)는 교사협력의 방법으로 동료코칭, 팀티칭, 협력적 교육과정개발과 재구성, 전문학술단체 발표, 교사전문협회 참여, 그리고 교사협력 그룹 참여를 제안하고 있다. 빠른 속도로 변화하고 예측 불가능한 사회와 미래 교육 현장에 부응하려면 교사 혼자서는 지속적 전문성 개발이 어려운 현실이다. 특히 4차 산업혁명시대, 지식기반사회에서 각 개인은 스스로 학습을 주도하고 다른 구성원들과 협력하며 다양한 전문기술을 활용하여 조직의 공동 목표를 함께 성취할 수 있는 능력을 요구받고 있다. 이러한 변화에 적응하기 위한 대안으로 교사들이 집단지성의 한 형태인 교사학습공동체를 구성하여 동료교사들과 협력하고 서로 지원하면서 자신들의 교육행위를 함께 검토, 반성하는 공동체를 이루어가는 것은 매우 중요하다.

8.3.2 기독교사교육

기독교인 영어교사가 하나님의 청지기로서 학생들을 가르칠 때 영성과 전문성을 갖추기 위해서는 교사 양성과정에서의 훈련이 매우 중요하다(Lee, 2000). 기독교대학의 교원양성 프로그램은 교사와 학생 모두 하나님께 부름받은 사명자로 그에 합당하게 반응하는 제자(responsive disciples)로 교육해야 하는 사명이 있다(Van Brummelen, 1993). 이에 대한 성경적 근거와 기독교사의 역할은 다음과 같다.

> 교사들은 "…여호와의 영예와 그의 능력과 그가 행하신 기이한 사적을 후대에 전하는"(시편 78:4) 일을 감당해야 한다. 그들은 촉진자(facilitator)의 역할을 넘어 학생들이 그리스도께서 우리에게 명령하신 모든 것에 순종하도록 인도하고 격려해야 한다(마태복음 28:20). 교사들은 하나님의 동역자(co-workers of God)로서 맡은 학생들이 잠재력을 펼쳐 보이고 능력을 갖추도록 도와야 한다(Van Brummelen, 1993, p. 40).

이러한 성경적 근거가 제시하는 기독교대학 교사양성의 특징을 Van Brummelen(1993)은 세 가지로 요약하고 있다. 첫째, 부르심에 합당하게 반응하는 제자도란 개개인의 은사를 발견하고 계발시키는 것을 말한다. 이것을 교원양성 프로그램에 적용시킨다면, 예비교사들이 각자 갖고 있는 독특한 은사를 계발시키고 이를 가르치는 일에 잘 적용시킬 수 있도록 가능성을 열어주는 것을 의미한다고 하겠다. 둘째, 부르심에 합당하게 반응하는 제자도란 공동체적 소명 의식을 의미한다. 이는 예비교사양성 프로그램이 모든 참여자들로 하여금 서로의 기쁨과 각자의 짐을 나누어 갖고 교사로서의 소명감을 확인하면서 서로 격려하도록 해야 함을 의미한다. 세 번째, 부르심에 합당한 제자도란 서로간의 평화와 화목을 추구하는 평화의 공동체를 지향하는 것을 의미한다. 따라서 예비교사들은 그 훈련과정을 통해서 먼저 하나님의 나라와 그의 의를 먼저 구하는 풍성한 화평을 경험할 수 있어야 한다는 것이다. 이 세 가지의 핵심 요소들은 일반 교사양성 프로그램과는 차별화된 기독교적 신앙에 입각한 교사양성 프로그램이 추구해야 할 방향이라고 할 수 있겠다.

네델란드 개혁주의교회 신앙에 바탕을 두고 기독교사를 양성하는 Driestar대학 교사 양성과정의 커리큘럼(Lindhout, 2013, 발표자료)을 보면 교사의 인성교육과 성품 함양을 우선순위에 두고 있음을 알 수 있다. 기독교사는 기독교인으로 하나님의 말씀과 그분이 행하신 일을 존경해야 하며, 하나님과 이웃을 사랑하고 예수님을 따르려는 열망과 감사의 태도를 가져야 한다고 강조한다. 또한 교사의 인성적 특성으로 헌신과 근면, 정직과 공평함, 개개인에 대한 존중심을 들고 있다. Driestar대학의 교사양성 프로그램의 특징을 보면 목자와 인도자 같은 예수님의 역할 모델을 따라 항상 학생들 곁에 있으면서 언제든지 학생의 필요에 응할 수 있는 진실한 교사의 모습을 강조하고 있음을 알 수 있다.

한편 Lessard-Clouston(2018)은 미국 기독교대학의 영어교사 양성과정에서 문화간 의사소통 능력 개발을 위해 가치교육이 매우 중요함을 강조하였다. 그는 7가지 덕목을 포함할 것을 제안하였는데, 이는 긍휼(compassion), 회개(contrition), 감사(gratitude), 소망(hope), 환대(hospitality), 겸손(humility), 그리고 기쁨(joy)이다. 그는 이러한 기독교적 가치 덕목을 교사교육에 포함함으로써 교사들이 그들이 가르칠 다양한 문화권 학생들을 환영하고 여러 가지 면에서 학습자들의 정서적이고 인지적인 측면을 도울 역량을 기를 수 있다고 주장한다. 이러한 가치교육은 교사의 인성교육과 다문화교육 차원에서 매우 중요한 부분이라 할 수 있겠다.

8.4 기독영어교사교육의 방향 탐색

앞서 논의한 교사교육과 기독교사교육의 특성을 살펴볼 때 공통적인 특징으로 반성적 전문가로서 선한 청지기로 사회적 책무를 감당하고 교육 현장에서 변화를 가져올 수 있도록 기독교사를 준비시키는 것이라 할 수 있다. 여기서는 이러한 특성들을 담아낼 프로그램으로 반성적 기독영어교사교육, 다문화 감수성 함양 기독영어교사교육, 그리고 사회적 책임 구현을 위한 기독영어교사교육을 제안하고자 한다.

8.4.1 반성적 기독영어교사교육

반성적 기독영어교사교육 프로그램을 설계하기 위해서는 먼저 앞서 논의한 Read(2016)의 반성적 영어교사 요소를 기독교적 관점으로 재설정하는 작업이 요구된다. 반성적 기독영어교육의 요소는 소명 의식, 겸손, 영혼에 대한 관심, 도전 의식, 지혜, 학생들의 삶에 대한 관심, 창의적 교수, 그리고 협력으로 설정할 수 있을 것이다. 교과에서 활용 가능한 반성적 도구는 기존 교사교육에서 많이 활용되는 도구들로서 학년별, 교과목 목표나 특성에 따라 적절하게 활용할 수 있을 것이다. 그리고 교과 이외에 예비영어교사들 대상 프로그램으로 교사적인성 함양을 위한 기본적인 도구부터 학습공동체, 지역사회 연계 전공봉사 프로그램 등을 제안할 수 있겠다.

<표 8-1> 반성적 기독영어교사교육 프로그램 설계

<table>
<tr><th>단계</th><th>반성적 기독영어
교육 요소</th><th>교과에서 활용 가능한
반성적 도구</th><th>비교과에서 활용
가능한 프로그램</th></tr>
<tr><td>1단계
예비영어교사
자기평가
(1학년)</td><td rowspan="3">• 소명 의식
• 겸손
• 영혼에 대한 관심
• 도전 의식
• 지혜
• 학생들의 삶에 관심
• 창의적 교수
• 협력</td><td>• 자기이해/교직적성 및 역량 진단
• 기독영어교사 핵심역량 자기평가
• 기독영어교사 사명문 작성</td><td>• 진로심리검사/교직적인성 검사
• 학습유형 및 학습전략진단검사</td></tr>
<tr><td>2단계
예비영어교사
반성적 훈련 및
자기평가
(2~3학년)</td><td>• 수업성찰일지
• 교수일지 작성
• 모의수업시연
• 동료 수업참관
• 동료코칭
• 결정적 사건분석
• 포트폴리오</td><td rowspan="2">• 예비영어교사 학습공동체 프로그램
• 학습공동체 연구보고서 작성
• 학습공동체 활동발표 및 공유
• 협력교사(현장교사 포함) 코칭
• 현장교사-예비교사 멘토링
• 지역사회 전공봉사 프로그램</td></tr>
<tr><td>3단계
예비영어교사
반성적 실습 및
자기평가
(4학년)</td><td>• 현장수업 및 교수일지 작성
• 수업참관
• 결정적 사건분석
• 사례보고서
• 포트폴리오</td></tr>
</table>

이러한 반성적 기독영어교육 프로그램 중 최근 교사양성의 핵심 요소인 자기주도성과 협력을 강화시킬 수 있는 프로그램을 좀 더 구체적으로 소개하고자 한다. 첫째는 예비교사들의 자기평가를 위한 포트폴리오 활용이고, 둘째는 교사교육에서 예비교사학습공동체를 활용하는 방안이다.

8.4.1.1 자기평가(self-assessment)를 위한 포트폴리오 활용

예비교사 양성과정을 통해 학생들이 교사로서의 자질을 갖추고 미래 전문적인 교원의 자질을 꾸준히 계발시켜나갈 수 있도록 돕기 위해서는 예비교사들이 4년간의 교원양성 과정을 통해 스스로 자신을 평가하고 준비할 수 있도록 해야한다. Bull(2016)은 기독교대학의 교사양성에 있어서 교사들을 반성적 전문가로 양성하기 위해서는 단지 수업연습 만으로는 부족하며 수업실습과 연계하여 다음과 같은 5가지 자기성찰적 질문을 하도록 강조하였다.

① 수업에서 어떤 일이 일어났는가?
② 교실 수업에서 실제 일어나고 있는 상황들 중 결정적 사건(critical incidents)은 없는가?
③ 수업에서 발생한 일에 대한 본인의 반응은 어떠했는가?
④ 잘 진행된 것은 무엇이며 잘 안된 것은 무엇인가?
⑤ 수업에서 일어난 일을 어떻게 이해하고 해석할 수 있겠는가? 그것을 통해 깨달은 것은 무엇인가?
⑥ 그렇다면 그 다음은 어떻게 할 것인가?

이러한 자기성찰적 질문들은 예비영어교사들이 자신의 수업 또는 동료들과 협력하여 모의수업시연을 하고 수업에 대한 자기평가, 동료평가 등을 함으로써 본인의 수업에 대한 정보를 수집하고 발전적인 방향으로 개선을 해나가는 좋은 방법이 될 것이다. 스스로에게 질문을 하는 것은 다른 한편으로는 창의적이고 비판적인 사고를 유도하는 방법이라고 할 수 있다. Purgason(2016)은 학습자들의 비판적 사고를 통한 영어능력 함양의 중요성을 강조하면서 영어교사교육에서 창의적 사고를 유도하는 반성적 교수를 제안하였다. 외국어로 영어를 배우는 학습자들이 영어로 글을 읽고 쓰는 과정을 통해 그들의 삶과 가치관에 대한 성찰까지 이끄는 것이 중요한데 비판적 사고의 특성은 바로 성찰(reflection)에서 오기 때문이다. 비판적인 사고는 바로 창의적인 사고라고도 할 수 있는데, 예비영어교사들도 자신의 교육수행과 연관하여 의미있는 질문을 할 수 있도록 다양한 질문전략을 활용하는 것이 필요하다.

기독영어교사 양성과정에서 자기평가를 위한 반성적 도구로 예비영어교사 포트폴리오를 활용할 수 있겠다. 교수 포트폴리오(teaching portfolio)는 교사의 교육수행에 대한 기록으로서 교육수행에 대한 성찰과 점검을 위한 기초자료라 할 수 있다. 교수 포트폴리오는 그 목적에 따라 교사가 교육수행에 어떻게 접근하는지, 교사의 수행평가에 대한 증거로 보여주는 전시적 포트폴리오(showcase portfolio)와 교사가 특정한 목표를 향해 어떻게 성취해 가는지를 보여주는 정보들이 포함된 수행적 포트폴리오(working portfolio)로 나눌 수 있다(Richards & Farrell, 2005). 많은 교사양성 기관에서 교사양성의 마지막 단계에 전문적인 포트폴리오 작성을 졸업 요건으로 제시하기도 하는데, Brown과 Lee(2015)가 제안한 교사 포트폴리오에 포함될 기본적인 내용을 근거로 리스트를 제공할 수 있겠다. 기독영어교사 양성기관에서 예비영어교사들이 작성할 포트폴리오 내용은 부록에 수록하였으니 참고하기 바란다(부록 1 참조).

이러한 교사 포트폴리오를 위한 자료를 수집하는 과정은 필요할 때마다 새로운 자료를 추가로 덧붙일 수 있는 지속적이고 장기간의 노력이 요구된다. 최근 온라인 기반 전자식 포트폴리오(e-portfolio) 활용으로 더욱 다양한 멀티미디어 자료 구축과 맞춤형 제작이 가능해지고 있다. 무엇보다 포트폴리오에 포함될 항목을 수집하는 과정은 자기평가를 유도하고, 예비영어교사의 교육수행에 대한 점검이나 성찰을 용이하게 하며 궁극적으로는 기독영어교사로서 교육에 대한 목표를 세우고 사명감으로 교직에 임하도록 하는데 도움을 줄 수 있을 것이다.

8.4.1.2 예비영어교사 학습공동체 운영

변화하는 시대의 흐름과 학생들에 따라 교사는 끊임없이 성장하고 발전하는 과정이 요구되는데, 이는 교사 개인의 노력으로는 쉽게 이룰 수 있는 과정이 아니다. 이에 교사들이 학습공동체를 형성하여 서로 배우고 협력적으로 전문성을 개발하고자 하는 노력이 확산되었다. 네트워크 기반의 학습공동체는 외국어 교사교육을 위한 전문성 제고에도 매우 중요한 자리매김을 하고 있다(Crandall & Miller, 2014). 이러한 학교 현장의 교사학습공동체의 활성화와 내실화 노력의 궁극적인 목적은 교사의 전문성 신장을 통한 학생들의 학습력 향상과 교육 현장의 지속적인 변화라 할 수 있다.

서경혜(2013, 2019)는 교사 학습에 대한 공동체적 접근의 대표적인 유형으로 전문가학습공동체(professional learning communities), 실천공동체(communities of practice), 탐구공동체(inquiry communities) 이 세 가지를 제시하고 있다. 이 학습공동체가 활성화되기 위해서는 먼저 교사 측면에서, 교사학습공동체를 성공적으로 이끌 리더, 즉 변화의 촉진자(change agent) 양성이 우선되어야 한다. 왜냐하면 교수학습 역량을 갖추고 동료들의 신뢰를 얻고 동료들과의 협업을 좋아하는 교사리더의 역할이 매우 중요하기 때문이다. 학교 운영자 측면에서는 교사들이 민주적으로 의사결정과 교육활동에 참여할 수 있는 환경조성이 필요하다. 이를 위해 원활한 의사소통, 협업, 코칭, 변화 촉진, 갈등관리, 창의성, 용기 등의 역량을 갖출 것이 요구된다(이경호, 2018).

4차 산업혁명시대에 변화하는 교육환경과 미래교육의 실천을 위해 교사의 역할과 역량 또한 달라지고 있다. 새로운 교육 패러다임에 부응하기 위한 교사 역량을 살펴보면, 이는 지능정보 역량, 융합적 교육과정 재구성 역량, 협업 및 의사소통 역량, 네트워크 역량, 공동체 역량, 감성 역량이다(임종헌, 유경훈, 김병찬, 2017). 이 중 공동체 역량은 '경쟁에서 이기는 법', '남을 밟고 올라서는 법'이 아니라 남과 더불어 살아가고 남을 배려하고 협동할 줄 아는 역량을 말하는데, 이는 학생들뿐만 아니라 교사들도 먼저 갖추어야 할 역량 중 하나이다(임종헌 외, 2017). 이는 학교 내에서뿐만 아니라 사회 차원으로 확대되어야 한다. 즉 사회공동체를 어떻게 이루고 협력하여 살아갈 것인가에 대한 성찰과 준비가 필요한 것이다.

이런 점에서 교원양성과정에서부터 예비교사들과 현장교사가 함께 학습공동체를 구성하여 협력을 하고 공동체적인 교사비전을 함께 나눔으로 해서 교사역량을 키워가는 실천공동체를 경험할 필요가 있다(박주연, 윤성혜, 2022). 기독영어교사 양성과정에서 예비영어교사를 대상으로 학습공동체를 운영하는 것은 기독영어교사의 사명과 비전을 더욱 공고히 하고 협력을 통해 전문가적 자질을 키울 수 있는 기회가 되리라 본다. 이를 위해 현장교사의 멘토링 지원, 대학이나 학과 차원의 행정 및 재정지원도 필요할 것이다. 학습공동체 운영 절차를 소개하면 다음 그림 <8-1>과 같다. 상세한 운영 방안은 부록에 수록한 자료를 참고하기 바란다(부록 2 참조).

학습공동체 구성		학습공동체 계획수립		학습공동체 활동		학습공동체 공유
• 예비영어교사 선발 • 사범학과 교수 추천 • 현장영어교사 섭외	➡	• 모둠 구성 • 수업전문성 개발 위한 활동계획 수립 • 비전과 사명 나눔	➡	• 학습공동체 활동 • 교육 연구 활동 • 현장교사 멘토링	➡	• 전체 평가회 • 활동보고 및 공유 • 활동보고서 작성

<그림 8-1> 기독예비영어교사 학습공동체 추진 절차

8.4.2 다문화 감수성 함양을 위한 기독영어교사교육

다문화 사회로 진입한 한국 사회에서 다문화 가정 학생 비중이 증가함에 따라 교육적 돌봄이 필요한 다양한 영어학습자들을 교육할 수 있는 준비된 영어교사 양성이 요구된다. 성경에도 "너희는 나그네를 사랑하라 전에 너희도 애굽 땅에서 나그네 되었음이니라"(신명기

10:19)라고 나와 있듯이, 타문화권 사람들을 수용하고 인정하면서 그들을 겸손히 섬기는 자세는 기독교인의 주요한 덕목이다. 이를 위해 기독영어교사는 기독교 문화간 화자(Christian intercultural speaker)로서의 덕목을 갖추어야 할 것이다.

문화간 화자는 "자기 문화와 다른 문화와의 바른 관계를 정립하고 어떤 문화적 배경을 가진 사람과의 대화에서도 차이점과 공통점을 발견하고 우호적인 관계를 형성할 수 있는 사람"(Byram, 1997, p. 32)을 말한다(제6장에서도 언급). 기독교 문화간 화자의 덕목은 첫째, 모국어와 모국 문화에 대한 바른 정체성 확립, 둘째, 타문화권 화자에 대한 성경적 이해와 타문화에 대한 존중심, 셋째, 문화간 차이에 대한 이해와 감정이입, 그리고 넷째, 축복된 이방인과 이방인에 대한 환대이다(김영숙, 2014). 이러한 기독교 문화간 화자로서의 자질을 겸비하기 위해서는 기독영어교사 양성과정에서 교과 및 비교과교정을 통해 다문화 이해와 문화간 의사소통 능력 개발에 초점을 맞춘 교수활동들이 접목되어야 할 것이다.

최근 김영숙과 이지연의 연구(2019)에 의하면, 4차 산업혁명시대에 요구되는 기독영어교사의 핵심역량으로 일반적인 교사역량(교과전문성, 교과지도, 인성 및 생활지도, 자기관리 등)이외에 공동체 역량을 강조하고 있다. 여기서 공동체 역량은 다문화 이해 능력, 공동체 의식, 공동작업 능력의 하위역량으로 나눠지며, 다문화 이해 능력은 "타문화에 대한 이해, 다양성에 대한 인식, 다양성의 존중 및 공감, 타문화에 대한 배려, 타문화와의 조화 모색"(김영숙, 이지연, 2019, p. 251)을 말한다. 이들은 기독영어교사 양성과정에서 문화간 감수성과 다문화 이해

능력의 함양을 위해 간문화적 활동을 포함한 교수·학습방식이 더욱 확대되고 보편화될 필요가 있음을 언급하고 있다. 김영숙(2022)은 다문화 사회로 빠르게 전환해가는 한국 상황에서 기독영어교사들의 다문화 감수성 함양과 타문화권 화자들에 대한 환대를 실천하는 역량을 기를 수 있는 교사교육 프로그램이 필요함을 강조하고 있다.

교육부 또한 예비교원의 다문화 교육 역량을 강화할 수 있도록 관련 내용을 교직 과목에 반영할 것을 지속적으로 권고하고 있다. 이러한 다문화 감수성 함양을 위해 교사양성 교과목 설계시 교과 내용과 목표에 다문화 감수성을 증진시킬 수 있도록 재구성하는 방안을 고려할 수 있을 것이다. 저자가 가르치는 전공교과목 중 '영어권 문화와 다문화 사회 탐구'는 기존 '영미문화이해 및 지도' 교과목을 개선하여 다문화 교육 역량과 문화간 감수성 역량을 강화한 교과목 개발 사례라 할 수 있다. 강의 외에 문화간 감수성 개발 활동, 타문화 탐구 프로젝트, 현장 전문가 초청 등 다양한 수업 활동을 포함할 수 있으며, 사전·사후 다문화 감수성 테스트나 문화간 감수성 검사 설문지[4](부록 3, 4 참조)를 활용하여 예비영어교사들의 문화간 감수성 함양 증진 여부도 체크할 수 있다. 이러한 교과내의 수업 활동 이외에도 문제중심 학습, 실습형, 체험형 수업 등으로 교육프로그램 개발을 시도해볼 수 있을 것이다.

4차 산업혁명시대의 특징인 '초연결성(hyperconnectivity)'은 지역사회

4 Chen과 Starosta(2000)가 개발한 문화간 감수성 검사지(Intercultural Sensitivity Scale)로, 상호작용 참여, 문화간 차이 존중, 상호작용 자신감, 상호작용 향유, 상호작용 관심 등 5개의 정서적 하위요인으로 항목들이 구성되어 있음.

와 국가 간의 소통을 더욱 강화시켜 영어의 중요성은 증가할 것이고 (안계명, 2018) 문화간 의사소통 능력은 더 필수적으로 요구될 것이다. Aoun(2017, 김홍옥 역, 2019)은 AI 번역용 앱이 아무리 정확하다고 하더라도 진정한 의미의 문화간 감수성에 도달할 수 없으므로 다양한 문화학습과 훈련을 통해 문화적 민첩성을 계발할 것을 주장하고 있다. '문화적 민첩성(cultural agility)'이란 문화간 감수성보다 더 실천적인 개념으로 "문화적 배경이 다른 직업 종사자들이 여러 문화가 혼재한 상황에서 업무를 성공적으로 수행하도록 이끄는 능력"(Aoun, 2017, 김홍옥 역, 2019, p. 114)을 말한다. 이처럼 미래사회의 다각적인 사회 변화에 대응하기 위해 기독영어교사들을 위한 더 구체적이고 실천적인 다문화 감수성과 문화적 민첩성 함양 프로그램 개발이 필요하리라 여겨진다.

8.4.3 사회적 책임 구현을 위한 기독영어교사교육

영어가 국제화 시대의 공용어로 자리매김을 함에 따라 국가경쟁력에서 영어능력의 중요성은 거론할 여지가 없을 것이다. 이에 국가 교육과정에서도 학생들의 영어 의사소통 능력 개발뿐만 아니라 문화간 의사소통 능력 함양도 영어교육의 주요 목표가 되어 왔다. 영어가 세계어로서 사용된다는 것은 영어가 세계시민의 공용어가 되고 문화간 교류와 소통이 더 활발해짐을 의미한다. 하지만 우리나라에서는 여전히 영어가 대학입시를 위한 수단으로 여겨지고 있으며 그로 인해 사교육시장을 통한 영어교육에 막대한 투자를 하고 있는 현실이다. 그뿐 아니라 한국 사회에서 사회경제적 지위와 영어 자본 등의 결과로 빚어지는 계층간 영어 분열(English divide) 문제도 우리 사회의 대표적인 양극화 이슈로 등장하고 있다(Crookes, 2017; Jeong & Jeon, 2013; Noh & Jeon, 2012).

이러한 영어학습에 있어서 불균등, 영어의 접근성에 있어서 불평등(inequality of access) 현상은 단지 한국에서만 일어나고 있는 일은 아니다. 홍콩의 경우도 한국과 유사하게 경제적, 문화적으로 자본이 있는 사람은 더 영어 혜택을 누린다. 경제적으로 부유한 가정의 경우 그들의 자녀들을 영어전용 사립학교나 사립학원, 국제학교, 해외 조기유학 등으로 기회를 갖는 반면 그러한 여건이 안되는 사람은 영어에 충분히 노출될 기회가 없고 영어로부터 소외당하기 쉽다. 우리나라에서 영어 공교육을 통한 불균형 해소 방안으로 영어 몰입교육의 도입을 추진하기도 했고 그후 영어상용화[5] 기관 확대를 통한 영어상용화 실현을 제안하기도 했다(모종린 외, 2010).

Crookes(2017)는 한국사회의 영어 양극화는 경제적 양극화 현상이나 다름이 없다고 하면서 이러한 영어로 인한 불평등 현실을 비판적 시각에서 접근해야 한다고 강조했다. 여기서 비판적 시각이란 영어가 갖는 정치성을 의미하는데, 이는 세계 공용어로서의 영어의 현 지위 및 확산 뒤에 가려진 영어로 인해 생기는 수많은 불평등과 잠재적 권력 등을 말한다(Canagarajah, 1993; Pennycook, 1994). 즉, 세계화 시대를 맞아 국가 경쟁력을 높이고 영어교육을 통해 글로벌 인재를 양성하고

5 모종린 외(2010)는 영어공용화(Official Language)를 "모든 공적 커뮤니케이션의 영어화", 영어상용화(Common Language)를 "특정 영역에서 영어가 일상적으로 통용되는 환경의 조성"으로 정의하면서(p. 14), 한국의 경우 영어공용화를 통한 영어경쟁력 강화를 주장하였다.

자 할 때, 영어의 권력과 지배를 유지시키고 재생산하는 일에 우리의 의지와 상관없이 동참하게 될 수 있다는 것이다. 세계인의 의사소통 도구로 영어능력을 키우는 것은 당연한 일이겠지만, 영어로 인해 발생하는 불평등이나 양극화 현실을 직시하고, 특히 영어교사들은 균형잡힌 시각과 비판적 태도를 가질 필요가 있다. 이는 영어교육이 '엘리트주의'와 '세속주의'에 기반을 두는 것이 아니라 사회적 약자와 모두를 위한 공공성에 기반한 교육의 사회적 역할을 감당하는 것을 말한다(Snow, 2009).

비판적 교수(critical pedagogy) 관점에서 보면 영어교사는 학생들의 영어 의사소통 능력을 향상시키는 것뿐만 아니라 그들에게 비판 의식을 심어주고 사회 변화의 가능성을 꿈꾸게 할 수 있도록 해야 한다. 이는 영어교육을 통해 학습자들이 좀 더 민주적이고 정의로운 사회의 구현을 꿈꾸고 더 나은 사회를 만들어갈 인격체로 학습자들을 길러낼 사회적 책임이 있음을 의미한다. 국제적인 영어교육전문협회인 'Teachers of English to Speakers of Other Languages(TESOL)'에서는 그 단체 산하에 사회적 책임 실행공동체(Social Responsibility Interest Section: SRIS)를 두고 영어교육을 통한 사회적 평등과 다양성 존중, 다문화 이해 등을 증진시키고자 노력하고 있다(www.tesol.org). TESOL은 영어수업에서 글로벌 이슈와 사회적 책임에 대하여 과감히 다루어야 함을 강조하면서 다음과 같은 토픽들을 제안하였다.

- 지속가능한 발전을 위해 환경이나 생태교육을 영어수업에 포함시키기
- 다름에 대한 관용과 문화간의 차이 존중을 다루기
- 비판적 책읽기를 통해 사회적 편견과 맞서기

- 인종차별 반대 및 성평등 교육 문제를 다루기
- 문화교차적 및 소수 민족의 문학과 문화 내용을 다루기

한편 유네스코가 추진한 '모두를 위한 교육(Education for All, EFA)'에서도 교육 불평등 해소와 교육적 소외 계층에 대한 지원을 목표로 다양한 사업들이 추진되어 왔다(유네스코한국위원회, 2015). 학습 과잉의 한국 사회에서는 교육 소외와 교육 불평등을 경험하는 영어학습자들이 많으며 특히 중등학교에서 영어학습 부진이 심화되고 있어 영어학습 부진아의 이해와 지도에 대한 필요성도 제기되고 있다. 그렇다면 영어 소외계층, 영어환경 취약계층에 어떻게 하면 공평하게 영어에 노출을 시키고 영어학습 환경 기회가 주어지게 할 것인가? 최근 기술의 발전으로 컴퓨터와 인터넷만 있으면 다양한 영어교육 자료들이 접근 용이하기 때문에 지역에 상관없이 '평등하게' 영어교육을 받을 수 있는 긍정적인 측면도 있다. 하지만 아직도 이러한 기계학습에 접근이 어려운 학생들이 존재하며 소외된 대상들에 대한 배려와 그러한 현실을 바꾸기 위한 비판적 영어교사교육 프로그램이 필요하다(이문우, 2022).

조형숙(2018)은 한국에서 교육 소외와 교육 불평등을 경험하는 영어학습 부진아 지도의 필요성을 제기하면서 유네스코의 '모두를 위한 교육'의 관점으로 영어교사양성 방안을 제안하였다. 그는 중등 예비영어교사를 대상으로 '영어학습 부진아의 이해와 지도'라는 교과목을 개설하여 대학과 중학교의 연계를 통한 예비교사-영어학습 부진아 1:1 멘토링 방식으로 현장실습을 운영하였다. 한 학기 현장지도에 대한 예비교사들의 구술 평가회와 설문조사 결과, 지속적인 학습 진척

과 성과를 기대할 수 있도록 영어학습 부진아의 학습 동기 유지방안 마련, 영어학습 부진아에게 적절한 교육과정과 교수 전략 및 학습자료 개발 등을 제안하였다. 또한 교사교육과 교육 거버넌스 형성이라는 맥락에서 다양한 학습자에 대한 교수역량을 키울 수 있도록 현장연계형 교사교육의 필요성을 강조하였다.

기독영어교사는 무엇보다 교사로서의 소명감에 기반하여 학생들의 영혼까지도 보듬고 치료하며 그들을 하나님의 형상을 띤 존재로 보고 양육할 사회적 책임이 있다. 기독영어교사교육에서 이러한 사회적 책임을 구현하기 위한 실천 방법으로 전공 봉사-학습(service learning)을 들 수 있겠다. 최무진(2012)은 기독교대학이 봉사-학습을 교육 방법으로 가르쳐야 함을 성경적 근거를 통해 강조하고 있다. 이는 하나님께서 성도들을 부르신 다음 말씀하신 소명으로서, 궁핍한 자를 향한 지구적 소명(이사야서 58:10, 갈라디아서 2:10), 봉사의 실천(베드로전서 4:10) 등을 말한다. Purgason(2016) 또한 전공 봉사-학습이 기독영어교사들이 영어를 도구로 지역공동체를 섬기고 하나님 나라 확장을 위해 실천할 수 있는 좋은 방법이라고 제안하고 있다.

전공 봉사-학습으로 대학 내의 탈북학생들 대상의 영어학습 멘토링이나 지역사회의 소외된 취약계층 학생들 대상 영어학습 지도를 할 수 있을 것이다. 또한 지역사회의 다문화 프로그램이나 외국인지원센터 또는 지역교회의 이주민사역 등과 연계하여 우리나라에 있는 이주민들 대상으로 영어학습을 지원하는 방법도 모색할 수 있겠다. 기독영어교사양성 프로그램에서 봉사-학습의 실제 적용사례는 제11장에서 구체적으로 다루기로 한다.

요약

기독영어교사 양성과정에서는 기독교 세계관 기반 영어교육의 내실화가 요구되며, 전공수업에서 이루어지는 수업의 내용이 기독교적 관점에 부합하고 수업내용과 교수방법 또한 영어교육과 신앙의 통합을 추구할 필요가 있다. 일반 대학과는 달리 기독교대학의 영어교사양성 프로그램에서는 실용적인 면에서 요구되는 영어교사의 요건에 부응하는 것도 중요하지만 그보다 한 차원 더 높은 수준으로까지 예비교사들을 끌어올리고 준비시켜야 한다. 이에 본 장에서는 기독영어교사의 자질과 역할을 살펴보고 기독영어교사교육 프로그램의 방안을 논의하였다.

기독교사양성 프로그램의 특성을 살펴볼 때 공통적인 특징으로 반성적 전문가로서 선한 청지기로 사회적 책무를 감당하고 교육 현장에서 변화를 가져올 수 있도록 기독영어교사를 준비시키는 것이라 할 수 있다. 이러한 특성들을 담아낼 교사교육 프로그램으로 반성적 기독영어교사교육, 다문화 감수성 함양 기독영어교사교육, 그리고 사회적 책임 구현을 위한 기독영어교사교육을 제안하였다. 기독영어교사는 무엇보다 하나님께서 자신을 영어교사로서의 부르셨다는 소명 의식과 맡은 학생들을 돌볼 청지기 의식에 입각하여 학생들의 영혼까지도 보듬고 치료하며 그들을 하나님의 형상을 띤 존재로 보고 양육할 사회적 책임이 있다.

읽어볼 만한 자료

김영숙. (2022). 기독영어교사교육에서 환대의 덕목과 그 실천적 적용 방안 탐색. *인문과학연구논총*, *43*(4), 189-211.

Brown, H. D., & Lee, H. (2015). *Teaching by principles: An integrative approach to language pedagogy* (4th ed.). White Plains, NY: Pearson Education.

Crookes, G. (2017). Critical language pedagogy given the English divide in Korea: A suite of practices, critique, and the role of the intellectual. *English Teaching*, *72*(4), 3-21.

Lee, S. (2000). Teacher training for Christian English teachers: Aims and considerations. *Chongshin Review*, *5*, 210-224.

Richards, J. C., & Farrell, T. S. C. (2005). *Professional development for language teachers: Strategies for teacher learning*. Cambridge: Cambridge University Press.

Van Brummelon, H. (1993). Teacher education for responsive discipleship. In P. DeBoer(Ed.), *Educating Christian teachers for responsive discipleship*(pp. 37-62). Lanham, MD: University Press of America.

Willis, W. R. (1990). *Developing the teacher in you*. 현은수 역 (2001). *탁월한 교사*. 서울: 대한예수교장로회총회.

제3부

기독교 세계관으로 영어교육 실천하기

본서의 앞 부분에서 기독교 세계관에 입각하여 영어교육과 신앙의 통합을 모색하고자 기독교적 영어교육의 목표를 정립하였고 그에 따른 영어교육의 내용들을 기독교 세계관으로 조명하였다. 기독교적인 영어교육의 목표는 영어 의사소통 능력 함양에 국한된 것이 아니라 영어학습을 통하여 학습자의 잠재력과 창의적 사고력을 펼치도록 하고 영어를 이웃을 섬기는 도구로 사용하여 하나님 나라의 사역을 위해 사용하도록 학습자들을 온전히 세우는 것이다.

이를 위해 제3부에서는 기독교적인 영어교육의 실천을 위한 영어수업의 실제와 방안들을 소개하고자 한다. 제9장에서는 앞서 제5장에서 다룬 기독교적 영어교수 방법 중 협동학습에 관하여 그 원리와 구조를 논의하고 실제 영어수업에서 활용한 사례를 구체적으로 소개하고자 한다. 제10장에서는 앞서 제7장에서 영어교과에서의 창의성 함양 영어교육이 어떻게 실현될 수 있는지 수업 사례를 중심으로 다루고자 한다. 여기서는 창의적 사고기법을 활용한 수업과 질문중심의 영어수업 사례를 소개하고자 한다. 마지막으로 제11장에서는 기독영어교사의 사회적 책임을 구현하기 위한 실천적 방법을 소개한다. 지역사회와 연계한 영어 봉사-학습의 사례인데, 이를 위해 봉사-학습의 개념과 교사교육에서 적용의 필요성을 함께 논의한다. 이러한 실제 수업 사례의 공유를 통해 기독영어교육의 실천 가능성을 모색하고 기독영어교사가 가져야 할 사회적 책임이 무엇인지 성찰하는 계기로 삼고자 한다.

제9장
협동학습을 적용한 영어수업의 실제

미리 생각해볼 질문들

† 협동학습의 원리와 특성은 무엇인가?
† 영어수업에서 협동학습을 적용할 때 장점은 무엇이라고 생각하는가?
† 영어수업에서 협동학습의 구조는 어떻게 활용할 수 있는가?
† 그룹원 간에 긍정적 상호협력을 이끌어내기 위한 방법에는 어떤 것이 있는가?

기독교적 영어교수 방법은 학습자 중심의 교실 환경에서 타인에 대한 이해와 협력을 바탕으로 학습공동체를 이루어 학습자간의 상호작용을 통해 배움이 일어나도록 하는 것이다. 앞서 제5장에서 기독교적 영어교수 원리 중 학습자의 정서적 복지와 긍정적 상호협력의 원리에 부합하는 교수방법으로 협동학습을 간단하게 소개하였다. 협동학습은 공동체의 협력을 중시하는 기독교적 원리를 잘 반영하고 있어 실제 교회교육 및 기독교교육 현장에서도 널리 활용되고 있다. 이 장에서는 협동학습의 특성과 원리를 살펴보고 협동학습의 구조와 방법들을 영어수업에서 접목하여 활용한 수업 사례들을 소개하고자 한다.

9.1 협동학습의 특성과 원리

협동학습(Cooperative Learning)은 80년대 이후 기존의 교사 중심의 교수법에서 탈피하여 학습자 참여 중심의 교수방법으로 전환되면서 동료의 지지와 코칭을 강조하는 소그룹 중심 방법을 말한다(Kagan, 1994; Slavin, 1995). Slavin(1995)은 협동학습을 정의하며 공동 학습목표를 가진 소집단이 협동적 과제 구조(cooperative task structure)를 통해 주어진 학습활동을 하는 소집단 학습방법이라고 하였다. 상호작용을 통해 소집단의 학습을 극대화하기 위해서는 '전체는 개인을 위하여(all-for-one)', 그리고 '개인은 전체를 위하여(one-for-all)'라는 개념을 가지고 서로 돕는 것이 매우 중요하다.

협동학습의 효과와 장점에 대해서는 이미 많은 연구들이 입증하고 있는 바이다. 협동학습은 다양한 성취 기준의 학습자들이 한 그룹을 이뤄 동료끼리 가르치고 배우면서 학업 성취도 향상뿐 아니라 사회성 계발과 자아 존중감 증진, 불안감 감소, 역할 수용능력 등의 정서적 발달 면에서도 긍정적 영향을 주는 것으로 나타났다(Crandall, 1999; Slavin, 1995). Crandall(1999)은 특히 협동학습이 학습자들의 정의적인 측면에 긍정적인 영향을 미친다는 연구결과를 바탕으로 협동학습을 외국어 수업에서 적극적으로 활용할 것을 권장하고 있다.

제2 언어교육에서 협동학습은 의사소통 능력 개발에 필수적인 상호작용을 촉진하고 있어 의사소통 중심 언어교수법의 확장선 상에서 이해되기도 한다(Richards & Rogers, 2014). 김민정(2019)은 협동학습의 기본 원리와 학습 과정이 기독교적인 교육 방법에 부합한다는 점을 강조하면서 신학교의 영어교육과정에 협동학습을 도입한 수업지도 방안을 소개하고 있다.

협동학습의 일반적인 형태는 (1) 학습 내용의 제시, (2) 다양한 수준의 구성원, (3) 학습 성취 평가, (4) 우수팀 선정 및 보상으로 구성된다. 이 네 요소들 중 팀의 협동에 초점을 두는가와 팀별 경쟁에 초점을 두는가에 따라 다양한 모델이 제시되고 있으며 각 모델에 따라 협동학습의 활동들도 다양하다(Johnson & Johnson, 1994; Kagan, 1994). 그 중 성취과제 분담 모형(STAD), 함께 학습하기(Learning Together), 자율적 학습활동(Co-op Co-op), 과제 분담 학습(Jigsaw), 집단 조사(Group Investigation) 등이 대표적인 예이다. 이러한 협동학습 모델이나 활동들은 명칭이나 유형이 매우 다양하지만 공통적인 기본 특성과 원리를 찾아볼 수 있는데 이를 요약하면 다음과 같다(Crandall, 1999; Kagan, 1994; McCafferty, Jacobs, & Iddings, 2006).

① 긍정적 상호의존(positive interdependence): 협동학습에서는 상호작용의 목적이 각자 맡은 역할 수행을 통해 과제를 완성하는 것이다. 따라서 개개인 각자의 역할이 전체 목표 달성에 매우 중요하므로 서로 간에 긍정적으로 상호의존할 수밖에 없다.

② 면대면, 동시다발적인 상호작용(face-to-face, simultaneous interaction): 협동학습은 보통 짝(pair)이나 4~6명의 그룹 구성을 통해 상호작용이 일어난다. 이는 전통적인 교실 수업에서 흔히 볼 수 있는 교사와 학습자 간의 순차적 구조가 아닌 학생들이 동시다발적으

로 얼굴을 서로 마주 대하며 상호작용하는 원리이다.

③ 개인의 책무성(individual accountability): 협동학습의 개인적 책임 제도는 자신이 기여해야 할 분명한 역할의 배정과 그 맡은 영역의 평가를 통해서 이루어진다. 즉 자기 영역의 학습과제나 설명회, 작품에 대해 고유한 책임을 짐으로써 개인적인 책임을 형성해나가게 된다.

④ 그룹 활동을 통한 사회적 기술 개발(development of small group social skills): 협동학습이 성공적으로 이루어지기 위해서는 언어적 기술뿐 아니라 상호간의 신뢰와 원활한 의사소통을 위한 사회적 기술 개발이 필요하다. 여기에는 공평하게 순서 지키기, 다른 사람을 격려하기, 경청하기, 칭찬하기, 도움 구하기, 의견 적절히 표현하기 등의 그룹 간의 상호작용 기술과 명확히 하기, 이해여부 확인하기, 정보 구하기 등의 의미 협상 기술이 포함된다.

9.2 협동학습 구조 및 적용의 예

앞서 논의한 협동학습의 4가지 원리, 즉, 긍정적 상호의존, 개인의 책무성, 면대면 동시다발적 상호작용, 그리고 사회적 기술 개발이 그룹 활동을 통해 효과적으로 이루어지기 위해서는 협동학습의 기본 구조에 대한 이해가 필수적이다. Kagan(1994)은 협동학습 구조(Cooperative Learning Structures)를 그 기능에 따라 크게 6가지로 나누고 각 구조별로 다양한 활동을 소개하고 있다. 이중 영어수업과 좀 더 연관성이 있는 의사소통 기술 향상 구조, 정보 교환 구조, 암기 숙달 구조, 사고력 신장 구조를 표로 정리하여 제시하면 다음 <표 9-1>과 같다.

<표 9-1> 협동학습 구조

구조 분류	구조의 기능	협동학습 구조의 예
의사소통 기술 향상 구조	서로의 대화를 원활하게 유지하며 효과적인 그룹 활동을 하도록 도움	• 말하기 동전(Talking Chips) • 가치 수직선(Value Lines) • 같은 점-다른 점(Same-Different)
정보 교환 구조	그룹 내 또는 그룹 간 지식이나 정보를 공유할 수 있도록 도와주는 방식	• 3단계 인터뷰(Three-Step Interview) • 짝 바꿔 이야기하기(Roundrobin) • 전시장 관람(Gallery Tour)
암기 숙달 구조	학습 내용을 암기하기 위해 사용됨	• 플래시카드 게임(Flashcard Game) • 문제던지기(Toss-A-Question) • 짝 점검(Pair Check)
사고력 신장 구조	학습자들 간에 상호작용을 통해 통합적으로 사고할 수 있도록 도움	• 역할별 브레인스토밍(4S Brainstorming) • 짝 토론(Pair Discussion) • 생각-짝-나눔(Think-Pair-Share)

(출처: Kagan, 1994)

여기서는 협동학습 구조 중 영어 의사소통 능력의 신장과 그룹 구성원 간의 상호작용을 극대화시키는데 유용한 협동학습 구조들을 몇 가지 소개하고자 한다. 이는 '동시다발적 돌아가면서 쓰기(Simultaneous Roundtable)', '3단계 인터뷰(Three-Step Interview)', '짝 바꿔 이야기하기(Roundrobin)', '말하기 동전(Talking Chips)', 그리고 '전시장 관람(Gallery Tour)'이다.

1) '동시다발적 돌아가면서 쓰기(Simultaneous Roundtable)'는 어떠한 주제에도 사용될 수 있는 간단한 협동학습 구조이다. 단원 도입 단계에서 내용과 관련된 그룹 세우기 활동으로, 주제와 관련하여 다양한 아이디어나 답을 한 장에 돌아가면서 쓰도록 하는 것이다. 동시다발적 돌아가면서 쓰기는 그룹 구성원 숫자만큼의 종이를 동시에 돌려서 답이나 결과물을 쓰도록 한다. 예를 들어, 식품 조사를 하는 그룹에서 돌아가면서 쓰기는 각 식품군을 대표하는 종이 한 장씩을 가질 수 있다. 그룹원들의 다양한 아이디어를 정리할 수 있어 읽기 전 활동이나 그룹별 글쓰기 사전활동에 활용 가능하다.

2) '3단계 인터뷰(Three-Step Interview)'는 그룹 내의 정보 교환을 활발하게 하는 구조로 4명 1조에서 가장 효과적으로 적용될 수 있다. 1단계에서 학생들은 짝을 짓고, 한 명은 인터뷰를 하는 사람이 되고 다른 한 명은 인터뷰를 받는 사람이 된다. 2단계에서는 서로 역할을 바꾼다. 3단계에서는 4명이 돌아가면서 말하기를 하는데, 각자 인터뷰를 통해 알게 된 것을 그룹에 발표하도록 한다. 인터뷰 내용은 무엇이든지 가능하며 학습 단원과 관련된 주제에 대한 개인적인 경험을 나누는데 유용하다. 특히 상대방의 말을 경청하여 이를 자신의 말로 다시 요약해서 그룹에 발표를 해야 하므로 영어 말하기와 듣기 활동으로 적합하다고 하겠다.

3) '짝 바꿔 이야기하기(Roundrobin)'는 그룹원들 간의 정보 교환 구조로 그룹 세우기, 또래 가르치기, 개념 발달시키기 등을 통해 짝끼

리 긍정적인 상호의존관계를 유지하도록 한다. 학생들은 그룹 내에서 짝을 이루어 돌아가면서 정보를 교환하게 되는데, 다른 짝과 함께 의견의 공통점 및 독특성에 대해 토론하도록 유도한다. 이 활동은 수업 예비 단계나 도입 부분 활동으로 유용하며 서로 상대방의 말에 적극적으로 경청하고 칭찬하는 태도가 중요하다.

4) '말하기 동전(Talking Chips)' 구조는 그룹원들 간의 동등한 발언과 참여를 증진시키고 긍정적인 의사소통 형태를 발전시키는데 도움을 준다. 그룹 간의 브레인스토밍이나 주제에 대한 의견을 토론할 때 사용할 수 있는데, 학생들이 말을 하려면 우선 말하기 동전을 먼저 제시해야 한다. 자기 동전을 다 사용하고 나면 다른 그룹원이 모두 사용하기 전에는 말을 해서는 안된다. 이 방법은 그룹에서 너무 적극적이거나 또는 소극적인 학생들에게 골고루 말하기 참여를 유도함으로써 누구도 이야기를 독점할 수 없도록 하여 동등한 참여를 내면화시키게 되는 장점이 있다.

5) '전시장 관람(Gallery Tour)'은 그룹별로 완성한 작품을 동시에 발표하면서 그룹 간의 정보를 교환할 수 있는 구조이다. 학생들은 교실 안을 돌아다니면서 그룹별로 완성한 작품이나 과제들을 보고 조언을 하게 되는데, 이는 미술관이나 전시장의 작품을 관람하는 형태와 유사하다. 때때로 그룹별 과제 옆에 빈 종이를 놓아두어 조언이나 작품평을 쓰도록 할 수도 있고, 그룹원들이 각자 흩어져서 서로 다른 그룹의 작품들을 보고 와서 자기 그룹에게 발표하는 형식으로도 진행할 수 있다.

이상 소개한 다섯 가지 구조 중 세 가지 구조를 활용한 영어수업 활동 사례를 제시하고자 한다. 이를 영어 의사소통 능력 신장과 그룹 간의 정보교환을 통한 상호작용 측면에서 그 특성을 구분하여 표로 제시하면 다음 <표 9-2>와 같다.

<표 9-2> 협동학습 구조의 상호작용 기술과 영어 수업 활동의 예

협동학습 구조	그룹 세우기	정보 교환	의사소통 기술	영어 수업 활동의 예와 적용 단계
동시다발적 돌아가면서 쓰기	●	●		현재완료 진행형 문법 표현을 익힌 후 구성원이 동시에 돌아가면서 자신의 표현으로 작성(도입/전개)
3단계 인터뷰		●	●	자신을 소개하는 네 가지를 작성한 후 짝과 인터뷰한 결과를 그룹에서 돌아가며 발표(학기초 활동)
전시장 관람		●	●	타문화 인식 및 이해 관련 활동지를 그룹별로 완성하여 교실 벽에 붙이고 그룹별 동시 발표 및 피드백(전개/정리)

9.2.1 동시다발적 돌아가면서 쓰기 활동

대학 교양영어 수업에서 학기초 서로 근황을 묻고 대화를 나눈 이후 관련 언어형식인 현재완료 진행형을 협동학습을 통해 익히는 활동 사례를 소개하고자 한다. 수업목표는 학생들이 최근 자신이 꾸준히 해오거나 배우고 있는 활동들(주로 action verb 사용)을 자신의 영어 문장으로 정확하게 쓰고 말하는 것이다. 진행 순서는 다음과 같다.

① 최근 자신이 해오고 있는 활동들을 생각해보고 2가지를 현재완료 진행형을 사용하여 각자 적어보도록 한다.
② 4명이 한 조가 되어 한 장의 종이에 자신이 준비한 문장을 돌아가면서 쓴다.
③ 그룹 문장이 모아지면 각자가 쓴 문장을 소리내어 말한다.
④ 서로의 문장에 대해 칭찬해주고 필요시 문법 체크도 해준다.
⑤ 이번에는 각자 돌아가면서 자신이 쓴 현재완료 진행형 문장을 몸동작으로 표현한다(예: 피아노치는 동작).
⑥ 다른 조원이 몸동작을 영어로 말해보도록 한다(예: *You have been playing the piano.*).

학생들이 그룹 종이에 쓴 현재완료 진행형 문장들의 예를 소개하면 다음과 같다.

- I have been studying for the exam.
- I have been reading books at the library.
- I have been playing the piano for the graduation concert.
- I have been going to baking classes.
- I have been teaching English to high school students.
- I have been working at a cafe.
- I have been working out at the gym.

9.2.2 3단계 인터뷰 활동

3단계 인터뷰 활동은 정보 교환 구조로서 그룹원 간의 동시다발적 상호작용을 가능하게 하므로 영어수업에서 말하기와 듣기에 매우 효과적이라 할 수 있다. 대학 교양영어 수업에서 학기초 그룹세우기 활동으로 활용한 예를 소개하겠다. 보통 학기초에 자신을 소개하는 시간을 갖는데, 전체 교실에서 한 사람씩 돌아가면서 소개할 수도 있지만 그룹을 이뤄 서로 인터뷰한 사람을 소개하는 방식으로 진행할 경우 학생들은 매우 진지하고 흥미롭게 상호작용에 참여하는 것을 볼 수 있다. 진행 순서는 다음과 같다.

① 각자 자신을 소개할 내용을 준비하도록 전차시에 자기소개용 종이를 나눠주고 작성해오도록 한다(표 9-3 참조).
② 1단계에서 학생들은 짝을 이뤄서 한 명은 인터뷰하는 사람, 다른 한 명은 인터뷰를 받는 사람이 되어 4가지에 대해 영어로 인터뷰를 한다.
③ 2단계에서는 서로 역할을 바꾼다.
④ 3단계에서는 다른 짝과 그룹을 만들어 돌아가면서 자신이 인터뷰한 사람을 영어로 소개하도록 한다.

협동학습 구조 중 3단계 인터뷰 활동의 경우 인터뷰도 중요하지만 짝과의 인터뷰를 통해 알게 된 것을 그룹에서 발표를 해야하므로 상대방의 말을 경청하고 필요시 메모해두는 것도 매우 중요함을 학생들에게 인식시켜주어야 한다. 이를 통해 학생들은 서로의 말에 주의를 기울이게 되고 잘 이해하지 못한 내용을 다시 물어보기도 하는 등 상호작용 기술 능력도 향상시킬 수 있다. 자기소개용 질문으로 학생들이 앞으로 수업에서 발표하거나 다룰 내용들을 개인의 경험과 연관하여 준비하면 훨씬 의미있는 수업 활동이 될 수 있을 것이다.

<표 9-3> 자기소개용 종이(A4 용지 4절로 접어 활용)

1. What are your strengths? Describe yourself in three adjectives related to your strengths.	2. What are your favorite things to do in your free time?
3. What are the three things that you like to show and tell us about?	4. Have you seen any good movies recently? Do you have any movie you think memorable? What type of movie is it?

9.2.3 전시장 관람 활동

전시장 관람 활동은 그룹 내에서 완성한 내용을 그룹 간에 공유하는 것을 도와주는 정보 교환식 협동학습 구조이다. 대학 전공교과목에서 영어권 문화에 대해 다루는 수업 시간에 이 협동학습 구조를 활용한 예시를 소개하도록 하겠다. 수업의 목표는 타문화권의 다양한 사람들에 대한 공통점과 차이점을 찾아보고 타문화권에 대한 인식을 고양시키는 것이다. 활동의 진행 순서는 다음과 같다.

① 잡지에서 다양한 문화권 사람들 얼굴과 다양한 감정 표정이 있는 사진들을 오려서 도화지 크기의 흰 종이에 붙인다.

② 그룹별로 두 장씩 나눠주고 각 종이에 대해 사진의 사람 표정이나

감정을 묘사하는 형용사 5개씩 브레인스토밍해서 종이 여백에 써 보도록 한다(예시: exhausted, delighted, depressed, joyful 등).

③ 이때 PIE(Picture observation- Imagination- Expression) 기법을 활용하여 사진 속 인물의 맥락이나 배경 등을 관찰, 상상하고 어휘를 생성해보도록 유도한다.

④ 아래 3개의 질문을 주고 자신과 공통점, 차이점은 무엇인지, 그들과 친구가 될 수 있을지 등 그룹별로 논의를 한 후 종이에 답을 적도록 한다.

Q1. How are they the same as you?

Q2. How are they different from you?

Q3. Would you like to be friends with them?

⑤ 그룹별로 완성한 것을 교실 벽에 붙이고 전체 학생들과 공유하면서 조별로 발표를 한다.

⑥ 그룹별 과제 전시 옆에 빈 종이를 놓아두어서 다른 그룹원들이 조언이나 평가를 할 수도 있다.

9.3 협동학습 직소(Jigsaw) 활용 영어수업의 예

협동학습의 방법중 하나인 과제 분담 학습 직소(Jigsaw)는 학습할 내용이나 정보를 퍼즐처럼 배열함으로써 학생들이 서로 의존하도록 만드는 모형이다. 학생들이 과제를 완성하는데 각자 일부분의 내용을 숙달한 후 그것을 팀 나머지 구성원들에게 가르치고, 또한 팀의 다른 구성원들이 제시한 내용을 배울 책임이 있다. 따라서 학생들은 개별 책임감을 갖는 동시에 상호의존하면서 학습에 임하게 된다. 영어수업에서는 읽기수업에 직소 기법을 사용하여 학생들에게 읽을 부분을 나눠서 각자 학습한 후 서로에게 가르치는 동료티칭을 많이 활용하고 있다.

9.3.1 어휘 협동학습 직소

영어수업에서 어휘학습 활동으로 직소를 활용한 수업의 예시를 소개하기로 하겠다. 우선 대학 교양영어 수업(낮은 중급 수준)에서 영어 읽기 시간에 독해전 어휘학습 활동으로 학생들에게 어휘를 분담하여 학습하고 서로 가르친 후 학습한 부분에 대한 평가를 할 수 있다. 어휘 협동학습 직소 진행 순서는 다음과 같다.

① 4명이 한 조를 이룬다.

② A, B, C, D 중 하나씩 맡아서 해당 형용사를 각자 학습한다. 어휘 학습을 할 때 아래 사항들을 모두 찾는다.

- 뜻(한글, 영어)
- 문법적 특성: ~ing, ~ed일 때 보어 역할 형용사 각 문장사 용법, 형용사+명사
- 동의어
- 파생어(word family)
- 연어(collocation): 같이 오는 어휘나 명사 등 찾아쓰기
- 단어가 들어간 문장

③ 각자 학습한 어휘를 돌아가면서 그룹원에게 가르친다.

<표 9-4> 직소 활동을 위한 어휘 목록 예시

<A> inspiring thrilling	<B> groundbreaking demanding
<C> primary disadvantaged	<D> resilient flourishing

그룹원 간에 학습이 끝난 후 개별 활동지를 통해 어휘학습 내용을 점검하는 시간을 갖도록 한다. 여기서 소개한 어휘 협동학습의 경우는 그룹별 경쟁 구도가 아닌 그룹원 간의 협동에 초점을 두고 서로 상호의존하며 개인별 책임을 갖는 것이 목적이므로 자기평가를 통해 확인하는 방법이 있을 수 있다. 위의 형용사 어휘 목록의 경우 함께 오는 명사와 연결하여 사용할 수 있는지, 또는 문장 문맥에서 그 어휘를 사용할 수 있는지 등을 평가할 수 있을 것이다.

9.3.2 어휘 협동학습 직소 및 창의적 협력 글쓰기

다음에 소개할 어휘 협동학습은 다양한 영어권별 영어 어휘사용의 차이를 학습하는 부분에서 적용한 예이다. 대학의 영어전공 학습자 대상(높은 중급 수준) 영어어휘 수업에서 협동학습을 통해 다양한 영어권의 어휘를 협동학습을 통해 익히고 연습한 후 그 어휘를 활용하여 창의적 협력 글쓰기까지 해보도록 하였다. 진행 순서는 다음과 같다.

① 4명이 한 조를 이룬다.
② 각 영어권별(캐나다영어, 호주영어, 인도영어, 영국영어) 어휘 5개가 포함된 문장들이 씌여진 종이 카드를 갖는다(그림 9-1 참조).
③ 각자 맡은 영어권의 어휘를 찾아서 학습한 후 돌아가면서 조원들에게 가르친다.
④ 서로 가르치고 함께 학습한 어휘를 활동지(worksheet 제공)를 통해 복습한다.
⑤ 4개 다양한 영어권별로 3개 이상 어휘를 사용하여 주어진 상황에 맞게 조별 창의적 협력 글쓰기를 한다(그림 9-2 활동지 참조).
⑥ 어휘를 문장 문법에 맞도록 변형하도록 한다(예: felicitate → felicitated).
⑦ 조별로 완성된 글을 전체 수업에서 발표한다.
⑧ 어휘를 적절히 잘 활용하고 창의적으로 글을 완성한 그룹에 가산점을 부여한다.

Canadian English	Australian English
1. We were driving down the Trans-Canada Highway when we saw a Mountie in the rearview mirror. 2. All I've got is a loonie. 3. The reeve of this city is a speaker of French. 4. That's a nice chesterfield. 5. At my university, I'm studying the culture of first nations.	1. She wants to be a journo when she leaves uni. 2. He's planning to do a bit of farming bizzo while he's in the States. 3. What are you doing this arvo? 4. Let's play a game of footy. 5. We got really bitten by mozzies at the yesterday's barbie.
Indian English	**British English**
1. The police nabbed the miscreant. 2. We took my father to the hospital last night because he had a pain in his bosom. 3. It would bring cheer to his issueless first wife and his endlessly waiting and paralyzed mother. 4. Two-thirds of prisoners in India are undertrials. 5. The other pianists rushed to felicitate the winner of the piano competition.	1. A few years ago, I was standing in a queue behind two men and eavesdropping on their conversation. 2. The king proclaimed a four-day bank holiday on March 7. 3. He settled in southern California, leaving behind his flat in London. 4. He still has her clothes in his wardrobe and her photos around the house. 5. They took the lift to the fourth floor.

<그림 9-1> 영어권별 어휘 카드(A4 용지 4절로 자름)

(출처: McCarthy & O'Dell, 2010, Unit 99, Unit 100)

Canadian English	Australian English	Indian English	British English
Mountie loonie reeve chesterfield first nations	journo bizzo arvo footy mozzies	miscreant bosom issueless undertrial felicitate	queue bank holiday wardrobe flat lift

<u>Direction: Choose three words from each variety of English and finish the story.</u>

It was a Christmas night. ....
....
....
....
....
....

<그림 9-2> 창의적 협력 글쓰기 활동지

이 활동의 경우 그룹이 협력하여 하나의 글을 완성하게 되므로 무임승차자(free rider)가 생기지 않도록 개인의 책임과 과제 완성에 대한 기여도를 분명히 제시할 필요가 있다. 이는 자기평가나 보상제도를 통해 무임승차자 양성을 방지하고 개인의 성취가 다른 그룹원에게도 영향을 미친다는 사실을 알게 하는 것이 중요하기 때문이다.

요약

협동학습은 학습에 참여하는 구성원들이 공동 학습목표를 달성하기 위하여 소집단 형태로 학습하는 구조화된 수업방법이다. 기독교적 관점에서 볼 때 소그룹 활동을 통해 자아 존중감과 상호신뢰성을 발전시키며 함께 영어능력을 키울 수 있다는 점에서 협동학습의 의미가 크다고 할 수 있다. 이런 차원에서 협동학습은 교실을 배움의 공동체로 세우고 학습자들 간의 긍정적인 상호의존과 신뢰를 바탕으로 이루어지므로 학습자들의 공동체 역량 함양에 적합한 교육 방법으로 간주될 수 있을 것이다.

이에 본 장에서는 협동학습의 특성과 원리를 살펴보고 이를 영어수업에서 접목하여 활용한 수업의 실제 사례들을 소개하였다. 협동학습을 활용한 수업이 소그룹의 긍정적인 상호관계성과 공동체에 기반한 학습의 최대 효과를 누리기 위해서는 무엇보다 그룹원들의 협력에 대한 의지와 상호신뢰 형성이 중요하다. 협동학습의 사례들이 대부분 대학의 영어수업에 적용한 것들이지만 활동의 구체적인 절차와 내용들은 학생의 수준이나 나이에 상관없이 다양한 영어학습자들 대상으로 협동학습을 적용하는데 도움을 줄 것이라 여겨진다.

읽어볼 만한 자료

Crandall, J. (1999). Cooperative language learning and affective factors. In J. Arnold(Ed.), *Affect in language learning* (pp. 226-245). Cambridge: Cambridge University Press.

Harmer, J. (2015). *The practice of English language teaching* (5th ed.). London: Pearson Education.

Johnson, D. W., Johnson, R. T., & Holubec, E. J. (1994). *Cooperative learning in the classroom.* Alexandria, VA: Association for Supervision and Curriculum.

Kagan, S. (1994). *Cooperative learning*. San Juan Capistrano, CA: Kagan Cooperative Learning.

Larsen-Freeman, D., & Anderson, M. (2011). *Techniques and principles in language teaching* (3rd ed.). Oxford: Oxford University Press.

Richards, J. C., & Rogers, T. S. (2014). *Approaches and methods in language teaching* (3rd ed,). Cambridge: Cambridge University Press.

Slavin, R. (1995). *Cooperative learning: Theory, research and practice* (2nd ed.). New York: Prentice Hall.

제10장
창의성 함양을 위한 영어수업의 실제

미리 생각해볼 질문들

† 확산적 사고를 촉진하는 창의적 사고기법에는 어떤 것들이 있는가?
† 일반적으로 영어교재에서 볼 수 있는 질문 유형에는 어떤 것들이 있는가?
† 영어수업에서 질문은 어떤 역할을 한다고 생각하는가?
† 창의적 사고를 유도하는 질문의 특성은 무엇인가?

앞서 제7장에서 영어교과에서 창의성 함양 교육과 영어수업에서 창의성 개발에 관한 기독교적 관점을 논의하였다. 창의적이고 비판적 사고능력은 글로벌 인재의 핵심역량이며 바른 기독 지성을 위해서도 필수 요소이다. 이에 본 장에서는 영어수업에서 창의성 함양 중심의 교육이 어떻게 실현될 수 있는지 실제 수업사례를 중심으로 제시하고자 한다. 일반적으로 창의성 함양을 위한 교육은 창의적 사고기법을 활용한 방법, 창의적 질문, 다양한 교육 방법 등을 통해 이루어진다. 여기서는 영어교과 수업에서 창의적 사고기법을 활용한 수업과 질문을 활용하여 창의적 사고를 유도하는 영어수업의 사례를 소개하고자 한다.

10.1 창의적 사고기법을 활용한 영어수업의 예

창의적 사고는 크게 확산적 사고와 수렴적 사고로 나눌 수 있다. 영어교과와 연관하여 좀 더 연계성이 높은 창의성 요소로 확산적 사고, 다양성, 개방성 등을 연구를 통해 확인할 수 있었다(문용린 외, 2011). 따라서 여기서는 확산적 사고를 촉진시키는 사고기법 중 브레인라이팅, 육색사고모자 기법, 강제연결법, 스캠퍼 기법을 영어수업에서 활용한 사례를 소개하고자 한다.

10.1.1 브레인라이팅(Brainwriting)

브레인라이팅은 '침묵의 브레인스토밍'이라는 별명처럼 참가자들이 아이디어 발상 결과를 말하지 않고, 자신의 생각을 종이에 기록한 다음 발표하게 하는 창의적 사고기법이다. 원리는 브레인스토밍과 유사하지만 아이디어 산출 과정에 약간 차이가 있다. 브레인스토밍은 기록자가 집단의 아이디어를 기록하지만, 브레인라이팅에서는 개인별로 정해진 종이에 본인의 아이디어를 먼저 기록하고 이를 나누는 방식이다.

브레인스토밍의 경우 다른 사람의 사고의 영향을 받아 자신의 독창적인 사고에 방해를 받는 경우가 생길 수 있다. 반면 브레인라이팅을 활용하면 개인의 아이디어를 더 자유롭게 생성시킬 수 있기 때문에 더 많은 양의 아이디어를 산출할 수 있다. 브레인라이팅은 학습자들의 유창성과 융통성을 키워주며, 또한 자신의 생각을 말하는 것에 소극적인 학생들도 적극적으로 참여할 수 있도록 유도하는 창의성 기법이라 할 수 있다.

브레인라이팅의 진행 순서는 다음과 같다.

① 그룹의 각 구성원들에게 브레인라이팅 용지를 나눠주고, 예비 용지 한 장을 그룹의 중앙에 둔다.

② 각자 주어진 주제(또는 해결해야 할 문제)에 맞게 자신의 용지에 아이디어를 세 가지 정도로 기록하도록 한다. 영어수업이지만 자유로운 아이디어 발상을 위해 한글로 써도 무방하다고 얘기해준다.

③ 자신의 아이디어를 세 가지 정도 기록했으면 그룹원들과 함께 자신의 아이디어를 서로 공유한다.

④ 그룹 종이에 각자의 아이디어와 공유하는 과정에서 수정하거나 결합한 새로운 아이디어를 함께 기록한다.

대학의 영어수업에서 기후 환경에 관한 영어어휘를 학습하고 관련 영어자료 읽기를 하는 시간에 사전 준비활동으로 브레인라이팅을 활용한 사례를 소개하고자 한다. 최근 기후 환경과 관련하여 세계적으로 이슈가 되는 것이 '지속가능한 발전(sustainable development)', 'ESG 경영'[6], '탄소중립(carbon neutrality)', '탄소배출(carbon emission)' 등의 표현일 것이다. '탄소중립 캠퍼스(carbon-neutral campus) 만들기 위한 실천사항'에 대해 브레인라이팅 활동 예를 살펴보면 <표 10-1>과 같다.

---

6 Environmental, Social, Governance의 첫 글자를 조합한 단어로 기업의 친환경 경영, 사회책 책임, 투명한 지배구조 등을 의미함.

<표 10-1> 브레인라이팅 활동의 예

Action Plans for Carbon-Neutral Campus			
이름	아이디어 1	아이디어2	아이디어3
권**	모든 교재를 e-book으로 교체하기	강의실, 화장실 등 조명을 센서로 교체하기	분리수거 철저히 하기
장**	Carry tumblers	Have a plastic-free day	Replace the light bulbs
오**	Plant-based meat alternatives	Reduce food delivery	Rewarding of using Reverse Vending Machine
⋮	⋮	⋮	⋮

10.1.2 육색사고모자(Six Thinking Hats)

육색사고모자 기법은 서로 다른 유형의 사고를 표시하는 모자를 쓰고 사고함으로써 여러 가지 유형의 사고를 훈련시키는 방법이다. 특정 사고를 나타내는 색깔의 사고 유형에 집중하게 되므로 사고의 집중력과 정교성이 길러지며, 한 가지 주제에 대해 여섯 가지 관점의 사고를 하게 됨으로써 사고의 유창성, 융통성, 독창성 등을 개발할 수 있다. 육색사고모자의 색깔별 사고 형태와 역할은 <표 10-2>와 같다.

<표 10-2> 육색사고모자의 색깔별 사고 형태와 역할

모자 색깔	사고 형태	역할
백색	중립적 객관적 사고	정확한 정보에 기초한 이미 검증된 중립적이고 객관적인 사실 제시
적색	감정이나 정서의 사고	백색 사고와는 반대로 자신의 분노, 두려움, 직관과 같은 감정이나 정서 제시

황색	긍정적·낙관적 사고	긍정적이고 낙관적인 측면 제시
흑색	비판적·부정적 사고	비판적이고 부정적인 측면 제시
녹색	창의적·확산적 사고	창의적이고 확산적인 새로운 측면 제시
청색	지휘자의 사고	지휘자나 사회자처럼 정리, 요약, 결론적인 내용을 제시

(출처: 조연순 외, 2008: 196)

앞서 브레인라이팅에서 소개한 '탄소중립 캠퍼스 만들기 위한 실천 사항'에서 생성된 다양한 아이디어들을 평가하는 방법으로 육색사고 모자 기법을 활용하였다. 진행 순서는 다음과 같다.

① 그룹별로 개인이 브레인라이팅 한 것을 한데 모은다.
② 아이디어 생성한 것을 평가한다.
③ 리더와 서기를 정해서 리더는 사회자 역할을 맡고 서기는 도출된 아이디어에 대한 평가를 색깔에 맞추어 정리한다.
④ 참여자들은 리더가 선택한 모자가 지닌 사고의 유형에 맞추어 아이디어를 평가한다. 한 번에 하나의 모자만을 사용해 그 사고에 집중할 수 있도록 한다.
⑤ 긍정적인 사고로 다양하게 사고한 후에 비판적으로 아이디어를 평가할 수 있도록 황색 모자를 먼저 사용한 후 흑색 모자를 사용하도록 한다.
⑥ 아이디어의 평가를 위해 적색모→ 황색모→ 흑색모→ 녹색모→ 백색모 순서를 권장한다.

<표 10-3> 육색사고모자 기법 활용의 예

모자 색깔	탄소중립 캠퍼스를 만들기 위해 도출된 아이디어 평가
백색	• 대체육을 통해 동물의 가스량 71.5억톤을 줄일 수 있다. • RVM(패트병 무인수거기) 기계로 수집할 수 있어 플라스틱 이동과 수거 과정에서 발생하는 탄소배출을 줄일 수 있다.
적색	• 대체육을 사용할 때 육류를 선택하는 사람들의 불편한 감정이 있을 수 있다. • e-book은 전자기기 사용을 필요로 하는데 지원을 받아야하는 어려운 사각지대 사람들은 상대적 박탈감을 느낄수 있다.
황색	• 대체육 대체 옵션을 사용하게 되면 채식주의자나 고기를 먹지 못하는 학생들도 학식을 먹어 음식 배달을 줄 일 수 있다. • e-book을 사용하게 되면 학생들이 들고 다니는 가방 무게를 줄일 수 있다. • RVM은 학생들의 적극적인 재활용 습관과 참여를 유도할 수 있다.
흑색	• 식당 조리원의 부담이 높아질 수 있으며, 대체육은 상대적으로 가격이 높다. • e-book 역시 많은 전력 소모로 인해 이에 따른 탄소배출 우려가 있다.
녹색	• 대체육이 조금 비싸므로 대체육이 조금 들어간 음식과 일반 음식을 같이 제공한다. • RVM 마일리지를 졸업역량의 선택사항으로 한다.
청색	• 대체육과 고기 식단을 같은 장소에서 배식하고 학생 기호에 따라 자율적으로 배식한다. • e-book을 필수가 아니라 점점 사용하도록 권장한다. • RVM 마일리지 적립하는 것을 졸업 필수사항이 아닌 선택사항으로 하여 필요한 사람만 선택한다.

영어수업에서 환경 관련 주제에 대해서 다룰 때에도 기독교적 가치를 함께 통합할 수 있다. 특히 기독교인들은 하나님의 창조 세계를 원래대로 회복시키고 청지기 의식으로 지구환경에 관심을 갖고 관리할 사명이 있다(창세기 1:21, 창세기 2:28). 학생들이 지구 생태계의 위협으로 다가온 기후 위기에 대해 더욱 적극적으로 대응하여 변화를 이끌어 가는 주체가 될 수 있도록 영어수업에서도 혁신적 사고를 개발하고 실천하는 방법을 적용해볼 수 있을 것이다.

10.1.3 강제연결법(Forced Connection Method)

강제연결법은 서로 관련성 없는 아이디어나 개념을 강제로 연결시켜 봄으로써 새로운 아이디어를 생성하는 창의성 기법이다. 기존의 고정적인 틀에서 벗어나 전혀 관련성이 없는 개념이나 아이디어를 연관시키도록 유도하는 것이 목적이며 학습자들의 융통성, 독창성, 민감성 등을 기를 수 있다. 강제연결법은 아이디어 생성에 어려움을 느끼는 학습자들이 보다 쉽게 아이디어를 이끌어낼 수 있는 방법이기도 하다.

영어수업에서 강제연결법을 활용한 두 가지 예시를 소개하고자 한다. 첫 번째는 영어 어휘수업에서 단어형성의 요소인 접두사, 접미사, 어근을 활용하여 자신이 아는 단어를 활성화시키고, 또 새롭게 결합해봄으로써 단어형성에 대한 가능성을 탐색하고 창의성을 증진시키는 것이다. 진행 과정은 다음과 같다.

① 학생들은 각자 슬라이드 화면에 제시된 접두사, 어근, 접미사가 들어간 어휘를 브레인스토밍한다.

② 학생들이 알고 있는 단어 이외에 제시된 접두사, 어근 등을 자유롭게 또는 강제로 결합하여 새로운 어휘를 형성해보도록 유도한다.

③ 자신이 결합한 어휘가 실제 사전에 있는 단어인지 찾아보도록 한다(사전에 없는 단어라도 상관없음).

④ 그룹별로 종이를 나눠주고 각자 강제결합한 단어들을 모아서 목록을 제출하도록 한다.

⑤ 접두사, 어근 등을 골고루 활용하면서 독창적이고 융통성있게 어휘를 창출한 그룹에 포상한다.

<표 10-4> 강제연결법을 통한 영어 어휘생성 활동

어휘생성 요소들 제시 - 접두사, 어근, 접미사	강제연결법 - 도출 어휘 목록 예
re- pseudo- ex- anti- -phil- -phobia -ship	✓ anti-C+ ✓ anti-robot ✓ anti-assignment ✓ autoretakephobia ✓ pseudoattendance ✓ pseudoeducation ✓ boringphobia ✓ neophobia

두 번째 강제연결법의 예시는 개념을 강제적으로 결합하여 새로운 상품을 만들고 그것의 용도를 영어 문장으로 써보는 활동이다. 개념의 결합(conceptual combination)은 새로운 아이디어 도출을 위해 심리학자들이 많이 사용하는 사고 과정으로, 아이디어의 연쇄작용을 통해 각각의 작은 아이디어들이 협력하여 뛰어난 아이디어로 재탄생하는 과정을 보여준다. 성공한 제품들은 대부분 개념 결합에서 탄생한다고 언급하면서 Sawyer(2017)는 새로운 물건을 만드는 과정을 다음과 같이 제시하고 있다(pp. 133-134).

① 1부터 10사이의 숫자 가운데 하나 택하기
② 1부터 10사이의 숫자 가운데 하나 더 택하기
③ 다음에 제시된 단어 목록(표)을 보고 A 세로열에서 첫 번째 숫자를 활용하여 단어 고르기
④ 단어 목록의 B 세로열에서 두 번째 숫자를 활용하여 단어 하나를 선택하기

⑤ 두 단어를 결합하기(A+B)

⑥ 두 단어를 거꾸로 결합하기(B+A)

<표 10-5> 개념의 결합 활동 단어 목록

	A	B
1	PANCAKE	BOAT
2	SNAKE	BOOK
3	CITY	DINNER
4	RUBBER	ARMY
5	ROCKET	SPONGE
6	BASEMENT	FRUIT
7	SOFA	FLASHLIGHT
8	COMPUTER	DOG
9	PONY	BOX
10	STONE	PAPER

(출처: Sawyer, 2017: 156)

이제 선택한 숫자 두 개의 단어로 만들어진 새로운 물건이 무엇인지, 그것으로 어떤 종류의 일을 할 수 있을지, 어떤 용도로 쓰일지 상상해보도록 한다. 다음 <표 10-6>은 대학생 대상 창의성 함양 영어수업에서 학생들이 개념의 결합을 통해 만든 새로운 물건과 그에 대해 설명한 문장들이다. 제시된 단어들은 모두 명사들로 각각 익숙한 것들이지만 서로 결합했을 때는 전혀 들어보지 못했던 것들이 많음을 알 수 있다.

<표 10-6> 개념의 결합 활동 결과물 예시

<table>
<tr><td></td><td colspan="2">Direction: Imagine what your new object looks like, what kinds of things it can do, and what it can be used for. Write your own sentences.</td></tr>
<tr><th></th><th>개념 결합의 결과</th><th>물건의 용도나 목적에 대한 설명</th></tr>
<tr><td rowspan="2">예시 1</td><td>Pancake Flashlight</td><td>This is a pancake-shaped flashlight. This is a flashlight that shines in the shape of a pancake.</td></tr>
<tr><td>Flashlight Pancake</td><td>This is a pancake. If you taste it, you can't forget the delicious pancake.</td></tr>
<tr><td rowspan="2">예시 2</td><td>City Sponge</td><td>This is a sponge with the shape of building that is common in the city.</td></tr>
<tr><td>Sponge City</td><td>This is the name of a shop selling sponges. 'City' is a different name for a store based on recent trends.</td></tr>
<tr><td rowspan="2">예시 3</td><td>Flashlight Rubber</td><td>When using an object containing rubber, it is possibe to process things in a bright state by adding a flashlight.</td></tr>
<tr><td>Rubber Flashlight</td><td>This is a flashlight that can be used in deep seas and caves where light is not well lit.</td></tr>
</table>

이러한 개념의 결합 창의성 기법은 영어수업에서 배운 단어들을 복습한 후 단어들을 서로 연결해봄으로써 학생들의 창의적 사고 개발에도 도움을 주는 흥미로운 활동이라 할 수 있다. 또한 단어 목록을 인공물(artifact)과 자연적인(natural) 것으로 나누어 두 개 컬럼으로 제시할 수 있는데, 이 경우 두 개념의 거리가 멀수록 창의적인 아이디어가 더 많이 나타난다는 매력적인 결과들을 찾아볼 수 있다.

10.1.4 스캠퍼(SCAMPER)

스캠퍼(SCAMPER)는 아이디어를 창출시키고자 하는 체크리스트로서, 여러 단계의 질문을 통해 기존의 것을 개선하거나 새로운 대안을 강구하는 창의적 기법이다. 최근의 기술이나 지식을 보면 기존에 없던 새로운 것이 아니라, 기존의 것을 개선·보완하여 발전된 것임을 알 수 있다. 따라서 학습자들은 스캠퍼 기법을 활용한 학습활동을 통해 단계에 따라 개선·수정할 요소를 찾다보면 보다 새롭고 창의적인 아이디어를 만들 수 있게 된다. 또한 이 기법은 고정된 사고의 틀에서 벗어나 다각적인 측면에서 사고할 수 있는 기회와 경험을 제공해준다.

스캠퍼를 통해 자신의 영어학습 방법을 성찰해보고 창의적이고 흥미로운 학습 방법을 고안해보도록 할 수도 있을 것이다. 아래의 질문들을 활용해볼 수 있다(Purgason, 2016, pp. 107-108).

- S(Substitute): "What can I substitute in my learning process?"
- C(Combine): "How can I combine learning with other activities?"
- A(Adapt): "What can I adapt or copy from someone else's learning process?"
- M(Magnify): "What can I magnify or put more emphasis on when learning?"
- P(Put to Other Uses): "How can I put my learning to other uses?"
- E(Eliminate): "What can I eliminate or simplify in my learning process?"
- R(Rearrange): "How can I change, reorder, or reverse the way I learn?"

실제 스캠퍼 기법을 중학교 2학년 영어수업에서 활용한 예시를 소개하고자 한다. 교과의 내용은 청소년기에 건강한 식생활을 하기 위해 알아야 할 영양소와 건강의 관계에 관한 것으로, 학생들이 과업 활동을 통해 건강한 식단표를 만드는 것을 목표로 하고 있다. 1차적으로 활동지를 통해 전날 먹은 간식을 적어보면서 자신의 식습관을 반추해보도록 하고, 그후 식습관 개선을 위한 아이디어 창출 방안으로 스캠퍼 기법을 활용하여 간식의 대안을 찾아보도록 한다. 스캠퍼 활동지의 예는 <표 10-7>과 같다.

<표 10-7> '건강한 간식 대안 찾기'를 위한 스캠퍼의 예

	Meaning	Ask and think	Snacks you had	Other best choice
S	Substitute (대치하기)	What else instead? (무엇으로 대치할 수 있을까?)	potato chips in the morning	apple in the morning
C	Combine (결합하기)	What ideas can be combined? (두 가지 서로 다른 것을 결합?)	cooked rice in the evening	rice combined with eggs
A	Adapt (적용하기)	What can be adapted? (다른 적용방법?)	deep-fried chicken	air-fried chicken
M	Modify-Magnify (수정하기-확대하기)	changed/ made bigger? (변경하거나 더 양을 늘리기?)	cooked rice	reduce the serving size
P	Put to other uses (다른 용도로 사용하기)	new ways to use it? (다른 용도는 없을까?)	Coke	use as toilet cleaner
E	Eliminate (제거하기)	What can be eliminated? (제거할 것은 무엇인가?)	popcorn	eliminate butter & salt
R	Rearrange/ Reverse (재배치/거꾸로 하기)	Change sequence? (재료나 순서를 재배치?)	fruits after lunch	fruits before lunch

그룹별로 함께 대안을 찾아 식단표를 만들어 발표를 한 후, 창의성 평가표를 사용하여 얼마나 독창적이고 다양한 방법으로 간식에 대한 대안을 제시했는지 평가해보도록 한다. 스캠퍼 기법의 창의성 평가표 예는 <표 10-8>에서 보는 바와 같다.

<표 10-8> 스캠퍼 기법(건강한 간식 대안)의 창의성 평가표 예

창의성 요소	평가 내용	상	중	하
분석력	몸에 좋은 간식과 좋지 않은 간식을 구분하여 평가함으로써 분석적 사고를 증진시켰는가?			
유창성	기존의 것에 새롭고 다양한 아이디어를 찾을 수 있는가?			
융통성	다각적 측면에서 먹은 간식에 대한 개선을 할 수 있었는가?			
독창성	간식에 대해 개선하고 수정하면서 독창적인 아이디어를 고안할 수 있는가?			
정교성	단계에 따라 새로운 아이디어를 생성하고 정교화할 수 있는가?			
과제집착력	간식 대안을 마련하는 과제를 끝까지 성공적으로 완수할 수 있는가?			

영어 교과서에 음식(food)에 관한 주제는 거의 빠지지 않는 소재이다. 다양한 문화권의 전통음식, 세계의 식생활 문화, 나라별로 쌀(rice)을 요리하는 방법, 대표적인 기호 식품 등이 소개된다. 한편 균형 잡힌 식습관 형성을 위해 영양소별로 음식군(food group)과 칼로리 등을 제시하여 기술가정과의 융합수업으로 위의 스캠퍼 기법을 활용할 수 있을 것이다. 또한 'You are what you eat'이라는 표현이 있듯이 음식을 통한 바른 자아정체감을 형성하고 자신의 몸을 '하나님이 거하시는

성전'(고린도전서 3:16)으로 바라보는 시각을 함께 다룬다면 더 바람직할 것이다.

10.2 질문중심 영어수업의 예

영어수업에서 교사의 질문은 상호작용을 통한 영어 사용능력을 기르고 학생들의 비판적 사고력 함양에 매우 중요하다. 앞서 제7장에서도 창의적 사고를 위한 질문의 중요성과 질문 유형을 살펴보았다. 질문은 원활한 대화를 위한 의사소통을 위해서 매우 중요한 요소이다. 질문은 매일의 삶에서 좀 더 신선하고 의미있는 전환점을 마련하는 계기가 될 수 있으며 조직의 경영에서도 자가진단을 위한 전략적 도구로 매우 유용하게 사용된다(Leeds, 2000, 노혜숙 역, 2002). 여기서는 질문을 활용하여 학생들에게 좀 더 심층적이고 비판적인 사고뿐 아니라 삶에서도 의미있는 것이 무엇인지 성찰해보도록 하는 질문중심 영어수업의 사례를 소개하고자 한다.

10.2.1 자기소개 및 진로 탐색을 위한 심층 질문하기

영어교재에서 흔히 자기소개를 위한 질문들을 보면 일상생활, 휴가, 취미활동 등 자칫 피상적이고 단순한 삶의 국면을 다루는 부분들이 많다. 기독영어교사들은 학생들이 자신의 삶의 목적에 대해 그리고 자신이 믿고 있는 신념에 대해서도 스스로 질문해보고 말해볼 수 있도록(talking about what they believe) 더 심층적 질문을 고려해볼 필요가 있다(Purgason, 2016). 이는 학생들이 하나님의 형상을 띤 영적 존재라는 인식에 근거해서 하나님께서 그 학생들 영혼을 인도하고 계심을 믿기 때문이다.

흔히 영어수업에서는 학생들의 영어 실력이 충분하지 않아 고차원적인 사고를 표현하기 어려울 수 있다고 생각하기 쉽다. 또한 창의적 사고를 유도하는 발문이 어느 정도 가능하다고 여겨지는 고등학교 수준에서도 대학입시 중심의 영어수업으로 인해 다양한 확산적 사고를 자극하는 수업을 시도하는 것을 꺼린다. 이에 노승빈(2012)이 강조한 대로 영어학습자 자신의 생각과 의미를 언어능력의 부족 및 제한에도 불구하고 최대한 표출시키도록 영어수업 활동에 질문을 포함시키는 것이 중요할 것이다. 이를 위해 기독영어교사들은 기존 영어교재의 질문들을 분석하고 주제와 질문의 내용이 어떠한지 평가해볼 필요가 있을 것이다. 교재에서 다루는 일반적이고 실용적인 질문들이 의사소통 능력 증진을 위해 도움이 될 수 있지만 학생들로 하여금 깊이 생각해보고 삶의 의미를 부여하는 질문들은 수업 이후에도 학생들의 삶의 변화나 인격 성장에 유익함을 줄 수 있다.

대학 교양영어 수업의 교재에 나타난 자기소개에서 일반적인 질문의 예를 들어보자(McCarthy, McCarten, & Sandiford, 2014, pp. 1-10).

- Where are you from?
- What's your major?
- Why did you choose your major?

- What do you do in your free time?
- Where are you living?
- What do your friends say about you?
- What are your future plans?
- Have you done anything fun lately?
- What activities do you and your family do together?
- Where are you going for your vacation?

위의 질문들은 평이한 일상적인 내용으로 학생들이 대화에 임하도록 유도한다. 하지만 좀 더 심층적인 질문을 추가해본다는 다음과 같다.

- How are you serving your community?
- How do family members' opinions affect the way you make choices for your future?
- Besides your major or your job, what is an important part of your identity that you are trying to shape?
- Who is one of your heroes? What exactly do you admire about him or her?
- What are you most afraid of? What impact does that fear have on you?
- What do you want your future to look like? Based on your daily routines and habits, where will you be in five years?
- What do you like about yourself? What do you wish you coud change about yourself?

대학의 교양영어 수업에서는 실제 대학생들의 개인 진로와 연계하여 자신의 스토리를 써보는 것이 중요한데, 이는 자신의 삶과 경험을 토대로 생각을 함으로써 영어 쓰기가 훨씬 의미있고 진정성이 있는 작업이 되기 때문이다. 저자가 학생들의 진로 탐색(career exploration)을 위해 활용한 질문들을 소개하면 다음과 같다. 여기서는 학생들의 장점과 은사가 무엇인지 발견하도록 하고 또 직업 선택에서도 중요하게 생각하는 가치들(values)을 심도있게 생각해보도록 하는게 중요하다.

Twelve questions for your career exploration

① What goals do you have after graduation?
② What interests you the most?
③ What are your top 5 strengths?
④ When you were younger, what did you want to be when you grew up? Why was this appealing?
⑤ Who has inspired you (the most) in your life and why?
⑥ What values are important to you as you think about career?
⑦ If time or money were not a factor, what would your dream job be? What do you like about it?
⑧ What's something you've never done, but always wanted to do?
⑨ What are your biggest accomplishment?
⑩ Is finding God's will for your future important to you or not?
⑪ What are your future plans? Where do you see yourself in 10 years?
⑫ If you were on the cover of a magazine 20 years from now, what magazine would it be and why are you on the cover?

10.2.2 타문화권 화자 영어로 인터뷰하기

영어학습자들이 영어로 좋은 질문을 하도록 가르치는 것은 사고력 함양뿐만 아니라 문화간 의사소통 능력 개발에 좋은 방법이다. 문화간 의사소통 능력의 요소 중 발견과 상호작용 기술은 타문화권 화자를 교실밖 현장(온라인 또는 오프라인)에서 직접 영어로 대화를 해보고 적극적인 경청과 의미협상을 통해 길러진다. 영어수업에서 타문화권 화자와의 인터뷰 과제는 적절한 질문과 경청 연습, 그리고 타문화에 대한 관심과 호의를 적극적으로 표현할 수 있는 기회를 제공해준다(Rings, 2006). 보통 영어수업에서는 질문을 생성하는 주체가 교수자에게 초점이 맞추어져 있는 경우가 많지만 교사보다 학습자들이 스스로 질문을 만들어봄으로써 자신의 학습에 대한 책임감과 자율성 신장에도 도움을 줄 수 있다(김병선 외, 2022; 안성호, 2011). 이를 위해 실제 인터뷰 전에 좋은 질문전략을 위한 연습이 필요하다.

여기서는 예비영어교사들을 대상으로 한 영어권문화 수업에서 과제로 제시한 타문화권 화자와의 인터뷰를 위해 사전 연습한 질문들을 소개하고자 한다. 기독영어교사의 경우 문화간 화자로서 타문화권과의 조화로운 관계 형성과 이방인에 대한 환대를 위해 좋은 질문을 하는 것은 매우 중요하다(Kim, 2008). 우선 일반적으로 누구에게든지 할 수 있는 좋은 질문들을 학생들에게 소개하고 이 중 몇 개를 골라서 수업시간에 동료들과 짝활동을 통해 서로 질문하고 대화해보는 연습부터 시작하면 좋을 것이다. 그리고 인터뷰시 가능하면 열린 질문(open-ended questions)을 사용하여 상대방으로 하여금 마음을 열고 자유롭게 인터뷰에 응하도록 하고, 인터뷰 중 상호작용을 원활하게 하고 서로간에 이해를 돕기 위한 전략들(interaction techniques)을 연습하는 시간을 갖는다. 좋은 질문의 예를 소개하면 다음과 같다.

<u>Great questions for anyone</u>[7]

- Can you tell me about the important people in your life?
- Who has been the biggest influence on your life? What lessons did that person or those people teach you?
- Can you tell me about a moment when a person's kindness made a difference in your life?
- What are the most important lessons you've learned in life?
- What are you proudest of?
- If you could hold on to memories from your life forever, which would they be?
- How has your life been different than what you'd imagined?
- How would you like to be remembered?
- What does your future hold?
- If you could talk to a younger version of yourself, what would you say?

인터뷰 시 원활한 상호작용과 이해를 돕기 위한 전략은 추가 정보 요구하기(getting additional information), 명확한 이해를 위해 질문하기(asking for clarification), 대화 끼어들기(interrupting) 등이 있을 수 있다.

7 StoryCorps는 미국 공영라디오 프로그램에서 2003년도부터 시작한 프로젝트로 누구에게든지 물어볼 수 있는 좋은 질문들을 수집하여 제공하고 있다. https://storycorps.org/participate/great-questions/참조

이해를 위해 추가 정보를 요구하는 질문들

- Can you tell me a little bit more about it?
- Can you give me an example of that?
- Could you be more specific?
- Could you explain what you mean by ~?

명확한 이해를 위한 질문들

- I beg your pardon?
- Sorry, I didn't get that. Could you say that again, please?
- Would you mind repeating that?

대화중 끼어들기 질문들

- Pardon me, but would you repeat that?
- Excuse me for interrupting, but what is ~?
- Excuse me, but could you wait just a minute?

좋은 질문과 질문전략에 익숙해지면 학습자들이 타문화권 화자를 대상으로 할 수 있는 질문들을 인터뷰 전에 준비해보도록 한다. 여기에는 개인적 정보나 배경을 물어보는 질문, 인터뷰의 특정 주제나 관심사에 대한 질문 등이 있을 수 있는데, 이를 바탕으로 반구조화된 인터뷰(semi-structured interview)를 하여 실제 면담시는 좀 더 즉흥적이거나 심도있는 질문으로 진행을 하도록 유도한다.

인터뷰시 개인적 정보나 배경을 물어보는 질문들

- Where are you originally from?
- Do you have family here?
- What is you hometown like?
- What do you do for a living?
- What do you think is the special aspect of your culture in your country?
- Have you ever experienced any culture shock while living in Korea?
- What do you want to be in the future? Do you have a certain goal you would like to achieve someday?

인터뷰시 특정 주제에 따른 질문들(학교생활에 대해 학생들이 작성한 인터뷰 질문들의 예)

- What was the most unusual or unique lesson at your school?
- What did you usually do after school?
- Did you participate any extracurricular activities in school?
- Who was the most memorable teacher? Could you explain why?
- What was your major in school? Why did you choose it?
- Who was your closest friend in school?
- Did you feel a lot of pressure when you were in school?
- What are something you liked and disliked about your school life?

10.2.3 교재 질문 외에 심층 질문 추가하기

여기서는 일반 영어교재의 읽기 자료를 가지고 어떻게 심층적인 질문을 할 수 있을지 기독예비영어교사들 대상 전공수업에서 적용한 사례를 소개하고자 한다. 예비교사들은 의미있고 심층적인 질문을 유도하는 것이 학생들의 언어적 성장뿐 아니라 그들의 삶과 인격 성장을 돕는다는 사실을 인식해야 한다. 이에 과업으로 고등학교 영어 교과서에 포함된 읽기 자료를 선정하여 자료에 제시된 질문들 이외에 각자 자신들이 어떠한 심층 질문을 추가할 수 있을지 작성해보도록 하였다.

읽기 지문은 고등학교 2학년 교재인 *High School English Reading and Writing* (비상교육 출판, 2018)에 나와 있는 것으로 TV의 Talant Show(재능 프로그램)에 대한 사설과 독자들의 의견 기사 2개로 이루어져 있다. 실제 교과서 지문은 <그림 10-1>, <그림 10-2>와 같다.

Editorial Opinion

Should We Continue TV Talent Shows?

by Patrick Dempsey, Editor in Chief

Nowadays, talent shows in which the most talented performers are selected by the viewers are playing in a new popular television. While many people consider these shows to be highly entertaining, I strongly believe that they should be viewed more critically since they do not help those "talented" individuals but rather use them to make profit.

A major problem with those shows is their lack of focus. It is difficult to tell whether they are popularity shows or talent shows. Viewers are encouraged to vote for their "favorites" rather than for the "best performance." The votes can be affected by the contestants' appearance instead of their actual performance. In this sense, it is hard to call them "talent" shows.

Another problem is the way these shows use editing to get more viewers to watch them. The clips are edited to manipulate the content and create issues that can increase interest and popularity. Editing can be clearly used to influence the watching public's opinion of any one contestant, for good or for bad.

Also, talent shows make it difficult for viwers to make objecctive decisions by adding personal stories of the contestants. For the sake of entertainment, they show parts of the contestants' lives that can trigger sympathy from the viewers. For example- illness, disability, tragedy, or other hardships. By doing so, viewers are likely to be influenced by these stories, not by their ability.

<그림 10-1> Editorial Opinion(김진완 외, 2018, pp. 128-129)

Letters to the Editor

Gifted Individuals Welcomed

Dear Editor,

While it is true that there are some weaknesses, it is clear that there is one good thing about these shows: They provide an opportunity for the contestants to be discovered. Since such chances to be noticed are rare in the entertainment industry, participating in a talent show can be a valuable opportunity. The auditions for a talent show are open to people of all ages. Such shows can allow truly talented individuals to show the world what they can do.

Jesse Willims
Seattle

Letters to the Editor

Problems with Young Kids

Dear Editor,

I agree with the article that we need to consider talent shows more seriously and recognize the problems. I think that there is a major problem with kids competing in TV talent shows. Children are usually not as thick-skinned as adults, and thus, the rejection and public criticism eventually could result in feelings of low confidence, failure, or even depression. I think kids are simply too young to take such criticism.

Sarah Drew
San Diego

<그림 10-2> Letters to the Editor(김진완 외, 2018, pp. 128-129)

교과서의 질문을 보면 기사에 있는 내용의 이해 질문 이외에도 주장이나 신념을 뒷받침하는 증거를 평가해보는 비판적인 사고를 요구하는 질문들도 포함되어 있다. 위의 사설과 독자 의견을 포함한 읽기 지문에 따른 교재의 독해 질문은 다음과 같다.

교재의 독해 질문들

① If you were to try out for a talent show, what kind of special skills would you want to show off?

② According to the editorial opinion, what are the undesirable aspects of talent shows?

③ According to Jesse Williams, what is a good aspect of talent shows?

④ If you were a parent, would you allow your child to participate in a talent show? Why or why not?

⑤ According to Sarah Drew, what is the major problem with kids competing in TV talent shows?

예비영어교사들에게 이 지문을 읽어보도록 하고, 만약 자신이 교사라면 어떤 질문을 추가할 수 있을지 기독교사로서 심도있고 의미있는 질문을 만들어보도록 하였다. 이들이 작성한 추가 질문들을 소개하면 다음과 같다.

학생들이 추가한 심층 질문들

- How can we not only show our talent but also gain popularity in the talent show?

- Have you ever tried out for a talent show? If so, what did you perform? Did you focus on your talent or the response of the audience? (If not, what talents would you use to perform?)
- What do you think of the talent show being aired on TV? (editing, adding personal stories, etc)
- If you were to become a talent show PD, how would you like to plan?
- If God said he could give you a talent, what talent would you have? If God said you already have, what talent do you think you have?
- What are some positive things you can do for the world with your talents?
- How does lookism that we can easily observe in TV programs affect our perspectives?
- What is the attitude of the managing staff required to take care of both viewer ratings and the nature of the program?
- Why do you want to be on a talent show and be known to the world? What kind of mind led you to participate?
- If you're on a talent show and you don't get much attention, are you willing to give up your dream? How would you feel?

예비영어교사들이 추가한 질문들을 보면 '외모지상주의가 우리의 가치관에 미치는 영향', '능력을 통해 또는 외모나 기타 삶의 이야기를 통해 데뷔한 사람이 있을 때 공평하지 못하다고 여겨지는 부분이 있을지', '하나님께서 자신에게 주신 달란트는 무엇이며 그것을 어떻게 사용할지', '달란트쇼에 나가는 진정한 동기는 무엇일지' 등 글을 읽고 다각도로 생각해볼 수 있는 질문들을 했음을 알 수 있다.

요약

창의적 사고 함양은 영어교육에서도 의사소통 능력 개발과 함께 수업에서 통합되고 개발되어야 할 중요한 부분이다. 이에 본 장에서는 창의성 함양을 위한 영어수업이 어떻게 실현될 수 있는지 실제 사례를 중심으로 살펴보았다. 우선 창의적 사고기법을 활용한 영어수업에서는 영어교과와 연계성이 높은 확산적 사고를 촉진시키기 위해 브레인라이팅, 육색사고모자, 강제연결법, 스캠퍼 기법을 수업에서 활용한 사례를 소개하였다. 또한 이러한 기법을 수업에서 적용함에 있어 교과 내용의 주제와 기독교적 가치를 통합하고자 시도하였다.

그 다음으로 질문중심 영어수업의 사례들을 살펴보았는데, 질문은 창의적이고 비판적 사고 함양뿐만 아니라 의미있는 삶을 위한 깊은 성찰을 유도하는 주요한 도구이기도 하다. 영어교재에서 일반적으로 다루어지는 질문보다 더 심층적인 질문을 교사가 활용하는 방법, 타문화권 화자 영어인터뷰를 통해 좋은 질문을 개발하는 방법 등을 수업사례로 제시하였다. 또한 기독영어교사들은 영어 교재의 질문들을 평가해보고 무엇보다 학생들의 삶과 연계하여 더 의미있고 심도있는 질문을 할 수 있어야 할 것이다.

읽어볼 만한 자료

조연순, 성진숙, 이혜주. (2008). *창의성 교육: 창의적 문제해결력 계발과 교육방법*. 서울: 이화여자대학교출판부.

한종임, 오혜진, 김영숙. (2013). 한국 영어학습자의 창의성 신장을 위한 창의성 교육기법 기반 영어 교수·학습 활동 개발. *Foreign Languages Education, 20*(4), 175-210.

Beghetto, R. A. & Kaufman, J. C. (Eds.) (2010). *Nurturing creativity in the classroom*. Cambridge: Cambridge University Press.

Chappell, P. (2016). Creativity through inquiry dialogue. In R. H. Jones & J. C. Richards (Eds.), *Creativity in language teaching: Perspectives from research and practice* (pp. 130-145). New York: Routledge.

Maley, A., & Kiss, T. (2018). *Creativity and English language teaching: From inspiration to implementation*. London: Palgrave Macmillan.

Munat, J. (2016). Lexical creativity. In R. H. Jones (Ed.), *Routledge handbook of language and creativity* (pp. 92-106). London: Routledge.

Sawyer, K. (2017). *Group genius: The creative power of collaboration*. New York: Basic Books.

제11장
사회적 책임 기반 영어 봉사-학습의 실제

미리 생각해볼 질문들

† 기독영어교사들의 사회적 책임은 무엇이라고 생각하는가?

† 봉사-학습은 무엇이며 어떤 특징이 있는가?

† 예비영어교사들이 봉사-학습에 참여할 때 유의한 점은 무엇이라고 생각하는가?

† 기독영어교사들이 지역사회와 연계하여 봉사할 수 있는 곳은 어디라고 생각하는가?

기독영어교사는 영어를 가르치는 교사로서의 기본 역할 뿐아니라 소명감과 청지기 의식에 기반하여 교육공동체의 필요에 민감하고 좀 더 나은 사회변화의 촉진자로서의 책임이 있다. 앞서 제8장에서 기독영어교사교육의 내용 중 사회적 책임 구현을 위한 교사교육의 중요성에 대해 언급한 바 있다. 여기서는 기독영어교사교육에서 이러한 사회적 책임을 구현하기 위한 실천 방법으로 지역사회 연계 영어 봉사-학습(service-learning)의 적용 사례를 소개하고 시사점을 논의하고자 한다. 이를 위해 먼저 봉사-학습의 개념과 봉사-학습 실행을 위한 기본 요소들을 살펴보고 지역사회 공부방과 연계한 영어 봉사-학습의 실제 사례를 소개하기로 한다.

11.1 봉사-학습과 교사교육

봉사-학습은 봉사(service)와 학습(learning)이 결합된 개념으로서 사회 전체 또는 지역사회에 기여하는 사회적 책임감을 향상시키는 봉사 측면의 목표와 교과목을 통해 특정 지식이나 기술을 습득하기를 기대하는 학습목표가 결합된 교수방법을 말한다. 이는 학습자가 학교에서 이론적으로 습득한 지식과 기술을 활용하여 지역사회에 이익이 되는 봉사활동을 실천하고 그 과정에서 반성적 성찰을 병행함으로써 자신의 학습경험을 확대시키는 방법이다.

봉사-학습은 John Dewey의 경험주의 교육철학에 근거한 현장 체험 교육의 한 형태로 핵심 요소는 학문적 연계성, 성찰, 상호호혜성으로 나누어볼 수 있다(Jacoby, 1996). 먼저 봉사-학습의 가장 기본적인 요소는 봉사와 전공 또는 교과내용에 대한 학습의 연계성이다. 이는 학생들이 단순히 지역사회 봉사에 참여하는 것을 넘어 교과목표와 직접적으로 관련된 학습경험을 의미한다. 다음으로, 성찰은 학생들이 봉사활동의 전 과정에 대해 반성하고 그 의미와 효과를 재고해보는 반성적 고찰을 말한다. 이를 위해 성찰일지 작성, 소집단 토의, 피드백 등이 요구되며 학생들은 성찰을 통해 자신의 학습과 행동을 반추하게 된다. 마지막으로 상호호혜성(reciprocity)은 봉사제공자와 봉사수혜자 간의 상호작용으로, 모든 구성원이 함께 참여하여 이익을 나누고 서로를 통해 배우는 것을 말한다.

봉사-학습에서 학생들은 지적인 것과 개인적인 것을 연결하며, 수업 상황과 복잡한 실제 상황을 연결하고, 원리와 문제를 연결함으로써 수업에서 배운 것을 살아있는 지식으로 구성하게 된다. 이것은 상황과 맥락 안에서 개인적, 사회적 의미의 구성을 강조하는 구성주의 이론에 적합한 교수-학습 방법이라고 할 수 있다. 봉사-학습이 성공적으로 이루어지기 위해서는 다음과 같은 6가지 기본 요소를 염두에 두고 계획을 해야 한다(Anderson et al., 2001).

① 지역사회에 대한 질 높은 서비스(high-quality service to the community)

② 봉사활동과 교실 수업을 통합한 학습방법(integrated learning between the service activity and classroom)

③ 봉사경험과 전공학문과의 연계성을 돕는 학생들의 성찰(reflection by the student to assist in incorporating service experiences with academics)

④ 학습활동 설계와 적용과정에서 학습자 스스로의 역할을 증진시키는 학생목소리 반영(student voice to enhance students' role in planning and implementing the learning activities)

⑤ 봉사-학습에 관계된 모든 이에게 유익하도록 협력(collaboration to ensure benefits for all)

⑥ 학습과 봉사 두 가지 모두 성취하도록 하는 과정을 효과적으로 평가(evaluation to effectively assess progress toward both the learning and service goals)

이러한 봉사-학습의 형태는 봉사와 학습 둘 중 어디에 비중을 두느냐에 따라 네 가지 유형으로 나눌 수 있다. 이는 학습목표를 강조하고 봉사활동이 부수적인 유형(service-LEARNING), 봉사가 중심이고 학습은 부수적인 유형(SERVICE-learning), 봉사와 학습이 전적으로 분리된 유형(service learning), 그리고 봉사와 학습이 동일한 비중으로 다루어지는 유형(SERVICE-LEARNING)이다. Sigmon(1994)은 이중 봉사와 학습의 중간 지점에 위치하는 SERVICE-LEARNING을 가장 이상적인 형태로 간주하고 있다. 우리나라 대학의 봉사-학습도 대부분 이 유형을 추구한다고 보고하고 있다(유숙영, 2006).

봉사-학습은 1970년대 후반 개념 정립 이후 미국을 중심으로 1990년대 이후부터 활발하게 시도되고 있으며, 우리나라에서는 1996년부터 한국대학사회봉사협의회가 설립되면서 대학을 중심으로 전공 연계하여 지속적으로 운영되고 있다. 봉사-학습의 '봉사'는 '국가나 사회 또는 남을 위하여 자신을 돌보지 아니하고 힘을 바쳐 애씀(국립국어원 표준국어대사전, https://stdict.korean.go.kr)'이라는 '자원봉사'의 일반적인 의미와 기독교에서 강조하는 '이웃사랑 실천'의 의미도 포함하고 있다. 따라서 봉사-학습 교수방법은 헌신과 섬김(봉사)이라는 기독교의 핵심 요소를 학생 각자가 고민하고 실천할 수 있도록 해주므로 기독교대학의 교육이념 구현을 위한 교육 방법으로 도입하는 사례가 늘고 있다(김상경, 2012; 유숙영, 서윤경, 2016; 이지연, 최윤희, 이성희, 2013; 최윤희, 이성희, 2014; Schaffer, 2005).

또한 교원양성기관에서 예비교사들의 현장경험 확대와 반성적 교수능력 향상을 위해 봉사-학습을 적용하는 시도도 많아지고 있다. 이는 봉사-학습의 적용을 통해 예비교사들은 대학에서 배운 이론적 지식을 실제 현장과 연계하여 실천적 지식으로 전환하는 기회를 갖게 되기 때문이다. 특히, 교원양성기관에서의 봉사-학습은 교사교육자, 예비교사, 그리고 봉사수혜자인 학생들 세 입장이 하나의 공동체가 되어 서로에게 유익한 상호학습(mutual learning)의 효과를 창출할 수 있다(Anderson et al., 2001). 또한 봉사-학습은 대학에서 제공하는 경험학습의 일환으로 디지털시대 로봇이 제공하지 못하는 인간 문해력(human literacy)과 공감력을 개발할 수 있는 유익한 기회를 제공한다(Aoun, 2017, 김홍옥 역, 2019). 따라서 예비교사들이 봉사-학습을 통해 지역사회공동체를 이해하고 발전을 돕는데 지속적인 관심을 갖고 교사역량을 발휘하도록 전공교과목과 연계하여 좀 더 체계적인 설계와 운영이 필요하다 하겠다.

11.2 기독영어교사교육에서 전공 봉사-학습 사례

위에서 살펴본 봉사-학습의 개념은 한편 기독교적 영어교육의 목표와 부합될 수 있는데, 이는 대학에서 배운 영어지식과 교수방법을 지역사회에서 봉사활동을 통하여 실천 가능하기 때문이다. 특히 교사양성기관에서 봉사-학습은 예비교사들로 하여금 교사로서의 준비되는 교육과정 전반에 대한 인식을 돕는 출발점이 될 수 있다. 그 실천 방법은 대학의 예비영어교사들이 지역사회 공부방에서 어린이와 청소년들을 대상으로 영어학습을 돕는 것이다. 대학생들은 전공수업에서 배운 영어 교수방법이나 영어습득 관련된 전공 지식을 실제 초등학생이나 중학생에게 영어를 지도함으로써 봉사와 섬김을 실천하게 되고 이를 통해서 예비교사로서 수업에서 배운 이론을 반성적으로 고찰함과 동시에 실제 적용해보는 기회를 갖게 된다. 여기서는 지역사회 공부방과 연계하여 예비영어교사들이 한 학기동안 전공 봉사-학습 경험 사례를 제시하고자 한다.

11.2.1 지역사회 공부방 연계 봉사-학습 운영 절차

본 사례 연구의 목적은 한 학기동안 지역사회 연계 전공 봉사-학습을 운영하고 참여한 예비영어교사들의 학습 경험을 통해 기독영어교육의 실천 가능성을 모색하는 것이다. 우선 봉사-학습의 기본 요소(학문적 연계성, 성찰, 상호호혜성)와 봉사-학습 과정(준비, 실행, 반성, 평가)을 바탕으로 전공 봉사-학습을 설계하였다. 연구자는 영어교육과 전공수업의 교수자로, 그리고 이 프로그램의 운영자로서의 역할을 하면서 지역사회 공부방과의 협력, 지원, 배치, 참관, 학습평가 등을 하였다. 학생들은 자원봉사교육, 지원서작성, 일주일마다 일정한 시간에 영어지도 봉사, 현장실습 성찰일지 작성, 자기평가 등을 통해 한 학기 동안의 봉사-학습 경험을 보고하였다.

전공 봉사-학습에 참여한 학생들은 서울시 소재 기독교대학인 C대학교 영어교육과 2학년 또는 3학년에 재학중인 15명의 학생들이었는데, 이들은 모두 봉사-학습 연계 전공수업을 수강하는 학생들이었다. 이 프로그램은 C대학의 동아리 단체의 부속기관인 '좋은친구들 공부방'이라는 방과 후 학습방과 협력하여 이루어졌다. 이는 대학의 학생들이 방과후 학습지도의 형식으로 초·중학생들과 일대일 또는 일대다수의 방식으로 연결되어 영어학습을 도와주는 방식을 말한다. 공부방에 등록된 학생 중 봉사자와 연결되어 학습지도를 받은 학생들은 총 12명이었고, 이들은 초등학생 10명(3학년-6학년)과 중학생 2명(1학년)이었다.

전체적인 봉사-학습 진행 단계를 정리하면 다음 <그림 11-1>과 같다.

단계	계획	실행	평가
활동 내용	• 지역사회 공부방과 파트너십 구축 • 전공교과목과의 연계	• 봉사자 모집 • 오리엔테이션 • 봉사-학습 실행 • 실습일지 작성 • 봉사자 간담회 및 중간 점검 • 봉사-학습 과정 성찰	• 전체 평가회 • 봉사-학습 성과 공유
시기	학기 전	학기 중	학기 말/후

<그림 11-1> 봉사-학습 진행 단계

개강 첫 주에 교수자가 가르치는 과목 중 전공 봉사-학습 연계 교과목 수강생들로부터 자원봉사 신청을 받았다. 자원봉사는 수업의 필수사항이 아닌 선택사항으로 운영되었는데, 이는 협력 공부방의 여건과 필요한 지원자 수를 고려하였기 때문이다. 자원봉사자들이 선정된 후 봉사-학습 지원서와 서약서를 작성토록 하였고, 개강 두 번째 주에 1차 자원봉사 교육을 실시하였다. 자원봉사 교육은 기관의 담당자에

의해 실시되었으며, 내용은 자원봉사 활동의 일반적인 특성, 자원봉사의 자세, 해당 공부방에서 활동내용, 학습지도 대상 학생들의 특성 등에 관한 것이었다. 그후 봉사자들은 개별로 공부방을 방문하여 봉사 가능한 시간대를 정하고 학습지도할 학생과 일대일 또는 일대 그룹으로 만남을 가졌다.

전공 봉사-학습의 좀 더 효율적인 운영과 행정지원을 위해 봉사자 중 이 공부방에서 사전에 봉사한 경험이 있는 학생을 한 명 조교로 선정하였다. 이 조교에게는 수업 가산점 이외에 약간의 봉사장학금도 지급하여 봉사관련 행정적인 지원업무를 책임감을 갖고 수행토록 하였다. 조교는 우선 봉사자들을 파악하고 그들이 매주 실습을 원활히 하도록 돕는 일을 했는데, 우선 봉사자들이 매주 실습일지를 올리고 경험을 나누도록 홈페이지 블로그를 만들어 운영하도록 하였다. 이는 봉사자들이 공부방 방문하여 봉사하는 시간대가 서로 달랐고 또 경우에 따라서는 동일한 학생들을 지도하는 경우도 있었기 때문에 서로 학생지도의 어려움이나 효과적인 학습지도관련 정보를 나누고 자원봉사자들의 상호 협력관계를 조성하기 위함이었다.

봉사자들은 매주 공부방에서 학생지도 및 성찰 내용을 실습일지에 작성하여 홈페이지에 매주 올리도록 했으며 교수자는 수시로 홈페이지 블로그를 방문하여 봉사자들에게 피드백과 학습지도 관련 팁을 제공하였다. 특히 매주 공부방에서 학생들을 지도한 내용과 느낀 점 등을 가능하면 매주 실습 직후 바로 일지를 쓰도록 하였다. 이는 수업하면서 아이들의 반응이나 관찰 사항 등을 놓치지 않고 기록함으로써 수업에 대한 성찰과 차후 수업준비에 도움이 되기 위해서이다. 일지 작성 관련하여 교수자는 봉사-학습의 성찰을 위해 활용될 수 있는 질문(표 11-2 참조)을 제공했으며, 일지 검토와 피드백을 통해 예비교사들이 강의 중 배운 내용을 봉사-학습 현장에서 적용하거나 문제를 함께 해결해나갈 수 있도록 조력하였다.

중간고사 기간을 제외하고 총 12주 동안 매주 1회 1시간 이상 봉사하는 것을 원칙으로 하였으며, 그 기간 동안 매월 1회 일정한 시간에 전체 봉사자들과 만나 간담회를 가졌다. 간담회에서는 전공교과목에서 배운 이론이나 교수방법의 적용 사례, 영어학습지도 내용이나 학생지도의 어려움, 경험담 등을 서로 나누는 방식으로 자연스럽게 이루어졌고 함께 기도하는 시간도 가졌다. 15명이라는 소수 인원이 봉사에 참여하였기 때문에 간담회를 통해 봉사자와 교수 간에 매우 효율적인 의사소통이 이루어졌다고 평가된다.

또한 학기 중간에 학생들의 봉사활동을 실제로 파악하고 현장과의 밀접한 연계성을 위해 교수자가 조교와 함께 기관을 방문하기도 하였다. 기관 담당자와 학기 중 봉사자들의 방문과 실습에 대한 의견을 듣기도 하고 실제 학업지도를 하고 있는 봉사자들과 개별적으로 만나 면담시간을 갖기도 하였다. 학기 말에는 교수자와 예비교사들(봉사자들)은 물론 기관 담당자까지 참여하여 전체 평가회를 가졌다. 또한 평가회 시간에 참여한 봉사자들을 대상으로 설문조사를 실시하여 봉사-학습에 참여하면서 느꼈던 유익한 점이나 어려웠던 점, 봉사-학습 프로그램 관련하여 차후 개선할 점 등을 파악하고자 하였다.

실습 12주를 마친 봉사자들은 실습보고서와 현장실습 자기평가서를 조교에게 직접 제출하도록 하였다. 이와 동시에 봉사자들 각각에 대한 기관평가서를 기관으로부터 직접 받아 추후 봉사자 지도 및 교육에 참고하였다.

한 학기간 동안 운영한 전공 봉사-학습 기본 계획표는 <표 11-1>과 같다.

<표 11-1> 지역사회 공부방 연계 전공 봉사-학습 기본 계획표

주	활동 내용	비고
1	공부방 기관 방문 및 기관 담당자와 관련 협력 업무 논의	공부방 방문
2	전공수업 선정 및 수강생 중 자원봉사자 모집/ 봉사-학습 지원서 및 서약서 작성	봉사-학습 지원서 봉사-학습 서약서
3	1차 자원봉사 오리엔테이션 실시 조교 선정 및 홈페이지 블로그 구축	기관 담당자에 의한 자원봉사교육 실시
4	봉사자의 기관방문 및 봉사시간 확정 봉사-학습 실행	학생과 연결 실습일지 작성
5	봉사-학습 실행	실습일지 작성
6	봉사-학습 실행	실습일지 작성
7	봉사-학습 실행/ 1차 봉사자 간담회	실습일지 작성
8	봉사-학습 실행/ 지도교수 현장 방문 및 기관 담당자와 면담	실습일지 작성
9	봉사-학습 실행	블로그 운영 및 실습일지 관리
10	봉사-학습 실행/2차 봉사자 간담회	실습일지 작성
11	봉사-학습 실행	실습일지 작성
12	봉사-학습 실행	실습일지 작성
13	봉사-학습 실행	실습일지 작성
14	전체 평가회 - 성과 평가 및 설문조사 - 추후 봉사-학습 개선방안 논의	자기평가서 기관평가서

15	자기 평가서, 실습일지 제출 기관 담당자의 봉사자 평가서 제출 및 검토	교수, 기관 담당자

예비영어교사들이 매주 봉사-학습 실행 이후 실습일지를 작성하였는데, 성찰을 돕기 위해 제공한 질문은 다음 <표 11-2>와 같다.

<표 11-2> 봉사-학습의 성찰을 위한 질문

단계	질문
봉사-학습 전	• 기독예비영어교사로서 본인의 비전과 역할은 무엇인가요? • 봉사-학습 활동을 지원하게 된 동기는 무엇인가요?
봉사-학습 중	• 첫 영어 봉사-학습을 준비하면서 느꼈던 점은 무엇인가요? • 학생들의 반응은 어땠나요? • 영어 봉사-학습 중 잘 되었던 점은 무엇인가요? • 봉사-학습 계획과 다르게 되었던 점은 무엇인가요? • 교육봉사활동과 비교할 때 전공 봉사-학습은 어떤 점이 다른가요? • 봉사-학습 경험이 모의수업 준비에 도움이 되었나요? • 전공수업에서 배운 내용 중 실제 적용해본 활동은 무엇인가요? • 전공수업에서 배운 내용을 적용하는데 어려움은 없었나요? • 학습지도 시 발생한 문제나 어려움이 있었다면 무엇인가요?
봉사-학습 후	• 봉사활동 경험이 교직관 및 영어교수활동에 어떤 영향을 미쳤나요? • 기독영어교사로서 사회적 책임은 무엇이라고 생각하나요?

11.2.2 봉사-학습에서 예비영어교사들의 영어지도 내용

전공교과목 수업에서는 영어습득에 대한 전반적인 이론과 학습자들의 특성이나 학습전략 등에 초점을 두어 공부방 학생들 개개인의 특성을 파악하고 그 수준에 맞는 눈높이 지도를 하도록 요구하였다. 특히 영어 문자에 익숙하도록 가능한 한 의미있는 동화책 읽기나 스토리 들려주기 등을 권장하였는데 실제 실습에서는 공부방에서 정한 교재를 사용하거나 중학생의 경우에는 교과서 중심으로 보충학습을 한 경우가 많았다.

봉사자들이 지도한 학생들의 대부분이 초등학생이었으므로 기초단어지도와 복습활동으로 재미있는 게임을 활용한 것이 많았다. 알파벳 지도부터 초등수준의 단어를 듣고 말하고 쓰는 과정을 연결하여 지도한 경우가 대부분이었고 교과통합(미술이나 음악과 접목한)을 시도한 예도 있었다(표 11-3 참조). 중학생의 경우에는 교과서 진도에 맞추어 배운 내용의 복습과 기초 문법을 주로 다루는 활동들이 많았다. 중학생 지도의 경우는 전공수업의 수업시연때 사용했던 부분들을 실제로 적용한 경우도 있었고 또 반대로 공부방에서 중학생을 가르치기 위해 준비했던 교재나 활동들을 수업시연에서 활용한 예도 있었다.

<표 11-3> 봉사-학습에서 활용한 영어수업 활동들

초등학생 대상 수업 활동의 예	중학생 대상 수업 활동의 예
• TPR을 이용한 다양한 활동과 게임 • 도형과 색깔을 영어로 말하고 색칠하기 • 플래쉬카드로 형용사 익히기 • 형용사 이용한 문장 만들기 • 교과통합지도하기 (미술과 음악 접목) • 플래쉬카드로 알파벳 익히기 • 단어발음과 스펠링지도하기 • 단어듣고 받아쓰기 • 영어철자쓰기 연습 • 영어동요 가르치기 • 알파벳 우노게임/빙고게임	• 교실영어 가르치기 • 원어민 초대하여 의사소통하기 • 영어동화책 읽고 역할극하기 • 중1 문법 요점 정리하기 • 단어 발음지도하기 • 불규칙동사 익히기 • Be 동사와 의문문 만들기 • 중간고사나 기말고사 대비 교과서 평가 문제 풀기

봉사자들이 대학 전공수업에서 배운 것을 적용한 사례를 소개하면 다음과 같다.

> 이번 시간에는 여러 가지 도형에 대한 복습게임을 하였다. 나는 Classroom English 수업시간에 H교수님이 사용하시던 간단한 방법을 한번 적용해보았다. 두 개의 그림을 들고서 내가 "triangle"하면 triangle 도형을 찾아 손가락으로 가리키는 활동이었다. 원래 finger pointing하는 것이었지만 아이들은 서로 경쟁이 붙어서 내가 단어를 말하면 그 카드를 순식간에 뺏어갔다. 덕분에 순발력 퀴즈 비슷한 것이 되었다. 그렇지만 아이들이 집중하고 흥미있어 해서 학습효과가 좋았다. (S2[8], 4월 24일)

8 봉사자들의 실습일지 내용을 언급할 때는 봉사자들을 편의상 S1, S2…S15 형식으로 이름을 붙였음.

PLLT수업(영어습득론) 중 학습스타일과 학습전략에 대해 배운 후 은지와 대민이[9]의 학습스타일을 알 수 있었다. 대민이는 충동형 학습유형에 속했는데 항상 뭐든지 빨리하고 실수를 하더라도 자신감있게 발표하는 반면, 은지의 경우는 심사숙고형이어서 상대적으로 시간적 여유가 필요했다. 두 명의 학습유형이 너무 대조적이라 게임을 할 때 대민이는 자신이 더 빨리해서 우쭐해지고 간혹 은지는 기분이 상할 때가 있었다. (S10, 4월 13일)

오늘부터 중1 교과서를 가지고 가르치기 시작했다. 현재까지 진도 나간 부분이 신기하게도 내가 이번 학기 수업시간에 마이크로티칭 했던 부분들이라서 다행히 가르치는데 별 어려움이 없었다. 아이들을 가르치면서 별도로 아이들 책에 맞는 자습서를 사 놓았었는데, 이 책을 이번 학기에 수업시연 때마다 잘 활용하였다. (S11, 6월 3일)

11.2.3 봉사자들의 예비영어교사로서의 반성적 성찰

학생봉사자들은 비록 일주일에 한번 1시간이라는 짧은 수업이었지만 공부방에서의 봉사-학습 체험을 통해서 교사로서 준비된 자세가 얼마나 중요한지 새삼 인식하고 있음을 알 수 있었다. 이는 Jacoby(1996)가 말한 봉사-학습의 핵심 중 반성적 고찰을 실제 구체화한 예라 할 수 있다. 봉사자들은 예비영어교사로서 수업을 위한 준비자세, 교사로서의 사명감, 그리고 영어지도방법 등에서 다각적인 내면

9 공부방에서 학습지도를 받은 학생들의 이름도 가명을 사용하였음.

성찰의 기회를 가진 것으로 보인다.

초등학생의 경우 공부방에서 정해진 교재가 있어 이를 미리 검토하여 1시간 수업을 예상하고 준비하겠지만 집중력이 짧다보니 자칫 지루함을 느끼게 할 수 있어 재미있게 오랫동안 효과적으로 가르칠 수 있는 방법을 강구한 흔적들을 일지를 통해 찾아볼 수 있었다. 다음 S9 학생의 경우는 거의 1년이 넘게 공부방에서 봉사해온 경험이 있어 그간의 시행착오와 느낀 점을 바탕으로 많은 수업팁을 홈페이지 블로그에 제공했는데 다음의 예도 그 중 하나이다.

> 제가 느꼈던 것은 선생님이 수업자료를 미리 준비해와서 '선생님이 너희를 위해서 이런 것을 준비해왔다'라고 보여주면 아이들도 좋아하고 수업 진행에서 수월하다는 점입니다. 저 같은 경우에는 스피드 게임을 위해 미리 제가 단어카드를 만들어갔을 때 아이들이 좋아했습니다. 단어 카드 30개를 만드는데 보통 1시간 정도 걸립니다. 선생님이 도화지와 싸인펜을 공부방에 가져가서 수업시간에 아이들과 같이 만들고 단어카드를 상자에 모아두는 것도 좋습니다. (S9, 4월 18일)

> 처음에는 아이들이 영어 공부하기를 싫어했다. 그래서 내가 준비해온 게임들을 하기 싫어하면 어쩌나 걱정했는데 막상 준비해온 것들을 보니까 공부를 하기 싫다는 아이들이 수업에 적극적으로 흥미를 가지고 참여하는 것을 볼 수 있었다. 이것을 통해서 교사가 항상 준비가 되어야겠다고 생각을 했고 흥미로운 게임이되 아이들의 학습에 정말 도움이 될 만한 것을 준비해야겠다고 생각을 했다. (S2, 5월 1일)

또한 기독교사로서 학생과 수업을 위해 기도로 준비하는 것이 너무나 필요함을 절실히 깨닫고 있었으며, 특히 정규 학교수업을 마치고 공부방에 온 아이들에게 다시 학습동기를 부여하고 집중을 유도하기 위해 매번 철저하게 준비하지 않으면 수업을 통제하기 어렵다는 사실을 토로하기도 했다.

> 수업오기 전 좀 더 기도하고 나오지 못한 것을 반성했다. 새로운 학교에서의 적응으로 사실 공부방 봉사를 오기 2시간 전에 수업을 준비하고 생각해오는데, 다른 준비보다도 기도의 준비가 너무나 필요함을 절실히 깨달았다. 기도했더라면 더욱 편안하고 안정감있게 진행할텐데 열심히 준비하지 못해 쩔쩔매며 수업을 한 내 모습을 반성한다. (S5, 4월 6일)

두 번째는 교사의 역할이나 사명감에 대한 성찰이다. 막상 아이들을 가르친다는 것이 교과지식 뿐만 아니라 교사로의 부르심에 대한 확신과 이를 감당하려는 사명감이 중요하다는 사실을 인식하고 있었다. 또한 교사의 역할이 단지 교수자로서가 아니라 학생의 입장에서 학생의 필요를 파악하고 이를 전인격적으로 도와주는 조력자(facilitator)가 되어야 한다는 사실도 언급했다.

> 아이가 너무나 떼를 쓰고 자신의 기분대로 수업을 하려고 해서 수업 중간 중간 정말 막막함과 함께 무기력감까지 왔다. 이곳 좋은친구들 공부방에서 사역하시는 분들의 어려움이 어떨지 실감도 하고… 정말 주님의 사명감 없이는 내가 교사가 되어서 그냥 형식에 치우치거나 정

보전달에 만족하는 교사가 될 수 있음을 실감하게 되었다. (S1, 4월 27일)

학습자를 내가 가르쳐야겠다는 생각보다는 필요한 것을 파악하여 그 부분을 함께 고민해가며 도와준다는 생각을 해야겠다는 것을 깨닫는 시간이 되었다. 그리고 아영이와의 친밀도가 높아지면 높아질수록 학습효과도 올라가고 특히 아영이가 수업에 임하는 자세가 달라짐을 확인하였다. 앞으로도 아영이를 이해하려는 노력이 계속되어야 할 것 같다. (S12, 4월 3일)

세 번째는 실제 영어의 기능지도 측면에서 학생들을 가르치면서 나름대로 학생의 특성과 필요에 맞게 지도하고자 한 성찰 내용이다. 영어로 어느 정도 듣고 이해는 하지만 말로 표현하는 것을 두려워하는 아이들을 어떻게 도와줄지 생각하고 고민하는 흔적도 있었다. 특히 표현능력(말하기와 쓰기)이 부족한 점을 파악하고 이를 도와주려는 모습들이 잘 나타나 있었다.

영어의 정확성도 중요하지만 유창성을 하루빨리 향상시키기 위해 노력해야겠다. 그리고 영어로 말하길 두려워하는 아이들을 위해 편안한 분위기 조성과 불안감을 줄여주기 위해 신경을 써야겠다. (S4, 4월 9일)

읽고 외울 수 있으면 당연히 쓸 수 있을 거라 생각하여 이제까지 한번도 쓰기 연습을 시키거나 확인해보지 않았던 것에 대해 많은 반성을 하였다. 이번 중간고사 결과에서 볼 수 있었듯이 아영이가 영어 쓰기에 가장 어려움을 가지고 있고 학교에서도 쓰기 교육이 많이 이루어지지 않은 점을 고려하여 앞으로 직접 영어를 써볼 수 있는 기회를 많이 가져야겠다고 생각했다. (S12, 5월 22일)

11.2.4 봉사-학습 적용을 통한 기독영어교육 실천 가능성

본 사례 연구는 예비영어교사를 훈련함에 있어 기독교 세계관에 입각한 봉사와 섬김의 자세를 실천하기 위해 봉사-학습 프로그램을 설계하고 운영한 내용을 소개한 것이다. 이는 영어라는 도구를 사용하여 지역사회 공부방의 필요를 충족시키고 동시에 예비영어교사들의 현장 연계 경험학습을 제공하고자 시도되었다.

한 학기 동안 15명의 봉사자들이 이 프로그램에 참여하였으며 이들은 지역사회 공부방의 초등학생과 중학생들의 수준과 요구에 맞게 영어를 지도하였다. 봉사자들의 실습 성찰일지, 홈페이지 블로그에 올린 글, 봉사자들과의 개인면담, 실습 후 전체평가회 등을 통해 봉사-학습의 과정과 성과를 평가하였다. 결과적으로, 예비영어교사들은 지역사회 공부방과 연계한 전공 봉사-학습을 통해 기독예비영어교사로서의 자세를 능동적으로 성찰하고 교사로서의 소명감을 재확인하는 기회를 가진 것으로 판단된다. 또한 봉사-학습은 기독교인이 가져야 할 이웃을 사랑하고 섬기는 봉사의 태도를 직접 실천하게 하고 동시에 지역사회가 필요로 하는 것을 제공함으로써 영어교사가 가져야할 사회적 책임이 무엇일지 성찰하는 좋은 도전의 기회가 된 것으로 여겨진다.

마지막으로 전공 봉사-학습에 참여했던 학생의 소감문 일부를 발췌하여 여기 소개하고자 한다. 봉사-학습 후 성찰 질문 중 '기독영어교사로서 사회적 책임은 무엇이라고 생각하나요?'에 대한 응답 내용이다. 아래 발췌 내용은 기독예비영어교사의 사회적 책임에 대한 인식과 기독영어교사로서의 비전을 잘 드러내준다 하겠다.

> 저의 비전과 연결시켜 사회적 책임을 생각해보면 학생들을 놓지 않는 것이라고 생각합니다. 포기하고 싶고 내버려두고 싶을 때도 많겠지만 우리 학생들이 이후에 각자의 자리에서 사회적 책임을 구현할 수 있도록 끝까지 도와주는, 교사에게 그런 책임감이 필요하다고 생각합니다. 하나님이 우리를 끝까지 포기하지 않으시듯 저도 제가 만나는 학생들에게 그러고자 기도합니다. 또한 아직 미성년자인 학생들을 보호하고 돌보는 책임이 필요하다고 생각합니다. (S5)

> 하나님께서는 모든 사람에게 각기 다른 은사들을 주셨고, 그 은사들을 이용해 하나님 나라를 위하여 일하며, 결국은 하나님께 영광을 돌리는 것을 바라신다. 아직은 그 고민을 꾸준히 해나가야 하는 상황이지만, 확실한 것이 하나 있다. 사회적으로 약자들이라 칭함 받는 이들을 위해 교육을 제공하는 것, 그것이 나의 확실하고도 확고한 목표이다. 아이들을 포함한 모든 사람은 양질의 교육을 받을 자격이 있으며 권리가 있다. 하지만 사회적인 구조로 인하여, 혹은 남북의 분단으로 인하여 그렇지 못한 사람들이 있다. 이들에게도 교육을 받을 수 있는 기회를 주는 것이 내가 꿈꾸는 하나님 나라에서의 나의 역할이다. 그리고 그것이 나의 기독영어교사, 기독교육자로서 사회적 책임을 구현할 수 있는 나의 역할이라고 생각한다(S2).

요약

기독영어교사교육에서 영어교사로서의 자질과 역량 함양을 위해 전공수업에서 배운 지식과 기술을 실제 다양한 교육 현장에서 적용해보고 영어를 이웃 섬김의 도구로 사용하는 기회를 제공하는 것은 매우 중요하다. 봉사-학습은 전공 교과의 학습목표와 지역사회 기여를 통해 사회적 책임감을 향상시키는 목표 두 가지를 모두 해결하도록 설계된 교수-학습 방법이라 할 수 있다. 이에 본 장에서는 봉사-학습의 개념과 교사양성기관에서 교육 방법의 접목 필요성을 검토하였고, 실제 기독교대학의 영어교육과 전공학생들 대상으로 지역사회 공부방과 연계한 봉사-학습 프로그램을 운영한 사례를 소개하였다.

본 장에서 소개한 전공 봉사-학습은 지역사회 공부방에서 영어 학습지도를 하여 사회적 취약계층의 학습자들에게 교육의 기회를 제공하고 예비교사 또한 현장실습과 성찰 경험을 할 수 있도록 하는 방안이다. 학생들은 이 자원봉사를 통해 한 학기동안 전공수업시간에 배운 것을 실제 영어학습자들을 지도해보면서 교육 경험을 하고 성찰해보는 기회를 가졌다. 결과적으로 봉사-학습의 현장은 예비영어교사들의 교육 실습 경험뿐 아니라 지역사회 영어학습의 도움이 필요한 학생들을 도움으로 해서 지역공동체를 섬기며 기독영어교사가 가져야 할 사회적 책임이 무엇일지 성찰하는 좋은 도전의 기회가 된 것으로 여겨진다.

읽어볼 만한 자료

유숙영, 서윤경. (2016). 기독교 대학교육에서 봉사-학습의 도입 및 효과. *기독교교육정보*, *48*, 121-149.

최윤희, 이성희. (2014). 영어성경학습 교재 개발 및 적용: 예비 기독영어교사의 전공봉사학습 사례연구. *한국콘텐츠학회 논문지*, *14*(4), 480-490.

Anderson, J. B., Swick, K. J., & Yff, J. (Eds.) (2001). *Service-learning in teacher education: Enhancing the growth of new teachers, their students, and communities*. Washington D.C.: American Association of College for Teacher Education.

Aoun, J. E. (2017). *ROBOT-PROOF: Higher education in the age of artificial intelligence.* 김홍옥 역. (2019). *AI시대의 고등교육*. 서울: 에코리브르.

Jacoby, B. (1996). *Service-Learning in higher education: Concepts and practices*. San Francisco: Jossey-Bass.

Schaffer, R. H. (2005). Service-Learning in Christian higher education: Bringing our mission to live. *Christian Higher Education*, *4*(3), 127-145.

Sigmon, R. L. (1994). *Linking service with learning. Washington*, D.C.: Council of Independent Colleges.

참고문헌

교육부. (2015). *영어과 개정 교육과정*. 교육부 고시 제2015-80호.

권오량, 김정렬. (2010). *한국영어교육사*. 서울: 한국문화사.

권향은, 허재은. (2020). 자존감과 영어 학습: 인도 국제학교 한국 아동 학습자들의 사례 연구. *인문사회21*, *11*(4), 1943-1956.

김경자. (2016). 한국 중등학생들의 영어학습 동기모형과 변화: 종단연구. *영어교육*, *71*(2), 141-162.

김민정. (2019). 기독교적 영어교육을 적용한 협동학습의 의미 고찰. *장신논단*, *51*(2), 211-237.

김민주, 이현아, 송현주, 이희경, 신수정, 황명환. (2015). 한국형 성인 우수영어학습자 학습자특성에 관한 사례연구. *현대영어교육*, *16*(3), 185-211.

김병선, 최윤정, 손은경. (2022). 학습자 주도 질문 활동에 대한 대학생들의 인식 탐구: 교양영어수업을 중심으로. *학습자중심교과교육연구*, *22*(11), 475-487.

김상경. (2012). 기독교 여대생의 영어재능기부: 영어예배 보조교사로서의 봉사학습연구. *기독교교육정보*, *제33집*, 205-234.

김영숙. (2014). 기독교 예비영어교사의 문화간 의사소통능력 개발을 위한 교수방안. *기독교교육정보*, *43*, 69-98.

김영숙. (2015). 대학생 영어교육 전공자들의 성격 유형에 따른 영어학습의 장·단점 인식 연구. *학습자중심교과교육연구*, *15*(10), 309-331.

김영숙. (2019). 중등영어교사양성 전공교과목에서 창의적 교수방법 활용 효과: 영어어휘 수업을 중심으로. *교육연구*, *76*, 95-116.

김영숙. (2022). 기독영어교사교육에서 환대의 덕목과 그 실천적 적용 방안 탐색. *인문과학연구논총*, *43*(4), 189-211.

김영숙, 이지연. (2010). 예비영어교사의 수업일지 작성을 통한 반성적 성찰의 효용성: 결정적 사건 분석을 중심으로. *영어교육*, *65*(4), 373-402.

김영숙, 이지연. (2012). 예비영어교사의 사례보고서 작성을 통한 반성적 교사교육 탐색. *현대영어교육*, *13*(4), 209-238.

김영숙, 이지연. (2015). 영어수업에서 기독교 신앙과 가르침의 통합 시도: 공립학교 기독영어교사 사례 연구. *신앙과 학문*, *20*(4), 37-68.

김정선. (2021). 연변과학기술대학의 실례로 고찰한 한중 대학영어교육의 비교연구. *학습자중심교과교육연구*, *21*(17), 355-371.

김태영. (2013). 자서전적 에세이를 통한 우리나라 학생들의 영어 학습 동기와 탈동기: 회고적 재구성. *응용언어학*, 29(1), 37-68.

김태영. (2022). 한국 영어 학습자들의 영어 학습 동기의 종단적 변화: 회고적 성찰 그래프 분석. *영어어문교육*, *28*(1), 123-151.

노승빈. (2007). 창의성과 영어교육의 통합을 위한 교과과정. *사고개발*, *3*(2), 61-72.

노승빈. (2012). 대만과 일본의 비교를 통한 한국 대학생들의 창의적 영어 학습활동에 관한 인식 연구. *현대영어교육*, *13*(4), 315-343.

모종린, 이경희, 김지은, 박민아, 강민승. (2010). *영어상용화와 국가경쟁력: 영어공용화 논쟁을 넘어서*. 서울: 나남.

문용린, 최인수, 곽윤정, 이현주, 이화선, 이지혜, 이미나, 이채호, 백수현, 윤지윤, 박은정, 석수경. (2011). *창의·인성교육 활성화 방안 연구*. 서울: 한국과학창의재단.

문지연, 이소영. (2012). 예비영어교사와 중등학교 학생의 멘토링 활동에 대한 연구. *중등영어교육*, *5*(1), 48-65.

박건. (2006). *멘토링 사역 멘토링 목회*. 서울: 나침반출판사.

박영예. (2021). 마이크로티칭에 나타난 예비 초등영어 교사들의 수업전 성찰 과정 분석. *초등영어교육*, *27*(3), 5-27.

박옥희. (2021). 우리나라 대학 신입생의 영어 학습 감정에 대한 융합적 연구: 수준별, 팀티칭, 의사소통활동유형에 따른 차이. *한국융합학회논문지*, *12*(4), 369-375.

박주연, 윤성혜. (2022). 미래교육과 교사 역량. 학습자중심교과교육학회 (편), *미래사회와 교과교육* (pp. 15-47). 서울: 교육과학사.

박태현. (2020). *아브라함 카이퍼의 영역주권*. 서울: 도서출판 다함.

박혜경. (2016). 대학 영어강독 수업에서의 기독교적 가르침의 사례 연구. *신앙과 학문*, *21*(2), 89-123.

배두본. (2002). *영어교육학 총론*. 서울: 한국문화사.

배두본. (2013). 한국 영어교과 교육과정의 발전. 한국 영어교육의 어제, 오늘, 그리고 내일. *영어교육 130주년 기념행사 자료집(pp. 20-23)*. 한국외국어대학교, 2013년 12월.

서경혜. (2013). 교사 학습에 대한 공동체적 접근. *교육과학연구*, *44*(3), 161-191.

서경혜. (2019). 학교단위 교사학습공동체 운동의 의의와 과제. *교육과학연구*, *50*(2), 1-28.

신국원. (2005). *니고데모의 안경*. 서울: IVP.

심재승. (2012). *기독교 교육 선언: 교사 가이드북*. 서울: 교육과학사.

안계명(성호). (2018). 4차 산업혁명과 영어교육. 정채관 외(편), *4차 산업혁명과 미래 영어교육* (pp. 9-39). 서울: 한국문화사.

안성호. (2011). 통사론 교육과 창의성 계발. *생성문법연구*, *21*(2), 333-354.

오정현. (2022). *그리스도로 살아나다*. 서울: 국제제자훈련원.

유네스코한국위원회. (2015). *모두를 위한 교육(EFA) 2010-2015: 성과와 과제*. 서울: 유네스코한국위원회.

유숙영. (2006). 상황학습의 실천적 방법으로서의 봉사학습의 가능성 탐색. *기독교교육정보*, *13*, 211-236.

유숙영, 서윤경. (2016). 기독교 대학교육에서 봉사-학습의 도입 및 효과. *기독교교육정보*, *48*, 121-149.

유영미, 표경현. (2009). 원어민 교사 회화 수업에 나타난 대학생들의 말하기 불안 연구. *외국어교육연구*, *23*(2), 59-84.

이경호. (2018, 9월 30일). 집단지성으로서의 교사학습공동체. *교원교육소식*, 88호, 6-8.

이광우, 조난심, 김현미. (2013). 창의적 인재 육성을 위한 중등학교 교실수업에 대한 전문가 인식 조사. *열린교육연구*, *21*(4), 1-21.

이길영, 황명식. (2004). 대학생 멘토링이 중학생 영어학습에 미치는 영향. *영어교육*, *59*(2), 237-268.

이문우. (2022). 사회문화적 관점에서 본 인공지능시대의 영어교사교육. *사회언어학*, *30*(3), 245-268.

이성희. (2009). 기독인 영어교사의 자질에 대한 연구. *기독교와 어문학*, *6*(1), 137-171.

이성희. (2013). *기독영어교사를 위한 영어교재연구 및 지도법*. 서울: 한국문화사.

이승구. (2014). *기독교 세계관이란 무엇인가?* 서울: SFC.

이지연. (2022). *기독영어교사를 위한 영어 쓰기평가의 이해와 실제*. 서울: 신정.

이지연, 김영숙. (2020). 중등영어교사양성 프로그램에서 전공 교과와 창의성의 통합 지도 효과 연구: 영어 읽기 교과를 중심으로. *학습자중심교과교육연구*, *20*(14), 281-309.

이지연, 최윤희, 이성희. (2013). 예비영어교사의 지역사회 연계 전공봉사에 대한 사례 연구. *응용언어학*, *29*(4), 315-347.

이혜정, 임현우. (2018). 또래 멘토링을 통한 멘토-멘티 상호작용이 영어학습에 미치는 영향. *영어교육연구*, *30*(2), 87-106.

임종헌, 유경훈, 김병찬. (2017). 4차 산업혁명사회에서 교육의 방향과 교원의 역량에 관한 탐색적 연구. *한국교육*, *44*(2), 5-32.

임희옥, 유혜숙, 서광일, 김정준. (2010). *기독교 세계관으로 조명한 유아 교육하기*. 서울: 창지사.

장복명. (2022). *세계어로서의 영어교육: 한국 영어교육사적 관점에서*. 서울: 신아사.

정일웅. (2003). 코메니우스의 범교육학 이론에 관한 연구(II): 범학교론, 범교재론, 범교사론 중심으로. *신학지남*, *70*(4), 11-35.

정채관. (2018). 4차 산업혁명과 미래 영어과 교육과정. 정채관 외 (편), *4차 산업혁명과 미래 영어교육* (pp. 100-120). 서울: 한국문화사.

정희영. (2006). 가드너의 다중지능이론에 대한 기독교적 조명. *총신대논총*, *26*, 5-36.

조벽. (2010). *조벽 교수의 인재 혁명*. 서울: 해남출판사.

조연순, 성진숙, 이혜주. (2008). *창의성 교육: 창의적 문제해결력 계발과 교육방법*. 서울: 이화여자대학교출판부.

조형숙. (2018). 영어학습 부진아 지도를 위한 중등 예비교사 양성 사례연구: 유네스코의

'모두를 위한 교육(Education for All)'의 관점에서. *교사교육연구*, *57*(2), 155-168.

최무진. (2012). IT봉사학습의 성경적 근거, 분류체계 및 사례. *로고스경영연구*, *10*(2), 65-86.

최윤희, 이성희. (2014). 영어성경학습 교재 개발 및 적용: 예비 기독영어교사의 전공봉사 학습 사례연구. *한국콘텐츠학회 논문지*, *14*(4), 480-490.

최인수. (2011). *창의성의 발견: 창의성은 언제, 어디서, 무엇에 의해, 어떻게 발현되는가*. 서울: 앰엔파커스.

한종임, 오혜진, 김영숙. (2013). 한국 영어학습자의 창의성 신장을 위한 창의성 교육기법 기반 영어 교수·학습 활동 개발. *Foreign Languages Education*, *20*(4), 175-210.

한춘기. (2001). 개혁신학적 관점에서의 기독교 교육론. *총신대논총*, *20*, 113-133.

함영주. (2012). *심장을 뛰게 하는 가르침의 기술*. 서울: 소망플러스.

ACTFL한국위원회. (2015). *영어에 찌든 당신을 위한 영어 디톡스*. 서울: 크레듀 하우.

ACTFL. (1996). *Standards for foreign language learning: Preparing for the 21st century.* Yonkers, NY: National Standards in Foreign Language Education Project.

Amabile, T. M. (1989). *Growing up creative: Nurturing a lifetime of creativity.* New York: Creative Education Foundation.

Anderson, J. B., Swick, K. J., & Yff, J. (Eds.) (2001). *Service-learning in teacher education: Enhancing the growth of new teachers, their students, and communities*. Washington D.C.: American Association of College for Teacher Education.

Andrés, V. (1999). Self-esteem in the classroom or the metamorphosis of butterflies. In J. Arnold (Ed.), *Affect in language learning* (pp. 87-102). Cambridge: Cambridge University Press.

Aoun, J. E. (2017). *ROBOT-PROOF: Higher education in the age of artificial intelligence.* 김홍옥 역. (2019). AI시대의 고등교육. 서울: 에코리브르.

Arnold, J. (Ed.) (1999). *Affect in language learning*. Cambridge: Cambridge University Press.

Baldwin, A. Y. (2010). Creativity: A look outside the box in classrooms. In R. A. Beghetto & J. C. Kaufman (Eds.), *Nurturing creativity in the classroom* (pp. 73-87). Cambridge: Cambridge University Press.

Barna, L. M. (1994). Stumbling blocks in intercultural communication. In L. Samover & R. Porter (Eds.), *Intercultural communication: A reader* (7th ed.) (pp. 337-346). Belmont, CA: Wadworth Publishing Company.

Beghetto, R. A., & Kaufman, J. C. (2010). Broadening conceptions of creativity in the classroom. In R. A. Beghetto & J. C. Kaufman (Eds.), *Nurturing creativity in the classroom* (pp. 191-205). Cambridge: Cambridge University Press.

Beghetto, R. A. & Kaufman, J. C. (Eds.) (2010). *Nurturing creativity in the classroom*. Cambridge: Cambridge University Press.

Bennett, M. J. (1993). Towards ethnorelativism: A developmental approach to training for intercultural sensitivity. In M. Page (Ed.), *Education for the intercultural experience* (pp. 21-71). Yarmouth, ME: Intercultural Press.

Boot, K. J. (1987). Language: A few observations from a biblical perspective. *Pro Rege, 15*(3), 11-15.

Brown, H. D. (2002). *Strategies for success: A practical guide to learning English.* White Plains, NY: Pearson Education.

Brown, H. D. (2014). *Principles of language learning and teaching* (6th ed.). White Plains, NY: Pearson Education.

Brown, H. D., & Lee, H. (2015). *Teaching by principles: An integrative approach to language pedagogy* (4th ed.). White Plains, NY: Pearson Education.

Bull, B. (2016). *Reflective practice and the Christian teacher.* 월드와이드웹 https://education.cph.org/the-lutheran-educator/reflective-practice-the-christian-teacher/에서 2020년 10월 19일에 검색.

Byram, M. (1997). *Teaching and assessing intercultural communicative competence*. Clevedon, UK: Multilingual Matters.

Byram, M., & Fleming, M. (Eds.) (1998). *Language learning in intercultural perspective: Approaches through drama and ethnography*. Cambridge: Cambridge University Press.

Canagarajah, S. (1993). Critical ethnography of a Sri Lankan classroom: Ambiguities in student opposition to reproduction through ESOL. *TESOL Quarterly*, *27*, 601-625.

Canagarajah, S. (2006). TESOL at forty: What are the issues? *TESOL Quarterly*, *40*(1), 9-34.

Caravolas, J-A.(1993). Comenius (Komensky) and the theory of language teaching. *Acta Comeniana, 10*, 141-170.

Chappell, P. (2016). Creativity through inquiry dialogue. In R. H. Jones & J. C. Richards (Eds.), *Creativity in language teaching: Perspectives from research and practice* (pp. 130-145). New York: Routledge.

Chen, G. M., & Starosta, W. J. (2000). The development and validation of the intercultural sensitivity scale. *Human communication*, *3*, 1-15.

Crandall, J. (1999). Cooperative language learning and affective factors. In J. Arnold (Ed.), *Affect in language learning* (pp. 226-245). Cambridge: Cambridge University Press.

Crandall, J., & Miller, S. (2014). Effective professional development for language teachers. In M. Celce-Murcia, D. Brinton, & M. A. Snow (Eds.), *Teaching English as a second or foreign language* (4th ed.) (pp. 630-648). Boston: National Geographic Learning.

Crookes, G. (2017). Critical language pedagogy given the English divide in Korea: A suite of practices, critique, and the role of the intellectual. *English Teaching*, *72*(4), 3-21.

Cropley, A. J. (2001). *Creativity in education and learning*. London: Kogan Page.

Crystal, D. (1997). *English as a global language*. Cambridge: Cambridge University Press.

Csikszentmjhalyi, M. (1996). *Creativity: Flow and the psychology of discovery and invention*. New York: Harper Collins.

DeCapua, A., & Wintergerst, A. (2016). *Crossing cultures in the language classroom* (2nd ed.). Ann Arbor, MI: The University of Michigan Press.

Dormer, J. E. (2011). *Teaching English in missions: Effectiveness and integrity*. Pasadena, CA: William Carey Library.

Dörnyei, Z. (2005). *The psychology of the language learner: Individual differences in second language acquisition*. Mahwah, NJ: Lawrence Erlbaum Associates.

Dörnyei, Z. (2009). The L2 motivational self system. In Z. Dörnyei & E. Ushioda (Eds.), *Motivation, language identity and the L2 self* (pp. 9-42). Toronto: Multilingual Matters.

Edlin, R. J. (1999). *The cause of Christian education.* 기독교학문연구회 교육분과 역 (2004). *기독교교육의 기초*. 서울: 그리심.

Ehrman, M., & Oxford, R. (1995). Cogntition plus: Correlates of language proficiency. *Modern Language Journal*, *79*, 67-89.

Fletcher, S. (2000). *Mentoring in schools*. London: Kogan Page.

Gardner, H. (1983). *Frames of mind: The theory of multiple intelligences*. New York: Basic Books.

Gardner, R., & Lambert, W. (1972). *Attitudes and motivation in second language learning*. Rowley, MA: Newbury House.

Gardner, R., & MacIntyre, P. (1991). An instrumental motivation in language study: Who says it isn't effective? *Studies in Second Language Acquisition*, *13*, 57-72.

Goheen, M., & Bartholemew, C. (2008). *Living at the crossroads.* 윤종석 역 (2011). *세계관은 이야기다*. 서울: IVP.

Goodman, K. (1986). *What's whole in whole language?* Portsmouth, NH: Heinemann.

Greene, A. E. (2003). *Reclaiming the future of Christian education*. Colorado Springs: ACSI.

Ham, Y. (2013). Mercy as an important quality of Christian teachers: Integration of theological and empirical analysis. *Korea Reformed Journal*, *25*, 323-344.

Harmer, J. (2015). *The practice of English language teaching* (5th ed.). London: Pearson Education.

Holmes, A. (1983). *Contours of a world view.* 이승구 역 (1991). *기독교 세계관*. 서울: 도서출판 엠마오.

Holmes, A. (1987). *The idea of a Christian college*. Grand Rapids, MI: Eerdmans.

Hong, M. (2008). *Spirituality and English language teaching.* Saarbrűcken, Germany: VDM Verlag Dr. Műller.

Horwitz, E., Horwitz, M., & Cope, J. (1986). Foreign language classroom anxiety. *Modern Language Journal*, *70*, 125-132.

Howatt, A. P. R. (2004). *A history of English language teaching* (2nd ed.). Oxford: Oxford University Press.

Hull, R. (2006). *The complete book of discipleship.* 박규태 역 (2009). *온전한 제자도*. 서울: 국제제자훈련원.

Jacoby, B. (1996). *Service-Learning in higher education: Concepts and practices*. San Francisco: Jossey-Bass.

Jeong, J-Y., & Jeon, K. (2013). The English divide as perceived by college students: A case study. *Journal of Research in Curriculum and Instruction, 17*(1), 71-90.

Johnson, D. W., & Johnson, R. T. (1994). *Learning together and alone: Cooperative, competitive, and individualistic learning*. Boston: Allyn & Bacon.

Johnson, D. W., Johnson, R. T., & Holubec, E. J. (1994). *Cooperative learning in the classroom*. Alexandria, VA: Association for Supervision and Curriculum.

Jones, R. H. (Ed.). (2016). *The Routledge handbook of language and creativity.* London: Routledge.

Jones, R. H., & Richards, J. C. (Eds.). (2016). *Creativity in language teaching: Perspectives from research and practice.* London: Routledge.

Kachru, B. (1985). Standards, codification and sociolinguistic realism: The English language in the outer circle. In R. Quirk & H. G. Widdowson (Eds.), *English in the world: Teaching and learning the language and literatures* (pp. 11-30). Cambridge: Cambridge University Press.

Kachru, B. (1992). World Englishes: Approaches, issues, and resources. *Language Teaching*, *25*, 1-14.

Kagan, S. (1994). *Cooperative learning*. San Juan Capistrano, CA: Kagan Cooperative Learning.

Kaufman, J. C. & Sternberg, R. J. (Eds.) (2016). *The Cambridge handbook of creativity*. Cambridge: Cambridge University Press.

Kim, Y. (2006a). Secondary Korean ESL students' perception on culture learning and cross-cultural adjustments. *English Teaching*, *61*(4), 109-131.

Kim, Y. (2006b). Christian English teachers' perception and practices of the integration of faith and learning in English language teaching. *Chongshin Review*, *11*, 98-123.

Kim, Y. (2007). Reflection in teacher development: Exploring pre-service teacher's journal writing. *Foreign Languages Education*, *14*(1), 1-27.

Kim, Y. (2008). Questioning strategies for developing Christian intercultural speakers in EFL classrooms. *Chongshin Review*, *13*, 213-238.

Kozbelt, A., Beghetto, R. A., & Runco, M. (2010). Theories of creativity. In J. C. Kaufman & R. J. Sternberg (Eds.), *The Cambridge handbook of creativity* (pp. 20-47). Cambridge: Cambridge University Press.

Kramsch, C. (1993). *Context and culture in language teaching.* Oxford: Oxford University Press.

Krashen, S. (1982). *Principles and practice in second language acquisition*. Oxford: Pergamon press.

Larsen-Freeman, D., & Anderson, M. (2011). *Techniques and principles in language teaching* (3rd ed.). Oxford: Oxford University Press.

Lazaraton, A. (2003). Incidental displays of cultural knowledge in the nonnative-English-speaking teachers' classroom. *TESOL Quarterly, 37*(2), 213-245.

Lee, S. (2000). Teacher training for Christian English teachers: Aims and considerations. *Chongshin Review*, *5*, 210-224.

Leeds, D. (2000). *The powers of questions: Secrets of successful communication in life and work.* 노혜숙 역(2002). *질문의 7가지 힘*. 서울: 더난출판.

Lessard-Clouston, M. (2013). Faith and learning integration in ESL/EFL instruction: A preliminary study in America and Indonesia. In M. Wong, C. Kristjánsson, & Z. Dörnyei (Eds.), *Christian faith and English language teaching and learning* (pp. 115-135). New York: Routledge.

Lessard-Clouston, M. (2018). Reflections on incorporating virtues in an international communication for teachers course. *International Journal of Christianity and English Language Teaching*, 5, 18-39.

Lightbown, P. M., & Spada, N. (2006). *How languages are learned* (3rd ed.). Oxford: Oxford University Press.

Lindhout, W. (2013, May). *Lecture on 'Reformed view on the training of teachers'*. Paper presented at the International Congress of Reformed and Presbyterian Churches, Seoul, Korea.

Lingenfelter, J., & Lingenfelter, S. (2003). *Teaching cross-culturally: An incarnational model for learning and teaching.* Grand Rapids, MI: Baker Academic.

Lyster, R. (2007). *Learning and teaching language through content: A counterbalanced approach*. Amsterdam: John Benjamins.

Maley, A. (2001). Literature in the language classroom. In R. Carter & D. Nunan (Eds.), *Teaching English to speakers of other languages* (pp. 180-185). Cambridge: Cambridge University Press.

Maley, A., & Kiss, T. (2018). *Creativity and English language teaching: From inspiration to implementation.* London: Palgrave Macmillan.

Marshall, P. (1998). *Heaven is not my home: Learning to live in God's creation*. 김재영 역 (2000). *천국만이 내 집은 아닙니다*. 서울: IVP.

McCafferty, S. G., Jacobs, G. M., & Iddings, A. C. (Eds.) (2006). *Cooperative learning and second language teaching*. New York: Cambridge University Press.

McCarthy, M. (1990). *Vocabulary*. Oxford: Oxford University Press.

Michell, R., & Myles, F. (1998). *Second language learning theories*. New York: Arnold.

Moran, P. R. (2001). *Teaching culture: Perspectives in practice*. Boston: Heinle & Heinle.

Moran, S. (2010). The roles of creativity in society. In J. C. Kaufman & R. J. Sternberg (Eds.), *The Cambridge handbook of creativity* (pp. 74-90). Cambridge: Cambridge University Press.

Munat, J. (2016). Lexical creativity. In R. H. Jones (Ed.), *Routledge handbook of language and creativity* (pp. 92-106). London: Routledge.

Murphy, D. (1995). *Comenius: A critical reassessment of his life and work*. Dublin: Irish Academic Press.

Musumeci. D. (1997). *Breaking tradition: An Exploration of the historical relationship between theory and practice in second language teaching*. Boston: McGraw Hill.

Naiman, N., Fröhlich, H., Stern, H. H., & Todesco, A. (1995). *The good language learner.* Clevedon: Multilingual Matters.

Noh, H., & Jeon, J. (2012). English divide perceived by employees: A case study of "A" corporation. *Foreign Languages Education*, *19*(2), 201-224.

Osborn, T. (2006). *Teaching world languages for social justice.* Mahwah, NJ: Lawrence Erlbaum.

Palmer, P. (1993). *To know as we are known: Education as a spiritual journey.* 이종태 역 (2009). *가르침과 배움의 영성*. 서울: IVP.

Pennycook, A. (1994). *The cultural politics of English as an international language*. London: Longman.

Prechtal, E., & Lund, A. (2007). Intercultural competence and assessment: Perspectives from the INCA Project. In H. Kotthoff & H. Spencer-Oatey (Eds.), *Handbook of intercultural communication* (pp. 467-490). New York: Mounton de Gruyter.

Purgason, K. (1994). How to communicate values and truth in the context of teaching English as a second or foreign language. *Evangelical Missions Quarterly*, *30*(3), 238-243.

Purgason, K. B. (2016). *Professional guidelines for Christian English teachers*. Pasadena, CA: William Carrey Library.

Richards, J. C. (2008). Second language teacher education today. *RELC Journal*, *39*(2), 158-177.

Richards, J. C., & Farrell, T. S. C. (2005). *Professional development for language teachers:*

Strategies for teacher learning. Cambridge: Cambridge University Press.

Richards, J. C., & Rogers, T. S. (2001). *Approaches and methods in language teaching* (2nd ed,). Cambridge: Cambridge University Press.

Richards, J. C., & Rogers, T. S. (2014). *Approaches and methods in language teaching* (3rd ed,). Cambridge: Cambridge University Press.

Rings, K. (2006). The oral interview and cross-cultural understanding in the foreign language classroom. *Foreign Language Annals*, *39*(1), 43-53.

Rivers, W. (1981). *Teaching foreign language skill*. Chicago: The University of Chicago Press.

Sawyer, K. (2017). *Group genius: The creative power of collaboration*. New York: Basic Books.

Schaffer, R. H. (2005). Service-Learning in Christian higher education: Bringing our mission to live. *Christian Higher Education*, *4*(3), 127-145.

Schön, D. A. (1983). *The reflective practitioner: How professionals think in action*. New York: Basic Books.

Scovel, T. (2001). *Learning new languages: A guide to second language acquisition.* Boston: Heinle & Heinle.

Sigmon, R. L. (1994). *Linking service with learning.* Washington, D.C.: Council of Independent Colleges.

Sire, J. W. (1988). *The universe next door* (2nd ed.). 윤종석 역 (1995). *기독교 세계관과 현대사상*. 서울: IVP.

Sire, J. W. (2000). *Habits of the mind.* 윤종석 역 (2013). *지식건축법: 기독 지성은 어떻게 완성되는가*. 서울: IVP.

Slavin, R. (1995). *Cooperative learning: Theory, research and practice* (2nd ed.). New York: Prentice Hall.

Smith, D. (1993). Can modern language teaching be Christian? *Spectrum, 25*(1), 25-38.

Smith, D. (1994). *Teaching modern languages: A fresh approach to the national curriculum.* London: Association of Christian Teachers.

Smith, D. (1996). What hope after Babel? Diversity and community in Gen 11:1-9; Exod 1:1-14; Zeph 3:1-13 and Acts 1:1-3. *Horizons in Biblical Theology, 18*(2), 161-191.

Smith, D. (2002). Spiritual development in the language classroom: Interpreting the national curriculum. *Language Learning Journal*, *26*, 36-42.

Smith, D. (2009). *Learning from the stranger: Christian faith and cultural diversity.* Grand Rapids, MI: Eerdmans.

Smith, D., & Carvill, B. (2000). *The gift of the stranger: Faith, hospitality, and foreign language learning.* Grand Rapids, MI: Eerdmans.

Snow, D. (2001). *English teaching as Christian mission: An applied theology.* Scottdale, PA: Herald Press.

Snow, D. (2009). English teachers, language learning, and the issue of power. In M. H. Wong & S. Canagarajah (Eds.), *Christians and critical English language educators in dialogue: Pedagogical and ethical dilemmas* (pp. 173-184). New York: Routledge.

Sproul, R. C. (1997). *Grace unknown: The heart of reformed theology*. 노진준 역 (1999). *개혁주의 은혜론*. 서울: 기독교문서선교회.

Stevick, E. (1989). *Success with foreign languages: Seven who achieved it and what worked for them*. Englewood Cliffs, NJ: Prentice Hall.

Stevick, E. (1998). *Working with teaching methods: What's at stake?* Boston: Heinle & Heinle.

Stevick, E. (1999). Affect in learning and memory: from alchemy to chemistry. In J. Arnold (Ed.), *Affect in language learning* (pp. 43-57). Cambridge: Cambridge University Press.

Stevick, E. (2002). *Faith and practices: Three phases of EWS*. Informal essay of Earl Stevick. 월드와이드웹http://www.celea.net/page-1736597 에서 2014년 4월 10일 검색.

Stryker, S., & Leaver, B. (Eds.). (1997). *Content-based instruction in foreign language education: Models and methods*. Washington, D.C.: Georgetown University Press.

Tin, T. B. (2016). Creativity in second-language learning. In R. H. Jones (Ed.), *Routledge handbook of language and creativity* (pp. 433-451). London: Routledge.

Van Brummelen, H. (1993). Teacher education for responsive discipleship. In P. DeBoer (Ed.), *Educating Christian teachers for responsive discipleship* (pp. 37-62). Lanham, MD: University Press of America.

Van Brummelen, H. (2002). *Steppingstones to curriculum: A biblical path* (2nd ed.). Colorado Springs: Purposeful Design Publications.

Van Brummelen, H. (2009). *Walking with God in the classroom* (3rd ed.). Colorado Springs: Purposeful Design Publications.

Van Dyk, J. (2000). *The craft of Christian teaching: A classroom journey*. Sioux Center, IA: Dordt Press.

Walsh, B. J., & Middleton, J. R. (1984). *The transforming vision: Shaping a Christian world view*. Downers Grove, IL: IVP.

Weaver, G. R. (2000). Understanding and coping with cross-cultural adjustment stress. In G. R. Weaver (Ed.), *Culture, communication and conflict* (pp. 177-194). Boston: Pearson Publishing.

Willis, W. R. (1990). *Developing the teacher in you*. 현은수 역 (2001). *탁월한 교사*. 서울: 대한예수교장로회총회.

Wolters, A. M. (1985). *Creation regained: Biblical basics for a reformational worldview.* 양성만 역 (1992). 창조·타락·구속. 서울: IVP.

Wong, M. S., & Canagarajah, S. (Eds.) (2009). *Christians and critical English language educators in dialogue: Pedagogical and ethical dilemmas*. New York: Routledge.

Wong, M. S., Dörnyei, Z., & Kristjánsson, C. (Eds.) (2013). *Christian faith and English language teaching and learning: Research on the interrelationship on religion and ELT*. New York: Routledge.

Zhang, J. & Kim, J. (2022). Multiple case studies on how Christian faith vision triggers directed motivational currents in English learning. *Journal of Learner-Centered Curriculum and Instruction, 22*(4), 769-783.

<영어학습 교재 및 참고 웹사이트>

김진완, 황종배, Judy Yin, 정종호, 황진호, 홍주연. (2018). *High School English Reading & Writing*. 서울: 비상교육.

좋은교사운동본부-배움찬찬이연구회 https://goodteacher.org/bbs/board.php?bo_table=mail&wr_id=383

McCarthy, M., McCarten, J., & Sandiford, H. (2014). *Touchstone 3 student's book* (2nd ed.). New York: Cambridge University Press.

McCarthy, M., & O'Dell, F. (2010). *Vocabulary in use (High intermediate)*. New York: Cambridge University Press.

Seal, B. (2012). *Academic encounters 4: Reading & writing* (2nd ed.). New York: Cambridge University Press.

StoryCorps https://storycorps.org/participate/great-questions/

TESOL Social Responsibility Interest Section(SRIS) https://my.tesol.org/communities/community-home?CommunityKey=ca55369d-6da3-454c-a68f-68fbe03db770

부록

부록 1. 기독영어교사 양성과정의 학생 포트폴리오 내용

부록 2. 기독예비영어교사 학습공동체 구성과 운영 방안

부록 3. 문화간 감수성 검사 설문지

부록 4. Intercultural Sensitivity Scale

부록 1. 기독영어교사 양성과정의 학생 포트폴리오 내용

<기독영어교사 포트폴리오의 내용>

1) 자신에 대한 소개

- 이력서
- 기독영어교사로서의 사명 선언문
- 기독영어교사로서의 교육에 대한 신념(가르침, 학생, 교육, 교사의 역할 등에 대한)

2) 자신이 가르친 내용과 교육경험에 대한 자료

- 수업지도안 샘플
- 수업교구 및 활동자료
- 수업(모의수업 또는 실습 중 연구수업)을 녹화한 영상 자료
- 수업에 대한 성찰 보고서
- 동료나 교사훈련자의 피드백
- 수업성찰일지
- 학습활동에 참여하는 학생의 수업 활동 자료

3) 영어교사로서 영어능력을 입증하는 자료

- 영어로 작성한 수업계획서
- 영어로 진행한 수업을 녹화한 영상 자료
- 수업 활동 자료
- 가르친 수업에 대한 자기평가
- 공인된 영어시험 성적이나 영어능력을 입증할 자료

4) 기독영어교사로서의 전문성 개발에 대한 참여

- 예비교사로서 자신의 성장과 발전에 대한 보고서
- 수강한 교과목이나 워크샵에 대한 학술보고서
- 교과수업 이외 지역사회나 교육 현장에서 영어를 가르친 경험 자료
- 예비교사학습공동체나 그룹활동 참여 보고서
- 최근 교육이나 영어학습 관련 읽었던 책들의 목록
- 최근 자기계발과 학습을 위해 읽었던 책들의 목록

부록 2. 기독예비영어교사 학습공동체 구성과 운영 방안

<기독예비영어교사 학습공동체 구성과 운영>

1) 학습공동체 모둠 구성

- 대학교수, 예비영어교사, 현장영어교사(기독교사)

2) 활동 내용

- 학습공동체 활동계획 수립
- 기독영어교사로서의 공동체 비전과 사명 나눔
- 예비영어교사 수업실연 및 수업참관/ 자기평가/ 수업성찰일지 작성
- 현장교사와 예비교사 멘토멘티활동
- 동료코칭
- 협력적 교육과정 재구성 및 수업지도안 구성
- 지역사회나 교육기관 현장탐방 및 수업참관
- 지역사회 교육봉사활동

3) 학습공동체 활동보고 및 공유

- 학습공동체 연구보고서 작성
- 학습공동체 활동보고회 또는 워크샵
- 학습공동체 활동에 대한 자기평가

4) 학습공동체 행정지원

- 학습공동체 참여 교수 및 현장교사 추천
- 학습공동체 모둠별 활동지원경비 제공
- 학습공동체 모둠별 진행 모니터링
- 학습공동체 활동보고서 제작
- 학습공동체 활동에 대한 평가 및 피드백을 통한 환류계획수립

부록 3. 문화간 감수성 검사 설문지

1	나는 다른 문화에서 온 사람들과 의사소통 하는 것을 즐긴다.	1 2 3 4 5
2	나는 다른 문화에서 온 사람들이 편협하다고 생각한다.	1 2 3 4 5
3	나는 다른 문화권의 사람들과 의사소통 하는 것에 자신이 있다.	1 2 3 4 5
4	나는 다른 문화에서 온 사람들 앞에서 이야기를 하는 것이 매우 어렵다고 생각한다.	1 2 3 4 5
5	나는 다른 문화에서 온 사람들과 의사소통 할 때 무엇이라고 이야기를 해야 할지 잘 알고 있다.	1 2 3 4 5
6	나는 다른 문화에서 온 사람들과 의사소통 할 때 내가 원하는 만큼 사교적이 될 수 있다.	1 2 3 4 5
7	나는 다른 문화에서 온 사람들과 같이 있고 싶지 않다.	1 2 3 4 5
8	나는 다른 문화에서 온 사람들의 가치관을 존중한다.	1 2 3 4 5
9	나는 다른 문화에서 온 사람들과 의사소통 할 때 쉽게 당황한다.	1 2 3 4 5
10	나는 다른 문화에서 온 사람들과 의사소통 할 때 자신감을 느낀다.	1 2 3 4 5
11	나는 문화적으로 뚜렷이 다른 상대에 대해서 인상을 형성하기 전에 기다리는 경향이 있다(다른 문화에 대해서 쉽게 고정관념을 갖지 않는다).	1 2 3 4 5
12	나는 다른 문화에서 온 사람들과 의사소통 할 때 쉽게 실망한다.	1 2 3 4 5
13	나는 다른 문화에서 온 사람들에게 열린 마음을 갖고 있다.	1 2 3 4 5
14	나는 다른 문화에서 온 사람들과 의사소통 할 때 매우 주의 깊다.	1 2 3 4 5
15	나는 다른 문화에서 온 사람들과 의사소통 할 때 무능하다고 느낀다.	1 2 3 4 5
16	나는 다른 문화에서 온 사람들의 행동방식을 존중한다.	1 2 3 4 5
17	나는 다른 문화에서 온 사람들과 의사소통 할 때 될 수 있는 한 많은 정보를 얻으려고 한다.	1 2 3 4 5
18	나는 다른 문화에서 온 사람들의 의견을 받아들이지 않을 것이다.	1 2 3 4 5
19	나는 다른 문화에서 온 사람들과 의사소통 할 때 문화적으로 뚜렷이 다른 상대방의 미묘한 의미에 대해서 민감하다.	1 2 3 4 5
20	나는 나의 문화가 다른 사람의 문화보다 우월하다고 생각한다.	1 2 3 4 5
21	나는 다른 문화에서 온 사람들과 의사소통 할 때 나와 문화적으로 다른 사람들에 대해서 긍정적인 반응을 보인다.	1 2 3 4 5
22	나는 문화적으로 매우 다른 사람들과 상대를 해야 하는 상황을 피한다.	1 2 3 4 5
23	나는 문화적으로 나와 다른 상대방에게 언어(말)나 비언어(제스쳐)를 통해 상대방 말에 대한 나의 이해를 보여준다.	1 2 3 4 5
24	나는 나와 문화적으로 매우 다른 차이에 대해서 즐거운 느낌을 갖고 있다.	1 2 3 4 5

* 1. 전혀 해당되지 않는다; 2. 대체로 내게 해당되지 않는다; 3. 어느 정도는 내게 해당된다; 4. 대체로 내게 해당된다; 5. 거의 내게 해당된다

부록 4. Intercultural Sensitivity Scale

1	I enjoy interacting with people from different cultures.	1 2 3 4 5
2	I think people from other cultures are narrow-minded.	1 2 3 4 5
3	I am pretty sure of myself in interacting with people from different cultures.	1 2 3 4 5
4	I find it hard to talk in front of people from different cultures.	1 2 3 4 5
5	I always know what to say when interacting with people from different cultures.	1 2 3 4 5
6	I can be as sociable as I want to be when interacting with people from different cultures.	1 2 3 4 5
7	I don't like to be with people from different cultures.	1 2 3 4 5
8	I respect the values of people from different cultures.	1 2 3 4 5
9	I get upset easily when interacting with people from different cultures.	1 2 3 4 5
10	I feel confident when interacting with people from different cultures.	1 2 3 4 5
11	I tend to wait before forming an impression of culturally-distinct conterparts.	1 2 3 4 5
12	I often get discouraged when I am with people from different cultures.	1 2 3 4 5
13	I am open-minded to people from different cultures.	1 2 3 4 5
14	I am very observant when interacting with people from different cultures.	1 2 3 4 5
15	I often feel useless when interacting with people from different cultures.	1 2 3 4 5
16	I respect the ways people from different cultures behave.	1 2 3 4 5
17	I try to obtain as much information as I can when interacting with people from different cultures.	1 2 3 4 5
18	I would not accept the opinions of people from different cultures.	1 2 3 4 5
19	I am sensitive to my culturally-distinct counterpart's subtle meanings during our interaction.	1 2 3 4 5
20	I think my culture is better than other cultures.	1 2 3 4 5
21	I often give positive responses to my culturally different counterpart during our interaction.	1 2 3 4 5
22	I avoid those situations where I will have to deal with culturally-distinct persons.	1 2 3 4 5
23	I often show my culturally-distinct counterpart my understanding through verbal or nonverbal cues.	1 2 3 4 5
24	I have a feeling of enjoyment towards differences between my culturally-distinct counterpart and me.	1 2 3 4 5

* 1. strongly disagree; 2. disagree; 3. uncertain; 4. agree; 5. strongly agree

색인

김영숙

이화여자대학교 인문대학 영어영문학과 학사
이화여자대학교 대학원 신문방송학과 석사
미국 Texas A&M 대학교 영어교육 전공 박사
현재 총신대학교 영어교육과 부교수

기독영어교육의 이해와 실제

초판 1쇄 발행 _ 2023년 2월 28일

저　　자 · 김 영 숙
발 행 인 · 정 현 걸
발　　행 · 신 아 사
인　　쇄 · 대명프린팅
출판등록 · 1956년 1월 5일 (제9-52호)
주　　소 · 서울시 은평구 통일로 59길 4(2F)
전　　화 · 02)382-6411 · 팩스 02)382-6401
홈페이지 · www.shinasa.co.kr
E-MAIL · shinasa@daum.net

ISBN 979-11-92428-47-5 (93740)

정가 17,000원